中華文化促進會主持編纂

國家“十一五”~“十四五”重點圖書出版規劃項目

中國社會科學院哲學社會科學創新工程學術出版資助項目

出品人 王石 段先念

今注本二十四史

後漢書

一七

傳〔一三〕

南朝宋 范曄 撰　唐 李賢等 注

卜憲群 周天游 主持校注

中国社会科学出版社

後漢書　卷七二

列傳第六十二

董卓

董卓字仲穎，[1]隴西臨洮人也。[2]性麤猛有謀。[3]少嘗遊羌中，[4]盡與豪帥相結。後歸耕於野，諸豪帥有來從之者，卓爲殺耕牛，與共宴樂，豪帥感其意，歸相斂得雜畜千餘頭以遺之，[5]由是以健俠知名。爲州兵馬掾，[6]常徼守塞下。[7]卓膂力過人，雙帶兩鞬，左右馳射，[8]爲羌胡所畏。

[1]【李賢注】《卓别傳》曰："卓父君雅爲潁川輪氏尉，生卓及弟旻，故卓字仲穎，旻字叔穎。"【今注】案，王先謙《後漢書集解》校補引錢大昕言："《英雄記》：'卓父有三子，長子擢，字孟高，早卒。次即卓。'"

[2]【今注】隴西：郡名。治狄道縣（今甘肅臨洮縣）。臨洮：縣名。治所在今甘肅岷縣。

[3]【今注】麤（cū）猛：粗悍勇猛。

[4]【今注】羌中：羌人居住地區。羌爲中國古代少數民族，

當時分布在今甘肅、青海、四川等地。部族衆多，居住分散，以游牧爲主。東漢後期部分羌人内遷，與漢人雜居，逐漸從事農業，與當地民族逐漸融合。

［5］【今注】遺（wèi）：餽贈，贈送。《廣雅·釋詁四》："遺，送也。"

［6］【今注】州兵馬掾：州屬吏之一，主管州兵曹，負責兵馬事務。

［7］【李賢注】《説文》曰："徼，巡也。"《前書》曰："中尉巡徼京師。"《音義》曰："所謂遊徼，備盜賊。"【今注】徼（jiào）守：巡查，防備。　塞下：邊塞。

［8］【李賢注】《方言》曰："所以藏箭謂之服，藏弓謂之鞬。"《左氏傳》云："右屬櫜鞬。"【今注】鞬：馬上盛弓矢的器具。《説文·革部》："鞬，所以戢弓矢。"《廣韻·元韻》："鞬，馬上盛弓矢器。"

桓帝末，以六郡良家子爲羽林郎，[1]從中郎將張奂爲軍司馬，[2]共擊漢陽叛羌，[3]破之，拜郎中，[4]賜縑九千匹。卓曰："爲者則己，有者則士。"[5]乃悉分與吏兵，無所留。稍遷西域戊己校尉，[6]坐事免。後爲并州刺史，[7]河東太守。[8]

［1］【今注】良家子：不屬於罪犯、巫醫、商賈、百工人家的子弟。《漢書·地理志下》載："漢興，六郡良家子選給羽林、期門，以材力爲官，名將多出焉。"如淳注曰："醫、商賈、百工不得豫也。"醫、商賈、百工等非農之家以及罪犯、刑徒之家都不是良家。　羽林郎：官名。掌侍從。本書《百官志二》載："羽林郎，比三百石。本注曰：無員。掌宿衛侍從。常選漢陽、隴西、安定、北地、上郡、西河凡六郡良家補。"此六郡屬於涼州、并州，都在

邊境地區。

［2］【今注】從：跟從。　中郎將：官名。此當爲羽林中郎將，屬光禄勳，掌宿衛侍從。本書《百官志二》載："羽林中郎將，比二千石。本注曰：主羽林郎。"　張奂：字然明，敦煌淵泉（今甘肅瓜州縣東）人。傳見本書卷六五。　軍司馬：官名。本書《百官志一》載："大將軍營五部，部校尉一人，比二千石；軍司馬一人，比千石。部下有曲，曲有軍候一人，比六百石。曲下有屯，屯長一人，比二百石。"

［3］【今注】漢陽：郡名。治冀縣（今甘肅甘谷縣東）。

［4］【今注】郎中：官名。屬光禄勳，比三百石，宿衛宫廷，出充車騎。

［5］【李賢注】爲功者雖己，共有者乃士。

［6］【今注】戊己校尉：官名。秩比二千石，掌西域屯田事務。《漢書·百官公卿表上》載："戊己校尉，元帝初元元年置，有丞、司馬各一人，候五人，秩比六百石。"有時分爲戊校尉和己校尉，其下設丞、司馬、史等職官。戊己校尉一般屬西域都護府，也可單獨設府。東漢時期戊己校尉時設時廢。

［7］【今注】刺史：官名。西漢武帝時始置，秩六百石，監察州二千石官員，東漢後期發展爲一州最高長官。詳見本書《百官志五》。

［8］【今注】河東：郡名。治安邑縣（今山西夏縣西北）。

中平元年，[1]拜東中郎將，持節，[2]代盧植擊張角於下曲陽，[3]軍敗抵罪。其冬，[4]北地先零羌及枹罕、河關群盜反叛，[5]遂共立湟中義從胡北宫伯玉、李文侯爲將軍，[6]殺護羌校尉泠徵。[7]伯玉等乃劫致金城人邊章、韓遂，[8]使專任軍政，共殺金城太守陳懿，攻燒州郡。明年春，將數萬騎入寇三輔，[9]侵逼園陵，[10]托誅宦官爲名。詔以卓爲中郎將，副左車騎將軍皇甫嵩征之。[11]嵩以無功免歸，而邊章、韓遂等大盛。朝廷復以司空張温爲車騎將軍，[12]假節，執金吾袁滂爲副。[13]拜卓破虜將軍，與盪寇將軍周慎並統於温。并諸郡兵步騎合十餘萬，屯美陽，[14]以衛園陵。章、遂亦進兵美陽。温、卓與戰，輒不利。十一月，夜有流星如火，光長十餘丈，照章、遂營中，驢馬盡鳴。賊以爲不祥，欲歸金城。卓聞之喜，明日，乃與右扶風鮑鴻等并兵俱攻，[15]大破之，斬首數千級。章、遂敗走榆中，[16]温乃遣周慎將三萬人追討之。[17]温參軍事孫堅[18]説慎曰："賊城中無穀，當外轉糧食。堅願得萬人斷其運道，將軍以大兵繼後，賊必困乏而不敢戰。若走入羌中，并力討之，則涼州可定也。"慎不從，引軍圍榆中城。而章、遂分屯葵園狹，[19]反斷慎運道。慎懼，乃弃車重而退。温時亦使卓將兵三萬討先零羌，卓於望垣北[20]爲羌胡所圍，糧食乏絶，進退逼急。乃於所度水中僞立，隅以爲捕魚，而潛從隅下過軍。[21]比賊追之，決水已深，不得度。時衆軍敗退，唯卓全師而還，屯於扶風，封斄鄉侯，邑千户。[22]

［1］【今注】中平：東漢靈帝劉宏年號（184—189）。

［2］【今注】持節：節爲代表皇權的符節，持節者往往代表皇帝行事，權勢很大，其權力由高到低具體分爲使持節、持節和假節。

［3］【今注】盧植：字子幹，涿郡涿（今河北涿州市）人。傳見本書卷六四。　張角：東漢末年黄巾起義軍領袖，鉅鹿郡（今河

北寧晉縣西南）人，創立“太平道”，自稱“大賢良師”，起義後不久病死。　下曲陽：縣名。治所在今河北晉州市西。

［4］【今注】案，冬，大德本作“東”，不從。

［5］【今注】北地：郡名。治富平縣（今寧夏吴忠市西南）。　先零羌：漢代羌人的一支。主要分布在今甘肅臨夏市以西和青海東北地區，東漢被馬援征服後内遷至隴西郡、天水郡和右扶風等地。　枹罕：縣名。治所在今甘肅臨夏回族自治州西南。　河關：縣名。治所在今甘肅永靖縣西南。　群盜：張家山漢簡《二年律令·盜律》規定：“盜五人以上相與功（攻）盜，爲群盜。”〔張家山二四七號漢墓竹簡整理小組編：《張家山漢墓竹簡［二四七號墓］》（釋文修訂本），文物出版社2006年版，第17頁〕一般認爲五人以上的盜竊團夥被稱爲“群盜”，部分學者認爲“群盜”要滿足五人和暴力兩個條件。

［6］【今注】湟中：地域名。今青海湟水一帶，漢代各民族雜居，有漢人、羌人和月氏胡等。　義從胡：自願隨從的胡人。

［7］【今注】護羌校尉：官名。掌監護羌族事務。本書《百官志五》載：“護羌校尉一人，比二千石。本注曰：主西羌。”　案，泠，中華本校勘記引沈家本言《靈紀》作“伶”。

［8］【李賢注】《獻帝春秋》曰：“涼州義從宋建、王國等反。詐金城郡降，求見涼州大人故新安令邊允、從事韓約。約不見，太守陳懿勸之使王（中華本校勘記引《刊誤》謂‘王’當作‘往’，並據改），國等便劫質約等數十人。金城亂，懿出，國等扶以到護羌營（王先謙《後漢書集解》校補：‘扶’當爲‘挾’），殺之，而釋約、允等。隴西以愛憎露布，冠約、允名以爲賊，州購約、允各千户侯。約、允被購，‘約’改爲‘遂’，‘允’改爲‘章’。”【今注】劫致：致，通“質”，即劫持人質。　金城：郡名。治允吾縣（今甘肅永靖縣西北）。　邊章：金城郡人。本名邊允，因造反被朝廷通緝而改名邊章。曾殺涼州刺史郡守

叛亂，被推舉爲涼州叛軍首領，後被韓遂所殺。　韓遂：金城郡人。本名韓約，因造反被朝廷通緝而改名韓遂。曾殺涼州刺史郡守，涼州叛軍首領之一，割據涼州三十餘年，依附曹操後又反叛，被夏侯淵所敗，病死，一説被殺。

［9］【今注】三輔：指京兆尹、左馮翊、右扶風三個行政區。

［10］【今注】園陵：即爲帝王所修的皇家陵園。

［11］【今注】皇甫嵩：字義真，安定朝那（今寧夏彭陽縣東）人。傳見本書卷七一。

［12］【今注】司空：官名。東漢三公之一，掌工程、祭祀等，地位尊崇。本書《百官志一》："司空，公一人。本注曰：掌水土事。凡營城起邑、浚溝洫、修墳防之事，則議其利，建其功。凡四方水土功課，歲盡則奏其殿最而行賞罰。凡郊祀之事，掌掃除樂器，大喪則掌將校復土。凡國有大造大疑，諫争，與太尉同。世祖即位，爲大司空，建武二十七年，去'大'。"　張温：字伯慎，南陽穰（今河南鄧州市）人。官至太尉，曾封互鄉侯，後因謀誅董卓被殺。

［13］【李賢注】袁宏《漢紀》曰："滂字公熙。純素寡欲，終不言人短。當權寵之盛（寵，大德本作'龍'，不從），或以同異致禍，滂獨中立於朝，故愛憎不及焉。"【今注】執金吾：官名。漢武帝改秦代中尉而來，主要負責皇宫之外、京師之中的警衛工作，皇帝出行充任儀仗。本書《百官志四》載："執金吾一人，中二千石。本注曰：掌宫外戒司非常水火之事。月三繞行宫外，及主兵器。吾猶禦也。"

［14］【李賢注】美陽故城在今雍州武功縣北。【今注】美陽：縣名。治所在今陝西扶風縣東南。

［15］【今注】右扶風：此爲官名，行政區右扶風的最高長官。本書《百官志四》："其京兆尹、左馮翊、右扶風三人，漢初都長安，皆秩中二千石，謂之三輔。中興都雒陽，更以河南郡爲尹，以

三輔陵廟所在，不改其號，但減其秩。”地位高於郡守。　鮑鴻：時爲下軍校尉，後下獄死。

［16］【李賢注】榆中，縣，屬金城郡，故城在今蘭州金城縣中。【今注】榆中：縣名。治所在今甘肅榆中縣西。

［17］【今注】案，慎，大德本作“槙”，不從。

［18］【李賢注】堅字文臺，吴郡富春人，即孫權之父也。見《吴志》。【今注】參軍事：官名。簡稱參軍，東漢末期始設，開府將軍多設此官，主管軍事謀劃，相當於現今軍隊中的參謀。　孫堅：字文臺，吴郡富春（今浙江杭州市富陽區）人。傳見《三國志》卷四六。

［19］【今注】葵園狹：地名。在今甘肅蘭州市東故榆中城附近。

［20］【李賢注】望垣，縣，屬天水郡。【今注】望垣：縣名。時屬漢陽郡（東漢明帝永平十七年改天水郡而來），治所在今甘肅天水市北道區西北。

［21］【李賢注】《續漢書》“隁”字作“堰”，其字義則同，但異體耳。【今注】隁（yàn）：同“堰”。攔水的堤壩。

［22］【李賢注】漦（大德本作“漦”），縣，故城在今雍州武功縣。字或作“邰”，音台。【今注】漦鄉：時爲侯國。治所在今陝西咸陽市楊陵區永安村一帶。案，漦，大德本作“漦”。

三年春，遣使者持節就長安拜張温爲太尉。[1]三公在外，始之於温。其冬，徵温還京師，韓遂乃殺邊章及伯玉、文侯，擁兵十餘萬，進圍隴西。太守李相如反，與遂連和，共殺涼州刺史耿鄙。而鄙司馬扶風馬騰，[2]亦擁兵反叛，又漢陽王國，自號“合衆將軍”，皆與韓遂合。共推王國爲主，悉令領其衆，寇掠三輔。

五年，圍陳倉。[3]乃拜卓前將軍，與左將軍皇甫嵩擊破之。韓遂等復共廢王國，而劫故信都令漢陽閻忠，[4]使督統諸部。忠恥爲衆所脅，感恚病死。遂等稍爭權利，更相殺害，其諸部曲並各分乖。[5]

［1］【今注】太尉：官名。三公之一，西漢時期雖名義上“掌武事”，但並無實際的領兵、發兵之權，西漢不常設，武帝時改設大司馬。東漢光武帝時期恢復太尉職，職權有所擴大。本書《百官志一》載：“太尉，公一人。本注曰：掌四方兵事功課，歲盡即奏其殿最而行賞罰。凡郊祀之事，掌亞獻；大喪則告謚南郊。凡國有大造大疑，則與司徒、司空通而論之。國有過事，則與二公通諫爭之。世祖即位，爲大司馬。建武二十七年，改爲太尉。”

［2］【李賢注】《典略》曰：“騰字壽成，扶風茂陵人，馬援後也。長八尺餘，身體洪大，面鼻雄異，而性賢厚，人多敬之。”【今注】馬騰：字壽成，右扶風茂陵（今陝西興平市東北）人。三國名將馬超之父。曾封槐里侯，入京師任衛尉，其子馬超起兵反曹後被曹操殺害。

［3］【今注】陳倉：縣名。時屬右扶風，次年劃歸漢安郡，治所在今陝西寶雞市陳倉區。“明修棧道，暗度陳倉”的故事即發生在此。

［4］【李賢注】《英雄記》曰：“王國等起兵，劫忠爲主，統三十六部，號‘車騎將軍’。”【今注】信都：縣名。安平郡（國）治，治所在今河北衡水市冀州區。

［5］【今注】部曲：漢代軍隊編制。本書《百官志一》載：“大將軍營五部，部校尉一人，比二千石；軍司馬一人，比千石。部下有曲，曲有軍候一人，比六百石。曲下有屯，屯長一人，比二百石。”後私人家兵也稱部曲。

六年，徵卓爲少府，[1]不肯就，上書言："所將湟中義從及秦胡兵皆詣臣曰：[2]'牢直不畢，稟賜斷絶，[3]妻子飢凍。'牽挽臣車，使不得行。羌胡敝腸狗態，[4]臣不能禁止，輒將順安慰。增異復上。"[5]朝廷不能制，頗以爲慮。及靈帝寢疾，[6]璽書拜卓爲并州牧，[7]令以兵屬皇甫嵩。卓復上書言曰："臣既無老謀，又無壯事，[8]天恩誤加，掌戎十年。[9]士卒大小相狎彌久，[10]戀臣畜養之恩，爲臣奮一旦之命。乞將之北州，效力邊垂。"於是駐兵河東，以觀時變。

[1]【今注】案，王先謙《後漢書集解》引惠棟言："劉艾《靈帝記》云：'五年徵少府，六年爲并州牧。'"與此不同，今存録。徵，即徵召。漢代選官形式之一。皇帝徵召有才能或有德望之人爲官。少府，官名。九卿之一，掌皇室財政。本書《百官志三》載："少府，卿一人，中二千石。本注曰：掌中服御諸物，衣服寶貨珍膳之屬。"

[2]【今注】詣：前往。《玉篇·言部》："詣，往也，到也。"

[3]【李賢注】《前書音義》曰："牢，廩食也（廩，紹興本作'稟'，下同）。古者名稟爲牢。"【今注】牢：廩食。《玉篇·牛部》："牢，廩食也。" 直：長沙走馬樓三國吴簡中有"月直"，學者認爲是按月發放的口糧〔參見戴衛紅《長沙走馬樓吴簡所見"直""廩"簡及相關問題初探》，《簡帛研究（二〇〇八）》，廣西師範大學出版社2010年版，第251—267頁〕。吴簡中"月直"爲米，數額因身份而異，發放對象多爲士卒和雜役。 稟：給官吏等發放的口糧，吴簡中與"月直"並存，發放對象有別。案，大德本、殿本作"廩"，不從。 賜：賞賜。

[4]【李賢注】言羌胡心腸敝惡（腸，大德本作"揚"，不

從)，情態如狗也。《續漢書》"敝"作"憋"。《方言》云："憋，惡也。"郭璞曰："憋怤，急性也。"憋音芳烈反（烈，大德本、殿本作"别"），怤音芳于反。

［5］【李賢注】如其更增異志，當復聞上。【今注】案，王先謙《後漢書集解》言《資治通鑑》胡三省注曰："此蓋當時奏文結末之常語，蓋言繼今事有增於此者、異於此者，將復奏上也。"

［6］【今注】靈帝：東漢靈帝劉宏，公元168年至189年在位。紀見本書卷八。

［7］【今注】州牧：官名。由刺史演變而來，掌一州軍政大權，鎮撫一方。詳見本書《百官志五》。

［8］【今注】案，事，大德本、殿本作"士"，不從。

［9］【今注】案，戎，大德本作"成"，不從。

［10］【今注】狎（xiá）：親近而不莊重。《玉篇·犬部》："狎，近也。"

及帝崩，大將軍何進、司隸校尉袁紹謀誅閹宦，[1]而太后不許，乃私呼卓將兵入朝，以脅太后。卓得召，即時就道。並上書[2]曰："中常侍張讓等竊倖承寵，[3]濁亂海内。臣聞'揚湯止沸，莫若去薪；[4]潰癰雖痛，勝於内食'。[5]昔趙鞅興晉陽之甲，以逐君側之惡人。[6]今臣輒鳴鍾鼓如洛陽，[7]請收讓等，以清姦穢。"卓未至而何進敗，虎賁中郎將袁術乃燒南宫，[8]欲討宦官，而中常侍段珪等[9]劫少帝及陳留王夜走小平津。[10]卓遠見火起，引兵急進，未明到城西，聞少帝在北芒，[11]因往奉迎。帝見卓將兵卒至，恐怖涕泣。[12]卓與言，不能辭對；與陳留王語，遂及禍亂之事。卓以王爲賢，且爲董太后所養，[13]卓自以與太后同族，有廢立意。

[1]【今注】何進：字遂高，南陽宛（今河南南陽市卧龍區）人。東漢外戚。傳見本書卷六九。　司隸校尉：官名。監察三公以下百官，且爲司隸州部的長官。本書《百官志四》載：“司隸校尉一人，比二千石。本注曰：孝武帝初置，持節，掌察舉百官以下，及京師近郡犯法者。元帝去節，成帝省，建武中復置，并領一州。”案，宦，大德本作“官”，不從。

[2]【李賢注】並猶兼也。

[3]【今注】中常侍：官名。名義上屬少府。東漢多由宦官擔任，侍從皇帝，職掌顧問應對。本書《百官志三》載：“中常侍，千石。本注曰：宦者，無員。後增秩比二千石。掌侍左右，從入内宫，贊導内衆事，顧問應對給事。”　張讓：潁川郡（今河南禹州市）人。東漢後期宦官，靈帝時期“十常侍”之一。傳見本書卷七八。

[4]【李賢注】《前漢》枚乘上書曰：“欲湯之滄，一人吹之，百人揚之，無益也。不如絶薪止火而已。”（注引出自《漢書》卷五一《枚乘傳》，“滄”“吹”作“滄”“炊”）滄音測亮反，寒也。【今注】去薪：撤去柴火。

[5]【今注】案，王先謙《後漢書集解》引《資治通鑑》胡三省注言：“癕、疽，藴結破之，雖痛，勝於内食肌肉、浸淫滋大也。”今案，癕，通“癰”，疽爲結成塊狀的膿瘡，膚淺的爲癕，深陷的爲疽。《説文·疒部》：“疽，癰也。”《正字通·疒部》：“癰之深者曰疽，疽深而惡，癰淺而大。”《論衡·幸偶》言：“氣結閼積，聚爲癰，潰爲疽，創，流血出膿，豈癰疽所發，身之善穴哉？”《史記》卷七《項羽本紀》載：“（范增）行未至彭城，疽發背而死。”張守節《正義》曰：“崔浩云：‘疽，附骨癰也。’”

[6]【李賢注】《公羊傳》曰：“晉趙鞅取晉陽之甲以逐荀寅

與士吉射君側之惡人也。此逐君側之惡人，曷爲以叛言之？無君命也。”（中華本校勘記曰：“注有脱文，不可句讀，今據《公羊傳》補。”從補）

［7］【李賢注】鳴鍾鼓者，聲其罪也。《論語》曰：“小子鳴鼓而攻之。”《典略》載卓表曰：“張讓等愔慢天常，擅操王命，父子兄弟並據州郡，一書出門，高獲千金，下數百萬膏腴美田，皆屬讓等。使變氣上蒸，妖賊蜂起。”【今注】如：同“入”。

［8］【今注】虎賁中郎將：官名。屬光禄勳，掌宿衛宫廷。本書《百官志二》載：“虎賁中郎將，比二千石。本注曰：主虎賁宿衛。”　袁術：字公路，汝南汝陽（今河南商水縣西北）人。傳見本書卷七五。

［9］【李賢注】《山陽公載記》“段”字作“殷”。【今注】段珪：東漢後期宦官，濟陰郡（今山東菏澤市定陶區西北）人。曾封侯，參與謀殺何進，袁紹等人率兵殺入皇宫後，他挾持皇帝等逃出，爲尚書盧植所追殺。

［10］【今注】少帝：東漢靈帝之子劉辯，後被董卓廢爲弘農王。　陳留王：即後來的漢獻帝劉協。中平六年（189），少帝劉辯即位，封劉協爲勃海王，後徙封陳留王。少帝劉辯被董卓廢黜之後，劉協被立爲皇帝，即漢獻帝。曹丕稱帝後被廢爲山陽公。紀見本書卷九。　小平津：洛陽“八關”之一。東漢靈帝時期爲防備黄巾起義軍而設，在當時黄河邊的小平津渡口。

［11］【今注】北芒：亦作“北邙”，山名。在今河南洛陽市東北。東漢及以後王侯公卿多葬於此，後代指墓地。

［12］【李賢注】《典略》曰：“帝望見卓涕泣，群公謂卓有詔却兵。卓曰：‘公諸人爲國大臣，不能匡正王室，至使國家播蕩，何却兵之有？’遂俱入城。”

［13］【今注】董太后：名諱不詳，河間國（今河北獻縣東南）人。解瀆亭侯劉萇之妻，漢靈帝劉宏生母，因居於永樂宫，又稱

"永樂太后"，後與何皇后鬬争失敗，憂憤而死。

初，卓之入也，步騎不過三千，自嫌兵少，恐不爲遠近所服，率四五日輒夜潛出軍近營，[1]明旦乃大陳旌鼓而還，以爲西兵復至，洛中無知者。尋而何進及弟苗先所領部曲皆歸於卓，卓又使吕布殺執金吾丁原而并其衆，[2]卓兵士大盛。乃諷朝廷策免司空劉弘而自代之。[3]因集議廢立。百僚大會，卓乃奮首而言曰："大者天地，其次君臣，所以爲政。皇帝闇弱，不可以奉宗廟，爲天下主。今欲依伊尹、霍光故事，[4]更立陳留王，何如？"[5]公卿以下莫敢對。卓又抗言[6]曰："昔霍光定策，延年案劍。有敢沮大議，皆以軍法從之。"坐者震動。[7]尚書盧植獨曰：[8]"昔太甲既立不明，[9]昌邑罪過千餘，故有廢立之事。[10]今上富於春秋，行無失德，非前事之比也。"卓大怒，罷坐。明日復集群僚於崇德前殿，遂脅太后，策廢少帝。曰："皇帝在喪，無人子之心，威儀不類人君，今廢爲弘農王。"乃立陳留王，是爲獻帝。[11]又議太后[12]蹙迫永樂太后，[13]至令憂死，逆婦姑之禮，無孝順之節，[14]遷於永安宫，遂以弒崩。

[1]【今注】率（lǜ）：表示概率，大約。

[2]【李賢注】《英雄記》曰："原字建陽。爲人麤略有勇，善射，受使不辭，有警急，追寇虜輒在前。"

[3]【李賢注】《魏志》曰："以久不雨策免。"《漢官儀》曰："弘字子高，安衆人。"【今注】諷：用委婉的語言暗示或勸告。

《韓非子·八經》："故使之諷，諷定而怒。"王先慎集解："諷，勸諫。"陳奇猷集釋："不以正言謂之諷。"　策免：漢代有發生災異現象後策免三公以塞責的慣例。　劉弘：南陽安衆（今河南鄧州市東北）人。歷任光禄勳、司空，後被免官。

［4］【今注】伊尹霍光故事：伊尹爲商朝有名大臣，曾將暴虐不仁的商王太甲流放於桐宫，三年後改過自新的太甲才復政。霍光爲西漢權臣，受漢武帝遺詔輔佐漢昭帝，昭帝死後立昌邑王劉賀爲帝，二十七天後又將其廢黜。

［5］【今注】案，何如，大德本、殿本作"如何"。

［6］【李賢注】抗，高也。【今注】案，曹金華《後漢書稽疑》言既然"公卿以下莫敢對"，則董卓無須再"抗言"，此"抗言"可能是《後漢書》擅自增加的内容，或是盧植反對後董卓憤怒之言（中華書局2014年版，第946頁）。

［7］【李賢注】《前書》，昭帝崩，霍光迎立昌邑王賀，即位二十七日，行淫亂，光召丞相已下會議，莫敢發言。田延年前，離席桉劍曰："群臣有後應者請斬之。"（曹金華《後漢書稽疑》言《漢書》卷六八《霍光傳》作"按"，"群臣後應者，臣請劍斬之"，與此引文略異）

［8］【今注】尚書：官名。原爲皇帝近侍，負責文書傳達等，後權力逐漸上升。東漢光武帝時期，尚書臺成爲政務中樞機構，尚書也成爲擁有實權的官職。本書《百官志三》載："尚書六人，六百石。本注曰：成帝初置尚書四人，分爲四曹：常侍曹尚書主公卿事；二千石曹尚書主郡國二千石事；民曹尚書主凡吏上書事；客曹尚書主外國夷狄事。世祖承遵，後分二千石曹，又分客曹爲南主客曹、北主客曹，凡六曹。"

［9］【李賢注】太甲，湯孫，太丁子也。《尚書》曰"太甲既立，不明，伊尹放諸桐宫"也。

［10］【李賢注】昌邑王凡所徵發一千一百二十七事。【今注】

昌邑罪過千餘：西漢昭帝死後，昌邑王劉賀被立爲帝，後被霍光所廢黜，回到昌邑王國。其在位僅二十七天，却犯有罪行千餘條。宣帝時期被廢爲海昏侯，神爵三年（前59）去世。海昏侯墓已經發掘出土。昌邑王國治所在今山東巨野縣東南。

［11］【今注】獻帝：東漢獻帝劉協，公元189年至220年在位。紀見本書卷九。

［12］【李賢注】靈帝何皇后。

［13］【李賢注】孝仁董皇后，靈帝之母。【今注】蹴（cù）迫：逼迫。

［14］【李賢注】《左傳》曰："婦，養姑者也。虧姑以成婦，逆莫大焉。"【今注】婦姑：古代稱兒媳爲"婦"，婆婆爲"姑"。或爲人妻者自稱"婦"，稱丈夫的妹妹爲"姑"。此"婦姑"爲婆媳關係。

卓遷太尉，領前將軍事，加節傳斧鉞虎賁，更封郿侯。[1]卓乃與司徒黄琬、司空楊彪，[2]俱帶鈇鑕詣闕上書，[3]追理陳蕃、竇武及諸黨人，[4]以從人望。於是悉復蕃等爵位，擢用子孫。

［1］【李賢注】傳音陟戀反（陟，大德本、殿本作"直"）。郿，今岐州縣（歧，紹興本、大德本、殿本作"岐"，可從）。【今注】節傳（chuán）：此泛指表示皇帝權力的信物。　斧鉞（yuè）：本爲兵器，也作儀仗用，代指刑殺、征伐之權。被授予者都是執掌朝政、出征或鎮守一方的諸王重臣，表示尊寵，權臣篡位前也往往被授予斧鉞。　虎賁：西漢武帝設期門騎，平帝元始元年（1）更爲虎賁郎，或説王莽時更名，宿衛皇帝，也賜予大臣，以示尊崇。　郿：時爲侯國。治所在今陝西眉縣東。

［2］【今注】司徒：官名。東漢三公之一。西漢哀帝元壽二年

(前1) 改丞相爲大司徒，掌教化、刑罰。本書《百官志一》載："司徒，公一人。本注曰：掌人民事。凡教民孝悌、遜順、謙儉，養生送死之事，則議其制，建其度。凡四方民事功課，歲盡則奏其殿最而行賞罰。凡郊祀之事，掌省牲視濯，大喪則掌奉安梓宫。凡國有大疑大事，與太尉同。世祖即位，爲大司徒，建武二十七年，去'大'。"　黄琬：字子琰，江夏安陸（今湖北雲夢縣）人。傳見本書卷六一。　楊彪：字文先，弘農華陰（今陝西華陰市東）人。傳見本書卷五四。

[3]【今注】鈇鑕：指古代腰斬的刑具，也指腰斬之罪。鈇，鍘刀。鑕，亦作"質"，腰斬時所用砧板。　闕：宫闕，皇帝所住的宫殿。

[4]【今注】追理：追查，追究。　陳蕃：字仲舉，汝南平輿（今河南平輿縣北）人。有"不畏强暴陳仲舉"之美譽。傳見本書卷六六。　竇武：字游平，右扶風平陵（今陝西咸陽市西北）人。傳見本書卷六九。　諸黨人：黨錮事件中被禁錮之人。

尋進卓爲相國，[1]入朝不趨，劍履上殿。封母爲池陽君，[2]置丞、令。[3]

[1]【今注】相國：官名。職掌與丞相大致相同，但地位更加尊貴，不常設。

[2]【今注】池陽：封邑名。治所在今陝西涇陽縣西北。

[3]【今注】案，中華本校勘記："《魏志·卓傳》作'置家令丞'。"

是時洛中貴戚室第相望，金帛財産，家家殷積。卓縱放兵士，突其廬舍，淫略婦女，剽虜資物，謂之"搜牢"。[1]人情崩恐，不保朝夕。及何后葬，開文陵，[2]卓悉取藏中珍物。又姦亂公主，妻略宫人，虐刑濫罰，睚眦必死，群僚内外莫能自固。卓嘗遣軍至陽城，[3]時人會於社下，[4]悉令就斬之，駕其車重，載其婦女，以頭繫車轅，歌呼而還。又壞五銖錢，[5]更鑄小錢，悉取洛陽及長安銅人、鐘虡、飛廉、銅馬之屬，以充鑄焉。[6]故貨賤物貴，穀石數萬。[7]又錢無輪郭文章，不便人用。[8]時人以爲秦始皇見長人於臨洮，乃鑄銅人。[9]卓，臨洮人也，而今毁之。雖成毁不同，凶暴相類焉。

[1]【李賢注】言牢固者皆搜索取之也。一曰牢，漉也。二字皆從去聲，今俗有此言。【今注】搜牢：即以搜索糧餉爲名，實爲擄掠百姓的行爲。案，王先謙《後漢書集解》引周壽昌言，“搜牢”爲“搜掠資物以爲廩食”，而以李賢注爲非。

[2]【李賢注】靈帝陵。【今注】文陵：東漢靈帝陵，在今河南洛陽市西北。

[3]【今注】案，嘗，大德本作“常”，不從。 陽城：縣名。治所在今河南登封市東南告成鎮。

[4]【今注】社：祭祀土地神的場所。

[5]【今注】五銖錢：西漢武帝所鑄造的國家法定貨幣，因其質量較好，曾長期流通使用。

[6]【李賢注】鍾虡以銅爲之，故賈山上書云“懸石鑄鍾虡”。《前書音義》曰：“虡，鹿頭龍身，神獸也。”《説文》：“鍾鼓之跗，以猛獸爲飾也。”武帝置飛廉館。《音義》云：“飛廉，神禽，身似鹿，頭如爵，有角，蛇尾，文如豹文。”明帝永平五年（明，大德本作“文”，不從），長安迎取飛廉及銅馬置上西門外（曹金華《後漢書稽疑》言“長安迎取”當作“迎取長安”），

名平樂館。銅馬則東門京所作，致於金馬門外者也。張璠《漢紀》曰："太史靈臺及永安候銅蘭楯，卓亦取之。"

［7］【今注】案，曹金華《後漢書稽疑》言《三國志》卷六《魏志·董卓傳》作"谷一斛至數十萬"，《後漢紀》卷二六作"穀一斛至數百萬"，三者互異（第947頁）。今案，古代糧食價格隨社會穩定程度而變化，動亂之下糧價往往大漲，此時糧價有三種記録，未知孰是。時代稍晚的長沙走馬樓三國孫吴簡牘第8卷簡4018、4019等記載，孫吴嘉禾四年（235）官方米價爲1斛1500錢，當時稻穀出米率爲50%左右，由此可見董卓之亂時糧價非常高。

［8］【李賢注】《魏志》曰："卓鑄小錢，大五分，無文章，肉好無輪郭（肉好，大德本、殿本作'内外'，不從），不磨鑢。"【今注】輪郭：錢的内外邊緣。　文章：文字。

［9］【李賢注】《三輔舊事》曰："秦王立二十六年，初定天下，稱皇帝。大人見臨洮，身長五丈，迹長六尺，作銅人以厭之，立在阿房殿前。漢徙長樂宫中大夏殿前。"《史記》曰："始皇鑄天下兵器爲十二金人。"【今注】案，曹金華《後漢書稽疑》言，劉慶柱《關中記輯注》中説秦始皇二十六年（前221）阿房宫尚未興建，故銅人所置的宫殿應是咸陽宫（第947頁）。

卓素聞天下同疾閹官誅殺忠良，及其在事，雖行無道，而猶忍性矯情，擢用群士。乃任吏部尚書漢陽周珌、侍中汝南伍瓊、[1]尚書鄭公業、[2]長史何顒等。[3]以處士荀爽爲司空。[4]其染黨錮者陳紀、韓融之徒，[5]皆爲列卿。幽滯之士，[6]多所顯拔。以尚書韓馥爲冀州刺史，[7]侍中劉岱爲兖州刺史，[8]陳留孔伷爲豫州刺史，[9]潁川張咨爲南陽太守。[10]卓所親愛，並不處顯職，但將校而已。初平元年，[11]馥等到官，[12]與袁紹之徒十餘人，各興義兵，同盟討卓，而伍瓊、周珌陰爲内主。[13]

[1]【李賢注】《英雄記》“珌”作“毖”，字仲遠，武威人。瓊字德瑜。珌音祕。【今注】吏部尚書：官名。屬尚書臺，漢光武帝劉秀改常侍曹尚書而來，掌管選舉齋祀事務，亦稱“選部”。案，珌，王先謙《後漢書集解》引惠棟等人言當作“毖”。 侍中：官名。名義上屬少府。掌侍從、顧問。本書《百官志三》：“比二千石。本注曰：無員。掌侍左右，贊導衆事，顧問應對。法駕出，則多識者一人參乘，餘皆騎在乘輿車後。本有僕射一人，中興轉爲祭酒，或置或否。” 汝南：郡名。治平輿縣（今河南平輿縣北）。 伍瓊：字德瑜，汝南郡人。曾任侍中、城門校尉，後爲董卓所殺。案，王先謙《後漢書集解》引惠棟言《魏志》云“城門校尉汝南伍瓊”。

[2]【李賢注】公業名泰。餘人皆書名，范曄父名泰，避其諱耳。【今注】鄭公業：即鄭太，河南開封（今河南開封市祥符區西南）人。傳見本書卷七〇。

[3]【今注】長史：官名。東漢太尉、司徒、司空及將軍府各有長史，邊境郡守也設長史，掌管兵馬事務。 何顒（yóng）：字伯求，南陽襄鄉（今湖北棗陽市東北）人。傳見本書卷六七。

[4]【今注】處士：本指有才德而隱居不仕的人，後來也泛指未做過官的士人。 荀爽：字慈明，潁川潁陰（今河南許昌市魏都區）人。傳見本書卷六二。

[5]【今注】陳紀：字元方，潁川許（今河南許昌市建安區東）人。傳見本書卷六二。 韓融：字元長，潁川舞陽（今河南舞陽縣西）人。漢末名士，官至太僕，七十而卒。

[6]【今注】幽滯之士：失意而不得任用之人。

［7］【李賢注】《英雄記》馥字文節，潁川人。【今注】韓馥：字文節，潁川郡（今河南禹州市）人。曾任御史中丞、尚書、冀州牧，參與討伐董卓，謀立劉虞爲帝，冀州被袁紹奪取後投靠張邈，後自殺。

［8］【李賢注】《吴志》曰："劉岱字公山，東萊牟平人。"【今注】劉岱：歷任侍御史、侍中、兖州刺史等職，與袁紹結盟反對董卓專權，後與青州黄巾軍戰於東平，失敗被殺。

［9］【李賢注】《英雄記》伷字公緒。《九州春秋》"伷"爲"胄"（伷，大德本無）。【今注】陳留：郡名。治陳留縣（今河南開封市祥符區東南陳留鎮）。　孔伷：字公緒，潁川郡人。後任豫州刺史，曾與袁紹等人起兵討伐董卓，推舉袁紹爲盟主。

［10］【李賢注】《獻帝春秋》"咨"作"資"（曹金華《後漢書稽疑》言李賢注引《獻帝春秋》作"資"當誤，《後漢書·獻帝紀》、《後漢紀》卷二五及《魏志·孫堅傳》等皆作"咨"）。後爲孫堅所殺。【今注】潁川：郡名。治陽翟縣（今河南禹州市）。　張咨：後爲孫堅所殺。　南陽：郡名。治宛縣（今河南南陽市卧龍區）。

［11］【今注】初平：東漢獻帝劉協年號（190—193）。

［12］【今注】案，官，大德本作"宫"，不從。

［13］【今注】内主：内應一方的首領。

初，靈帝末，黄巾餘黨郭太等復起西河白波谷，[1]轉寇太原，[2]遂破河東，百姓流轉三輔，[3]號爲"白波賊"，衆十餘萬。卓遣中郎將牛輔擊之，不能却。[4]及聞東方兵起，懼，乃鴆殺弘農王，[5]欲徙都長安。會公卿議，太尉黄琬、司徒楊彪廷争不能得，[6]而伍瓊、周珌又固諫之。卓因大怒曰："卓初入朝，二子勸用善士，故相從，而諸君到官，舉兵相圖。此二君賣卓，卓何用相負！”遂斬瓊、珌。而彪、琬恐懼，詣卓謝曰：“小人戀舊，非欲沮國事也，請以不及爲罪。”卓既殺瓊、珌，旋亦悔之，故表彪、琬爲光禄大夫。[7]於是遷天子西都。

[1]【今注】黄巾：指黄巾農民起義，因其頭裹黄巾而得名。西河：郡名。時治離石縣（今山西吕梁市離石區）。

[2]【今注】太原：郡名。治晉陽縣（今山西太原市西南）。

[3]【今注】流轉：流浪輾轉。

[4]【今注】却：使之退却。

[5]【今注】鴆（zhèn）殺：用毒酒殺人。鴆是一種毒鳥。《説文》：“鴆，毒鳥也。”《廣志》：“其鳥大儒鶚，紫緑色，有毒，頸常七、八寸，食蛇蝮。雄曰運日，雌曰陰諧。以其毛歷飲，食則殺人。”

[6]【今注】廷争：在朝廷上争論。

[7]【今注】光禄大夫：官名。名義上屬光禄勳，掌顧問應對，備皇帝諮詢差使，無固定職事。本書《百官志二》載：“光禄大夫，比二千石。本注曰：無員。凡大夫、議郎皆掌顧問應對，無常事，唯詔令所使。凡諸國嗣之喪，則光禄大夫掌弔。”

初，[1]長安遭赤眉之亂，[2]宫室營寺焚滅無餘，[3]是時唯有高廟、京兆府舍，[4]遂便時幸焉。[5]後移未央宫。[6]於是盡徙洛陽人數百萬口於長安，步騎驅蹙，[7]更相蹈藉，[8]飢餓寇掠，積尸盈路。卓自屯留畢圭苑中，[9]悉燒宫廟官府居家，[10]二百里内無復孑遺。[11]又使吕布發諸帝陵及公卿已下冢墓，收其珍寶。

［1］【今注】案，大德本脱“初”字。

［2］【今注】赤眉：王莽末年的農民起義軍之一，因赤色染眉而稱“赤眉”。立劉盆子爲帝，公元25年攻入長安，殺更始帝劉玄。因爲缺糧，東歸途中爲光武帝劉秀截擊，後投降。

［3］【今注】營寺：文武官署。

［4］【今注】高廟：祭祀漢高祖劉邦的宗廟。　京兆府舍：京兆尹的官署。

［5］【李賢注】便時謂時日吉便。

［6］【今注】未央宫：漢高祖七年（前200）丞相蕭何主持修建，是西漢皇帝所住宫殿，也是朝堂正殿，故址在今陝西西安市西北長安故城内西南角。

［7］【今注】驅蹙（cù）：驅趕催逼。

［8］【今注】蹈藉（jiè）：踐踏，踩踏。

［9］【今注】畢圭苑：全稱“畢圭靈昆苑”，皇家苑林之一，故址在今河南洛陽市東郊漢洛陽故城西郊。

［10］【今注】案，王先謙《後漢書集解》引惠棟言：“《魏志》引《續漢書》作‘民家’。”今存録。

［11］【今注】孑（jié）遺：殘存，遺留。

時長沙太守孫堅亦率豫州諸郡兵討卓。[1]卓先遣將徐榮、李蒙四出虜掠。[2]榮遇堅於梁，[3]與戰，破堅，生禽潁川太守李旻，亨之。卓所得義兵士卒，皆以布纏裹，倒立於地，熱膏灌殺之。

［1］【今注】長沙：郡名。治臨湘縣（今湖南長沙市嶽麓區）。

［2］【今注】案，大德本無“先”字。

［3］【李賢注】故城在今汝州梁縣西南（殿本句末有“也”字）。【今注】梁：縣名。治所在今河南汝州市西南。

時河内太守王匡[1]屯兵河陽津，[2]將以圖卓。卓遣疑兵挑戰，而潛使鋭卒從小平津過津北，破之，死者略盡。明年，孫堅收合散卒，進屯梁縣之陽人。[3]卓遣將胡軫、吕布攻之。布與軫不相能，軍中自驚恐，士卒散亂。[4]堅追擊之，軫、布敗走。卓遣將李傕詣堅求和，[5]堅拒絶不受，進軍大谷，距洛九十里。[6]卓自出與堅戰於諸陵墓間，卓敗走，却屯黽池，[7]聚兵於陜。[8]堅進洛陽宣陽城門，[9]更擊吕布，布復破走。堅乃埽除宗廟，平塞諸陵，分兵出函谷關，至新安、黽池間，[10]以截卓後。[11]卓謂長史劉艾曰："關東諸將數敗矣，無能爲也。唯孫堅小戇，[12]諸將軍宜慎之。"乃使東中郎將董越屯黽池，中郎將段煨屯華陰，[13]中郎將牛輔屯安邑，[14]其餘中郎將、校尉布在諸縣，以禦山東。[15]

[1]【李賢注】《英雄記》曰："匡字公節，泰山人。輕財好施，以任俠聞。"【今注】河内：郡名。治懷縣（今河南武陟縣西南）。

[2]【今注】河陽津：津渡名。因地處河陽縣境南黄河上故名。

[3]【李賢注】梁縣屬河南郡，今汝州縣也。陽人，聚，故城在梁縣西。【今注】案，曹金華《後漢書稽疑》言"梁縣西"前脱"今"字（第949頁）。 陽人：地名。即陽人聚，在今河南汝州市臨汝鎮西北。

[4]【李賢注】《九州春秋》曰："卓以東郡太守胡軫爲大督，吕布爲騎督。軫性急，豫宣言'今此行也，要當斬一青綬，乃整齊耳'。布等惡之，宣言相警云'賊至'，軍衆大亂奔走。"【今

注】不相能：不和睦，不相容。

［5］【今注】李傕：字稚然，北地郡（今寧夏吴忠市西南）人。董卓部將。董卓被誅後，與郭汜等人兵圍長安，後又相互攻伐，不久被曹操所殺，事見本卷。

［6］【李賢注】大谷口在故嵩陽西北三十五里（三，殿本作“八”），北出對洛陽故城。張衡《東京賦》云“盟津達其後，大谷通其前”是也。距，至也。

［7］【今注】黽池：縣名。治所在今河南澠池縣西。案，黽，殿本作“澠”，二字通假，下同。

［8］【今注】陝：縣名。治所在今河南三門峽市陝州區。

［9］【李賢注】《洛陽記》洛陽城南面有四門，從東第三門。【今注】案，王先謙《後漢書集解》引劉攽言：“注‘從東第三門’，案文少‘名宣陽’三字。”曹金華《後漢書稽疑》言《百官志》所載洛陽南面三門爲開陽門、平城門、津門，無“宣陽”（第949頁）。

［10］【今注】新安：縣名。治所在今河南澠池縣東。

［11］【今注】戠：“截”的異體字。截斷。《説文·戈部》：“戠，斷也。”

［12］【李賢注】《説文》曰：“戇，愚也。”音都降反。【今注】戇：迂愚而剛直。

［13］【李賢注】《典略》曰：“煨在華陰，特修農事。天子東還，煨迎，貢饋周急（貢，殿本作‘賁’）。”《魏志》曰：“武威人也。”煨音壹回反（壹，殿本作“一”）。【今注】段煨（wēi）：字忠明，武威郡（今甘肅武威市）人。原爲董卓部下，東漢獻帝東歸洛陽路過華陰時曾供給衣食，後斬殺李傕，被封闅鄉侯，建安十四年（209）去世。　華陰：縣名。治所在今陝西華陰市東。

［14］【今注】安邑：縣名。治所在今山西夏縣西北。

［15］【今注】山東：指崤山、函谷關以東的廣大地區，與

"關東"意思相近，如稱魏、趙、韓、楚、齊、燕六國爲"山東六國"。

卓諷朝廷使光禄勳宣璠[1]持節拜卓爲太師，[2]位在諸侯王上。乃引還長安。百官迎路拜揖，卓遂僭擬車服，[3]乘金華青蓋，爪畫兩轓，時人號"竿摩車"，言其服飾近天子也。[4]以弟旻爲左將軍，封鄠侯，[5]兄子璜爲侍中、中軍校尉，皆典兵事。於是宗族内外，並居列位。其子孫雖在髫齔，[6]男皆封侯，女爲邑君。[7]

[1]【李賢注】璠音煩，又音甫袁反。【今注】光禄勳：官名。掌宿衛宫廷。本書《百官志二》載："光禄勳，卿一人，中二千石。本注曰：掌宿衛宫殿門户，典謁署郎更直執戟，宿衛門户，考其德行而進退之。郊祀之事，掌三獻。"

[2]【今注】太師：官名。位在三公之上，地位尊崇，多無實權，不常置。

[3]【今注】僭擬：僭越，比擬。

[4]【李賢注】金華，以金爲華飾車也。爪者，蓋弓頭爲爪形也。轓音甫袁反。《廣雅》云："車箱也。"畫爲文彩。《續漢志》曰（曰，殿本作"云"）："轓長六尺，下屈，廣八寸。"又云："皇太子青蓋金華蚤畫轓。"竿摩謂相逼近也。今俗以事干人者，謂之"相竿摩"。

[5]【今注】鄠（hù）：時爲侯國。治所在今陝西西安市鄠邑區。

[6]【今注】髫（tiáo）齔（chèn）：也作"髫齓"，髫指兒童下垂之發，齔指兒童换牙。髫齔代指幼年。

[7]【今注】邑君：漢代貴族女性可封爲封君，享受湯沐邑。

數與百官置酒宴會，淫樂縱恣。[1]乃結壘於長安城東以自居。[2]又築塢於郿，[3]高厚七丈，號曰“萬歲塢”。[4]積穀爲三十年儲。自云：“事成，雄據天下；不成，守此足以畢老。”嘗至郿行塢，[5]公卿已下祖道於橫門外。[6]卓施帳幔飲設，誘降北地反者數百人，[7]於坐中殺之。先斷其舌，次斬手足，[8]次鑿其眼目，[9]以鑊煑之。[10]未及得死，偃轉杯案閒。[11]會者戰慄，亡失匕箸，而卓飲食自若。諸將有言語蹉跌，[12]便戮於前。又稍誅關中舊族，陷以叛逆。

［1］【今注】恣：放縱。《説文·心部》：“恣，縱也。”

［2］【今注】案，王先謙《後漢書集解》引惠棟言：“樂史云：‘《郡國志》卓宅在永和里，掘地輒得金玉寶玩。’”　壘：壁壘，古代軍中防禦用的墻壁。

［3］【今注】案，王先謙《後漢書集解》引惠棟言：“《風俗通》云：‘營居曰塢，安故切。’《英雄記》云：‘郿去長安二百六十里。’”塢，防禦用的堡壘，東漢時期地方豪族多築塢堡以自衛。

［4］【李賢注】今案：塢舊基高一丈，周迴一里一百步。

［5］【今注】案，嘗，大德本、殿本作“常”，不從。　行：巡視。

［6］【李賢注】横音光。【今注】祖道：古人出行前祭祀路神稱爲“祖道”，後也代指踐行。　橫門：《三輔黄圖》卷一“都城十二門”載：“長安城北出西頭第一門曰‘横門’。”

［7］【今注】北地：郡名。治富平縣（今寧夏吴忠市西南）。

［8］【今注】案，曹金華《後漢書稽疑》言“次”當作“或”（第950頁）。按文意，不從。

［9］【今注】鑿：穿孔。《廣雅·釋詁三》：“鑿，穿也。”

［10］【今注】鑊（huò）：無足的鼎，用於煮肉等。

［11］【今注】偃轉：倒在地下扭曲轉動。

［12］【今注】蹉跌：本指失足跌倒，此代指失誤。

時太史望氣，[1]言當有大臣戮死者。卓乃使人誣衛尉張温與袁術交通，[2]遂笞温於市，[3]殺之，以塞天變。[4]前温出屯美陽，令卓與邊章等戰，無功，温召又不時應命，既到而辭對不遜。時孫堅爲温參軍，勸温陳兵斬之。[5]温曰："卓有威名，方倚以西行。"堅曰："明公親帥王師，威振天下，何恃於卓而賴之乎？堅聞古之名將，杖鉞臨衆，未有不斷斬以示威武者也。故穰苴斬莊賈，[6]魏絳戮楊干。[7]今若縱之，自虧威重，後悔何及！"温不能從，而卓猶懷忌恨，故及於難。

［1］【今注】太史：即太史令，官名。屬太常，掌天文曆法、圖書典籍等。本書《百官志二》載："太史令一人，六百石。本注曰：掌天時、星曆。凡歲將終，奏新年曆。凡國祭祀、喪、娶之事，掌奏良日及時節禁忌。凡國有瑞應、災異，掌記之。"　望氣：通過觀察天氣變化來進行占卜的方術。

［2］【今注】衛尉：官名。九卿之一。西漢景帝曾更名爲中大夫令，後復爲衛尉，統帥衛士，宿衛宫内。本書《百官志二》載："衛尉，卿一人，中二千石。本注曰：掌宫門衛士，宫中徼循事。"

［3］【今注】笞：即打板子，漢代刑罰之一。漢文帝有感於齊國太倉令淳于公之女緹縈肉刑不便改過自新之言，實行司法改革，廢除宫刑之外的黥（臉上刺字）、劓（割鼻）、斬脚趾等肉刑，代以笞刑，"當劓者，笞三百；當斬左止者，笞五百"（《漢書·刑法志》），漢景帝時期將笞刑數量降到二百、一百，對行刑所用板子

的長寬、厚度進行限制，並規定行刑中途不得換人。

［4］【今注】塞：當，抵償。　天變：古代天文術語。指日食、彗星等異常景象以及異常天氣等，古人認爲天生異象多與君王施政不當或大臣奸邪等有關。

［5］【今注】案，王先謙《後漢書集解》引惠棟言："《魯語》臧文仲云：'大刑用甲兵。'韋昭云：'謂臣有大逆，則被甲聚兵而誅之，若今陣軍也。'"

［6］【李賢注】《史記》齊景公時，晉伐阿、鄄而燕侵河上，以司馬穰苴爲將軍，使寵臣莊賈監軍。賈期後至，穰苴斬以徇三軍，鄄音絹。

［7］【李賢注】魏絳，晉大夫。楊干，晉公弟。會諸侯於曲梁，楊干亂行，魏絳戮其僕。事在《左傳》。

温字伯慎，[1]少有名譽，累登公卿，亦陰與司徒王允共謀誅卓，[2]事未及發而見害。[3]越騎校尉汝南伍孚[4]忿卓凶毒，志手刃之，乃朝服懷佩刀以見卓。孚語畢辭去，卓起送至閤，[5]以手撫其背，孚因出刀刺之，不中。卓自奮得免，急呼左右執殺孚，[6]而大詬[7]曰："虜欲反耶！"孚大言曰："恨不得磔裂姦賊於都市，[8]以謝天地！"言未畢而斃。[9]

［1］【李賢注】《漢官儀》曰："温，穰人。"【今注】案，字，大德本、殿本作"子"，不從。

［2］【今注】王允：字子師，太原祁（今山西祁縣）人。傳見本書卷六六。

［3］【今注】案，大德本、殿本脱"害"字。

［4］【李賢注】《謝承書》曰："孚字德瑜，汝南吴房人。質

性剛毅，勇壯好義，力能兼人。”【今注】越騎校尉：官名。屬北軍中候，北軍五校之一，掌宿衛京師。本書《百官志四》載：“越騎校尉一人，比二千石。本注曰：掌宿衛兵。”晉灼注曰：“取其才力超越也。” 伍孚：另有“伍瓊”，同爲汝南人，字德瑜，曾任侍中、城門校尉，也曾參與謀劃誅殺董卓。案，王先謙《後漢書集解》集衆人之言，或認爲伍孚和伍瓊是一人，或認爲是兩人，未知孰是，今存録。

［5］【今注】閤：古代官署的門。

［6］【今注】案，孚，紹興本作“之”。

［7］【李賢注】詬，駡也，音許豆反。

［8］【李賢注】磔，車裂之也（大德本無“車”字，不從），音丁格反。《獻帝春秋》“磔”作“車”。【今注】磔（zhé）：車裂之刑，古代分解肢體的酷刑。《漢書》卷五《景帝紀》載：“中元二年，改磔爲弃市。”顔師古注曰：“磔，謂張其尸也。”

［9］【今注】斃：斃命。《廣韻·祭韻》：“斃，死也。”

時王允與吕布及僕射士孫瑞謀誅卓。[1]有人書“吕”字於布上，負而行於市，歌曰：“布乎！”有告卓者，卓不悟。[2]三年四月，帝疾新愈，大會未央殿。[3]卓朝服升車，既而馬驚墮泥，還入更衣。其少妻止之，[4]卓不從，遂行。乃陳兵夾道，自壘及宫，左步右騎，屯衛周帀，令吕布等扞衛前後。[5]王允乃與士孫瑞密表其事，使瑞自書詔以授布，[6]令騎都尉李肅[7]與布同心勇士十餘人，僞著衛士服於北掖門内以待卓。[8]卓將至，馬驚不行，怪懼欲還。吕布勸令進，遂入門。肅以戟刺之，卓衷甲不入，[9]傷臂墮車，顧大呼曰：“吕布何在？”布曰：“有詔討賊臣。”卓大駡曰：“庸狗敢如是邪！”布應聲持矛刺卓，趣兵斬之。[10]主簿田儀[11]及卓倉頭前赴其尸，[12]布又殺之。馳齎赦書，以令宫陛内外。士卒皆稱萬歲，百姓歌舞於道。長安中士女賣其珠玉衣裝市酒肉相慶者，填滿街肆。[13]使皇甫嵩攻卓弟旻於郿塢，殺其母妻男女，盡滅其族。[14]乃尸卓於市。天時始熱，卓素充肥，脂流於地。[15]守尸吏然火置卓臍中，[16]光明達曙，如是積日。諸袁門生又聚董氏之尸，[17]焚灰揚之於路。塢中珍藏有金二三萬斤，銀八九萬斤，錦綺繢縠紈素奇玩，[18]積如丘山。

［1］【李賢注】《三輔決録》曰："瑞字君榮（榮，中華本校勘記言《王允傳》作‘策’），扶風人，博達無不通。天子都許，追論瑞功，封子萌津亭侯（津，大德本、殿本作‘車’，不從）。萌字文始，有才學，與王粲善，粲作詩贈萌。"（曹金華《後漢書稽疑》言"《三輔決録》"後脱"注"字，"津亭侯"當爲"澹津亭侯"）

［2］【李賢注】《英雄記》曰："有道士書布爲‘吕’字，將以示卓，卓不知其爲吕布也。"【今注】案，卓不悟，大德本作"卓者不悟"。

［3］【今注】未央殿：即未央宫前殿。主要用於皇帝即位、册后、朝賀、大喪、拜大臣等重大禮儀活動，其故址在今陝西西安市西北郊未央宫第1號遺址中（參見陳蘇鎮《未央宫四殿考》，《歷史研究》2016年第5期）。

［4］【今注】少妻：年輕而地位較低的妻，但身份與妾有別。長沙三國走馬樓吴簡中有"妻""中妻""小妻"和"妾"，爲古代三妻四妾現象的反映。

［5］【今注】扞：通“捍”。捍衛。

［6］【今注】案，王先謙《後漢書集解》引《資治通鑑》胡三省注言：“使尚書僕射自書詔，懼謀泄也。”

［7］【李賢注】《獻帝紀》曰：“肅，吕布同郡人也。”【今注】案，李肅，中華本校勘記言：“《通鑑考異》謂《袁紀》作‘李順’。”

［8］【今注】北掖門：此指未央殿北邊的旁門。

［9］【今注】案，大德本、殿本脱“卓”字。

［10］【李賢注】趣音促。《九州春秋》曰：“布素使秦誼、陳衞、李黑等僞作宫門衞士，持長戟。卓到宫門，黑等以長戟俠叉卓車（門，紹興本、大德本作‘明’，不從；俠，中華本校勘記言汲本作‘挾’；叉，大德本作‘又’，殿本作‘义’，不從，下同；又，殿本無‘卓到宫門黑等以長戟’九字），或叉其馬。卓驚呼布，布素施鎧於衣中，持矛，即應聲刺卓，墜於車。”【今注】趣：催促。

［11］【李賢注】《九州春秋》“儀”字作“景”。【今注】主簿：官名。漢代中央機構及地方郡縣均有設置，大將軍出征亦設，掌管文書簿記、印鑒事務。

［12］【今注】倉頭：也作“蒼頭”，漢代對奴僕的一種稱謂，因其用深青色布裹頭而得名。　赴其尸：爲奪回董卓的尸體而奮力戰鬪。

［13］【今注】街肆：街道上的商鋪。

［14］【李賢注】《英雄記》曰：“卓母年九十，走至塢門，曰：‘乞脱我死。’即時斬首。”

［15］【今注】案，王先謙《後漢書集解》引惠棟言：“《英雄記》云：‘膏流浸地，草爲之丹。’”

［16］【今注】然：同“燃”。點燃。

［17］【今注】門生：漢代指再傳弟子或被舉薦之人。

［18］【今注】繢（huì）：通“繪”，繪有圖畫和繡有花紋的絲織品。 縠（hú）：質地輕薄纖細透亮、表面起縐的平紋絲織物，也稱縐紗。

初，卓以牛輔子壻，素所親信，使以兵屯陝。輔分遣其校尉李傕、郭汜、張濟[1]將步騎數萬，擊破河南尹朱儁於中牟。[2]因掠陳留、潁川諸縣，[3]殺略男女，所過無復遺類。[4]吕布乃使李肅以詔命至陝討輔等，輔等逆與肅戰，肅敗走弘農，[5]布誅殺之。其後牛輔營中無故大驚，輔懼，乃齎金寶踰城走。[6]左右利其貨，斬輔，送首長安。[7]

［1］【李賢注】《英雄記》：“傕，北地人。”劉艾《獻帝紀》曰：“傕字稚然。汜，張掖人。”【今注】郭汜：董卓部將。董卓被誅後與李傕禍亂長安，劫持公卿，後爲其部將五習襲擊，死於郿。事見本卷。

［2］【今注】河南尹：此爲官名，行政區河南尹的最高長官。本書《百官志四》：“河南尹一人，主京都，特奉朝請。其京兆尹、左馮翊、右扶風三人，漢初都長安，皆秩中二千石，謂之三輔。中興都雒陽，更以河南郡爲尹，以三輔陵廟所在，不改其號，但減其秩。”其屬京畿，故不稱郡，地位高於郡守。 朱儁：字公偉，會稽上虞（今浙江紹興市上虞區）人。傳見本書卷七一。 中牟：縣名。治所在今河南中牟縣東。

［3］【今注】掠：搶奪。《玉篇·手部》：“掠，掠奪財物。”

［4］【今注】遺類：倖存者。

［5］【今注】弘農：郡名。治弘農縣（今河南靈寶市東北）。

［6］【今注】案，曹金華《後漢書稽疑》言《三國志》卷六

《魏志·董卓傳》載“其後輔營兵有夜叛出者，營中驚”，非“無故大驚”（第952頁）。　齎：攜，持。《廣雅·釋詁三》：“齎，持也。”

［7］【李賢注】《獻帝紀》曰：“輔帳下支胡赤兒等，素待之過急，盡以家寶與之，自帶二十餘餅金、大白珠瓔。胡謂輔曰：‘城北已有馬，可去也。’以繩繫輔背，踰城懸下之，未及地丈許放之，輔傷背不能行，諸胡共取其金并珠，斬首詣長安。”

傕、汜等以王允、呂布殺董卓，故忿怒并州人，并州人其在軍者男女數百人，皆誅殺之。牛輔既敗，衆無所依，欲各散去。傕等恐，乃先遣使詣長安，求乞赦免。王允以爲一歲不可再赦，不許之。[1]傕等益懷憂懼，不知所爲。武威人賈詡時在傕軍，説之[2]曰：“聞長安中議欲盡誅涼州人，諸君若弃軍單行，則一亭長能束君矣。[3]不如相率而西，以攻長安，爲董公報仇。事濟，奉國家以正天下；若其不合，走未後也。”傕等然之，各相謂曰：“京師不赦我，我當以死決之。若攻長安剋，則得天下矣；不剋，則鈔三輔婦女財物，西歸鄉里，尚可延命。”衆以爲然，於是共結盟，率軍數千，晨夜西行。王允聞之，乃遣卓故將胡軫、徐榮擊之於新豐。[4]榮戰死，軫以衆降。傕隨道收兵，[5]比至長安，已十餘萬，與卓故部曲樊稠、李蒙等合，[6]圍長安城。城峻不可攻，[7]守之八日，[8]呂布軍有叟兵内反，[9]引傕衆得入。城潰，放兵虜掠，死者萬餘人。殺衛尉种拂等。[10]呂布戰敗出奔。王允奉天子保宣平城門樓上。[11]於是大赦天下。李傕、郭汜、樊稠等皆爲將軍。[12]遂圍門樓，共表請司徒王允出，問“太師何罪”？允窮蹙乃下，[13]後數日見殺。傕等葬董卓於郿，并收董氏所焚尸之灰，合斂一棺而葬之。葬日，大風雨，霆震卓墓，流水入藏，漂其棺木。[14]

［1］【今注】案，崔寔《政論》載：“近前年一期之中，大小四赦。諺曰：‘一歲再赦，奴兒喑噁。’”可見漢代有一年再赦的先例。本書卷六六《王允傳》載：“允初議赦卓部曲，吕布亦數勸之。既而疑曰：‘此輩無罪，從其主耳。今若名爲惡逆而特赦之，適足使其自疑，非所以安之之道也。’”不再赦的原因與本傳不同。

［2］【李賢注】《魏志》曰：“卓之入洛陽，詡以太尉掾爲平津尉，遷討虜校尉。”牛輔屯陝，詡在輔軍。輔既死，故詡在傕軍。【今注】賈詡：字文和，武威姑臧（今甘肅武威市）人。傳見《三國志》卷一〇。

［3］【今注】亭長：官名。掌基層治安。本書《百官志五》載：“亭有亭長，以禁盜賊。本注曰：亭長，主求捕盜賊，承望都尉。”　束：捆綁。《説文·束部》：“束，縛也。”

［4］【李賢注】《九州春秋》曰：“胡文才、楊整脩皆涼州人（楊，殿本作‘揚’，不從），王允素所不善也。及李傕之叛，乃召文才、整脩，使東曉喻之。不假借以温顔，謂曰：‘關東鼠子欲何爲乎？卿往曉之（卿，大德本作“即”，不從）。’於是二人往，實召兵而還。”【今注】案，王先謙《後漢書集解》引惠棟言：“注‘楊整脩’即楊定也，興平二年爲安西將軍，二年，遷後將軍。”曹金華《後漢書稽疑》言《魏志·董卓傳》“涼州人”作“涼州大人”（第952頁）。　新豐：縣名。治所在今陝西西安市臨潼區新豐鎮沙河村南。

［5］【今注】案，大德本、殿本脱“道”字。

［6］【李賢注】袁宏《記》曰：“蒙後爲傕所殺（大德本、殿

本脱‘後’字)。”

[7]【今注】峻：陡峭。《廣韻·稕韻》：“峻，險也，峭也。”案，紹興本作“圍長安城峻不可攻”，少一“城”字。

[8]【今注】案，曹金華《後漢書稽疑》言“八”或爲“十”，《魏志·董卓傳》有“十日城陷”(第952頁)。

[9]【李賢注】叟兵即蜀兵也。漢代謂蜀爲叟。【今注】叟兵：西南少數民族叟人當兵者。出土璽印中有“漢歸義叟邑長”“漢叟仟長”“漢歸義叟佰長”，“歸義”是對歸降少數民族的稱謂，可知“叟”爲少數民族，“叟兵”當爲少數民族叟人爲兵者。

[10]【今注】案，王先謙《後漢書集解》引錢大昕言：“按《獻帝紀》《种拂傳》皆云‘太常’，非‘衞尉’也。” 种拂：字穎伯，河南洛陽(今河南洛陽市東北)人。曾任司空、太常。傳見本書卷五六。

[11]【李賢注】《三輔黄圖》曰：“長安城東面北頭門號宣平門。”【今注】宣平城門：城門名。長安十二門之一。《三輔黄圖》卷一“都城十二門”載：“長安城東出北頭第一門曰宣平門，民間所謂東都門。《漢書》曰：‘元帝建昭元年，有白蛾群飛蔽日，從東都門至枳道。’又疏廣太傅受少博，上疏乞骸骨歸，公卿大夫爲設祖道，供張東部門外，即此門也。其郭門亦曰東郭，即逢萌掛冠處也。王莽更名曰春王門正月亭。東都門至外郭亭十三里。”

[12]【李賢注】《袁山松書》曰“允謂傕等曰：‘臣無作威作福，將軍乃放縱，欲何爲乎？’傕等不應。自拜署傕爲揚武將軍(揚，大德本作‘陽’，不從)，汜爲揚烈將軍，樊稠等皆爲中郎將”也。【今注】案，曹金華《後漢書稽疑》言，《魏志·董卓傳》注引張璠《後漢紀》作“帝謂傕等曰：‘卿無作威福，而乃放兵縱横，欲何爲乎？’傕等曰：‘董卓忠於陛下，而無故爲吕布所殺……請事竟，詣廷尉受罪’”，袁宏《後漢紀》卷二七作“允謂傕等曰：‘臣無作威作福，而乃放兵縱横，欲何爲乎？’傕曰：‘董卓忠

於陛下……請事竟，詣廷尉受罪’”，贊成張璠《後漢紀》之説（第953頁）。

［13］【今注】窮蹙（cù）：窘迫，困厄。　下：此指認罪。

［14］【李賢注】《獻帝起居注》曰：“冢户開，大風暴雨，水土流入，抒出之（抒，大德本、殿本作‘杼’，二字通假）。棺向入，輒復風雨，水溢郭户，如此者三四。冢中水半所，稠等共下棺，天風雨益暴甚（天，殿本作‘又’），遂閉户。户閉，大風復破其冢。”【今注】霆震：雷霆震動。　藏：本指儲藏東西的地方，此代指埋葬棺椁的墓穴。

傕又遷車騎將軍，開府，領司隸校尉，假節。汜後將軍，稠右將軍，張濟爲鎮東將軍，並封列侯。[1]傕、汜、稠共秉朝政。濟出屯弘農。以賈詡爲左馮翊，[2]欲侯之。詡曰：“此救命之計，何功之有！”固辭乃止。更以爲尚書典選。[3]

［1］【今注】列侯：秦漢二十等爵制的最高爵位，西漢列侯衹有縣侯一等，東漢分爲縣侯、鄉侯、亭侯三等。學界曾認爲因避漢武帝劉徹名諱而改“徹侯”爲“列侯”，但里耶秦簡461《更名方》載：“徹侯爲列侯。”〔湖南省文物考古研究所編《里耶秦簡（壹）》，文物出版社2012年版，“釋文”部分第33頁〕可知秦始皇時期已經改稱“列侯”。

［2］【今注】左馮（píng）翊（yì）：此爲官名，爲郡級政區左馮翊的長官。因屬京畿，故不稱郡，地位高於郡太守。

［3］【今注】尚書典選：官名。即掌選舉的尚書。《漢官·典職儀》載：“吏曹尚書典選舉齋祀，屬三公曹。”

明年夏，大雨晝夜二十餘日，漂没人庶，[1]又風如冬時。帝使御史裴茂訊詔獄，[2]原繫者二百餘人。[3]其中有爲傕所枉繫者，傕恐茂赦之，乃表奏茂擅出囚徒，疑有姦故，請收之。詔曰："災異屢降，陰雨爲害，使者銜命宣布恩澤，[4]原解輕微，庶合天心。欲釋冤結而復罪之乎！一切勿問。"

［1］【今注】人庶：即普通百姓。

［2］【今注】案，曹金華《後漢書稽疑》言"御史"當爲"侍御史"（第953頁）。　詔獄：奉皇帝詔書關押犯人的監獄。

［3］【今注】原：原宥，赦免。　繫者：被拘押者。

［4］【今注】銜命：奉命。

初，卓之入關，要韓遂、馬騰共謀山東。[1]遂、騰見天下方亂，亦欲倚卓起兵。興平元年，[2]馬騰從隴右來朝，[3]進屯霸橋。[4]時騰私有求於傕，不獲而怒，遂與侍中馬宇、右中郎將劉範、[5]前涼州刺史种劭、[6]中郎將杜稟[7]合兵攻傕，連日不決。韓遂聞之，乃率衆來欲和騰、傕，既而復與騰合。傕使兄子利共郭汜、樊稠與騰等戰於長平觀下。[8]遂、騰敗，斬首萬餘級，种劭、劉範等皆死。遂、騰走還涼州，稠等又追之。韓遂使人語稠曰："天下反覆未可知，[9]相與州里，今雖小違，要當大同，欲共一言。"乃駢馬交臂相加，[10]笑語良久。軍還，利告傕曰："樊、韓駢馬笑語，不知其辭，而意愛甚密。"於是傕、稠始相猜疑。猶加稠及郭汜開府，與三公合爲六府，皆參選舉。[11]

［1］【李賢注】《獻帝傳》曰："騰父平，扶風人。爲天水蘭干尉，失官，遂留隴西，與羌雜居。家貧無妻，遂取羌女，生騰。"【今注】要：通"邀"，邀請。

［2］【今注】興平：東漢獻帝劉協年號（194—195）。

［3］【今注】隴右：隴山以西的地區，古代以西爲右，故稱"隴右"，相當於今甘肅六盤水以西、黄河以東的地區。

［4］【今注】霸橋：也作"灞橋"，始建於漢，漢唐時送客多到此橋作别。《三輔黄圖》卷五"橋"載："霸橋，在長安東，跨水作橋。漢人送客至此橋，折柳贈别。王莽時霸橋災，數千人以水沃救不滅，更霸橋爲長存橋。"

［5］【李賢注】焉之子。【今注】右中郎將：官名。屬光禄勳，掌宿衛宫廷。本書《百官志二》載："右中郎將，比二千石。本注曰：主右署郎。"案，王先謙《後漢書集解》引惠棟言："本紀及《种劭傳》皆云'左中郎將'。"

［6］【今注】种劭：字申甫，河南洛陽（今河南洛陽市東北）人。傳見本書卷五六。

［7］【李賢注】《獻帝紀》曰："稟與賈詡有隙，脅扶風吏人爲騰守槐里，欲共攻傕。傕令樊稠及兄子利數萬人攻圍槐里，夜梯城，城陷，斬稟梟首。"

［8］【李賢注】《前書音義》曰："長平，坂名也，在池陽南。有長平觀，去長安五十里。"【今注】長平觀：《三輔黄圖》卷五"觀"載："長平觀，在池陽宫，臨涇水。"

［9］【今注】天下反覆未可知：天下形勢未明。案，曹金華《後漢書稽疑》言《後漢紀》卷二七等"天下"皆作"天地"（第953頁）。今案，"天下"文意亦通。

［10］【李賢注】駢，並也。【今注】駢：並列。《廣雅·釋言》："駢，竝也。"

［11］【李賢注】《獻帝起居注》曰："傕等各欲用其所舉，若

壹違之（壹，殿本作‘一’），便忿憤喜怒（喜，殿本作‘恚’，可從）。主者患之（主，大德本作‘王’，不從），乃以次第用其所舉，先從傕起，汜次之，稠次之。三公所舉，終不見用。”

時長安中盜賊不禁，白日虜掠，傕、汜、稠乃參分城内，各備其界，猶不能制，而其子弟縱橫，侵暴百姓。是時穀一斛五十萬，豆麥二十萬，人相食啖，[1]白骨委積，臭穢滿路。帝使侍御史侯汶[2]出太倉米豆爲飢人作糜，[3]經日而死者無降。[4]帝疑賦邺有虚，[5]乃親於御前自加臨檢。既知不實，使侍中劉艾出讓有司。於是尚書令以下皆詣省閣謝，[6]奏收侯汶考實。[7]詔曰："未忍致汶于理，[8]可杖五十。"[9]自是後多得全濟。

[1]【李賢注】啖音徒敢反。【今注】啖（dàn）：吃或給人吃。

[2]【李賢注】音問（問，大德本、殿本作“聞”）。【今注】案，王先謙《後漢書集解》引惠棟言：“汶字文林，太原中都人，見《宗都碑陰》。”

[3]【今注】糜：將米煮爛的粥。

[4]【今注】案，降，殿本作“限”，不從。

[5]【李賢注】賦，布也。邺，憂也。【今注】賦：通“敷”，布施賑濟。

[6]【今注】省閣：指尚書臺官署，亦指宫門。案，王先謙《後漢書集解》引劉攽言：“案文，‘閣’當作‘閤’。閤，門也。”

[7]【今注】考實：漢代司法用語，經過調查、審訊之後得到案件的實情。

［8］【今注】理：即法紀，也指審理案件的法官。

［9］【今注】杖：即杖刑，古代刑罰的一種。

明年春，傕因會刺殺樊稠於坐，[1]由是諸將各相疑異，傕、汜遂復理兵相攻。[2]安西將軍楊定者，故卓部曲將也。懼傕忍害，[3]乃與汜合謀迎天子幸其營。傕知其計，即使兄子暹[4]將數千人圍宫。以車三乘迎天子、皇后。[5]太尉楊彪謂暹曰："古今帝王，無在人臣家者。諸君舉事，當上順天心，奈何如是！"暹曰："將軍計決矣。"帝於是遂幸傕營，彪等皆徒從。[6]亂兵入殿，掠宫人什物，傕又徙御府金帛乘輿器服，而放火燒宫殿官府居人悉盡。帝使楊彪與司空張喜等十餘人和傕、汜，汜不從，遂質留公卿。彪謂汜曰："將軍達人閒事，奈何君臣分争，一人劫天子，一人質公卿，此可行邪？"汜怒，欲手刃彪。彪曰："卿尚不奉國家，吾豈求生邪！"左右多諫，汜乃止。遂引兵攻傕，矢及帝前，[7]又貫傕耳。[8]傕將楊奉本白波賊帥，乃將兵救傕，於是汜衆乃退。

［1］【李賢注】《獻帝紀》曰："傕見稠果勇而得衆心，疾害之，醉酒，潛使外生騎都尉胡封於坐中拉殺稠。"【今注】坐：通"座"。座位。

［2］【李賢注】袁宏《紀》曰"李傕數設酒請汜，或留汜止宿。汜妻懼與傕婢妾私而奪己愛，思有以離間之。會傕送饋，汜妻乃以豉爲藥。汜將食，妻曰：'食從外來，儻或有故（儻，大德本作"黨"，"黨"後作"儻"）？'遂摘藥示之，曰：'一栖不兩

雄，我固疑將軍之信李公也。’他日傕請汜，大醉，汜疑傕藥之，絞糞汁飲之乃解，於是遂相猜疑”也。【今注】疑異：猜疑而生異心。　理兵：整治軍隊。　案，王先謙《後漢書集解》引惠棟言：“《韓子·有度篇》云：‘毋弛而弓，一棲兩雄；一棲兩雄，其鬬𪿞𪿞。’”

[3]【今注】忍害：殺害。

[4]【李賢注】音織。

[5]【今注】案，王先謙《後漢書集解》引惠棟言：“《獻帝春秋》云：‘使虎賁王曹等三百人，以輜車三乘載帝及伏后幸傕營，及迎宫人、公卿家屬入塢。’棟案：‘王曹當作王昌。’”

[6]【今注】徒從：徒步跟從。

[7]【李賢注】《獻帝紀》曰：“汜與傕將張苞、張龍謀誅傕，汜將兵夜攻傕門。候開門内汜兵，苞等燒屋，火不然。汜兵弓弩並發，矢及天子樓帷簾中。”【今注】案，曹金華《後漢書稽疑》言《後漢紀》卷二八“張龍”作“張寵”，未知孰是（第954頁）。

[8]【今注】貫：貫穿。

是日，傕復移帝幸其北塢，唯皇后、宋貴人俱。傕使校尉監門，隔絶内外。[1]尋復欲徙帝於池陽黄白城，[2]君臣惶懼。司徒趙温深解譬之，[3]乃止。詔遣謁者僕射皇甫酈和傕、汜。[4]酈先譬汜，汜即從命。又詣傕，傕不聽。曰：“郭多，盜馬虜耳，何敢欲與我同邪！必誅之。君觀我方略士衆，足辦郭多不？[5]多又劫質公卿。所爲如是，而君苟欲左右之邪！”[6]汜一名多。酈曰：“今汜質公卿，而將軍脅主，誰輕重乎？”傕怒，呵遣酈，因令虎賁王昌追殺之。昌僞不及，酈得以免。傕乃自爲大司馬。[7]與郭汜相攻連月，死者以萬數。

［1］【李賢注】《獻帝紀》曰："傕令門設反關，校尉守察。盛夏炎暑，不能得冷水，飢渴流離。上以前移宫人及侍臣，不得以穀米自隨，入門有禁防，不得出市，困乏，使就傕索粳米五斛，牛骨五具，欲爲食賜宫人左右。傕不與米，取久牛肉牛骨給，皆已臭蟲，不可啖食。"

［2］【李賢注】池陽，縣，故城在今涇陽縣西北。

［3］【今注】趙温：字子柔，蜀郡成都（今四川成都市武侯區）人。詳見本書卷二七《趙典傳》。　解：勸解。　譬：勸導。

［4］【今注】謁者僕射：官名。名義上屬光禄勳，掌朝廷賓禮禮儀和傳達詔命。本書《百官志二》載："謁者僕射一人，比千石。本注曰：爲謁者臺率，主謁者，天子出，奉引。古重習武，有主射以督録之，故曰僕射。"　案，王先謙《後漢書集解》引惠棟言："《獻帝起居注》云：'天子以鄺涼州舊姓，有專對之才，遣令和傕、汜。'按：鄺，嵩從子。"皇甫鄺，皇甫嵩的侄子。

［5］【今注】辨：懲治，處罰。案，殿本作"辨"。

［6］【李賢注】左右，助也，音佐又。【今注】左右：即"佐佑"，輔助。

［7］【李賢注】《獻帝起居注》曰："傕性喜鬼怪左道之術，常有道人及女巫哥謳擊鼓下神祭（哥，紹興本、大德本、殿本皆作'歌'，可從），六丁符劾厭勝之具，無所不爲。又於朝廷省門外爲董卓作神坐，數以牛羊祠之。天子使左中郎將李國栲節拜傕爲大司馬（栲，紹興本作'特'，中華本作'持'，當從後者），在三公之右。傕自以爲得鬼神之助，乃厚賜諸巫。"【今注】案，中華本校勘記言"下神祭"當爲"下神祠祭"，曹金華《後漢書稽疑》言"六丁"當上讀，爲"下神祠祭六丁"（第955頁）。

張濟自陜來和解二人，仍欲遷帝權幸弘農。[1]帝亦思舊京，[2]因遣使敦請傕求東歸，十反乃許。[3]車駕即日發邁。[4]李傕出屯曹陽。[5]以張濟爲驃騎將軍，復還屯陜。遷郭汜車騎將軍，楊定後將軍，楊奉興義將軍。又以故牛輔部曲董承爲安集將軍。[6]汜等並侍送乘輿。汜遂復欲脅帝幸郿，定、奉、承不聽。汜恐變生，乃弃軍還就李傕。[7]車駕進至華陰。[8]寧輯將軍段煨乃具服御及公卿以下資儲，[9]請帝幸其營。初，楊定與煨有隙，遂誣煨欲反，乃攻其營，十餘日不下。[10]而煨猶奉給御膳，稟贍百官，終無二意。

[1]【今注】權幸：暫且臨幸。

[2]【今注】舊京：即東漢京都洛陽。

[3]【李賢注】袁宏《紀》曰："濟使太官令孫篤（使太，大德本作'從大'，殿本作'從太'，不從）、校尉張式宣諭，十反。"

[4]【李賢注】《獻帝起居注》曰："初，天子出，到宣平門，當度橋，汜兵數百人遮橋曰：'是天子非？'車不得前。傕兵數百人皆持大戟在乘輿車前（大，大德本作'太'，不從），侍中劉艾大呼云（艾，大德本作'史'，不從）：'是天子也！'使侍中楊琦高舉車帷。帝言諸兵：'汝却，何敢迫近至尊邪！'汜等兵乃却。既度橋，士衆咸稱萬歲。"【今注】發邁：啓程。

[5]【今注】曹陽：澗名。俗稱七里澗，在今河南靈寶市東北。案，曹金華《後漢書稽疑》贊成《資治通鑑》卷六一作"池陽"（第955頁）。

[6]【李賢注】《蜀志》曰："承，獻帝舅也。"裴松之注曰："承，靈帝母太后之姪。"【今注】董承：河間國（今河北獻縣東

南）人。漢獻帝董貴人之父。謀誅曹操，事情敗漏後爲曹操所殺。

［7］【今注】案，王先謙《後漢書集解》引惠棟言：“袁宏《紀》云：‘汜棄軍入南山。’”與本傳不同，今存録。

［8］【李賢注】《帝王紀》曰：“帝以尚書郎郭溥喻汜，汜以屯部未定，乞須留之。溥因罵汜曰：‘卿真庸人賤夫，爲國上將，今天子有命，何須留之？吾不忍見卿所行，請先殺我，以章卿惡。’汜得溥言切，意乃少喻。”

［9］【今注】具：準備，置辦。《廣韻·遇韻》：“具，備也，辦也。”

［10］【李賢注】袁宏《記》曰：“煨與楊定有隙，煨迎乘輿，不敢下馬，揖馬上。侍中种輯素與定親，乃言曰：‘段煨欲反。’上曰：‘煨屬來迎，何謂反？’對曰：‘迎不至界，拜不下馬，其色變，必有異心。’大尉楊彪等曰（大，紹興本、大德本、殿本皆作‘太’，可從）：‘煨不反，臣等敢以死保，車駕可幸其營。’董承、楊定言曰：‘郭汜舍且將七百騎來入煨營（含，紹興本、大德本、殿本皆作“今”，可從）。’天子信之，遂露次於道南，奉、承、定等功也。”

李傕、郭汜既悔令天子東，乃來救段煨，因欲劫帝而西，楊定爲汜所遮，[1]亡奔荆州。而張濟與楊奉、董承不相平，乃反合傕、汜，共追乘輿，大戰於弘農東澗。[2]承、奉軍敗，百官士卒死者不可勝數，皆弃其婦女輜重，御物符策典籍，略無所遺。[3]射聲校尉沮儁被創墜馬。[4]李傕謂左右曰：“尚可活不？”儁罵之曰：“汝等凶逆，逼迫天子，亂臣賊子，未有如汝者！”傕使殺之。[5]天子遂露次曹陽。[6]承、奉乃譎傕等與連和，[7]而密遣間使至河東，招故白波帥李樂、韓暹、胡才及南匈奴右賢王去卑，並率其衆數千騎來，與承、奉共擊傕等，大破之，斬首數千級，乘輿乃得進。董承、李樂擁衛左右，胡才、楊奉、韓暹、去卑爲後距。傕等復來戰，奉等大敗，死者甚於東澗。自東澗兵相連綴四十里中，方得至陜，乃結營自守。時殘破之餘，虎賁羽林不滿百人，皆有離心。承、奉等夜乃潛議過河，[8]使李樂先度具舟舡，[9]舉火爲應。帝步出營，臨河欲濟，岸高十餘丈，乃以絹縋而下。[10]餘人或匍匐岸側，或從上自投，死亡傷殘，不復相知。争赴舡者，不可禁制，董承以戈擊披之，[11]斷手指於舟中者可掬。[12]同濟唯皇后、宋貴人、[13]楊彪、董承及后父執金吾伏完等數十人。其宫女皆爲傕兵所掠奪，凍溺死者甚衆。既到大陽，止於人家，[14]然後幸李樂營。百官飢餓，河内太守張楊[15]使數千人負米貢餉。帝乃御牛車，因都安邑。河東太守王邑奉獻綿帛，悉賦公卿以下。封邑爲列侯，[16]拜胡才征東將軍，張楊爲安國將軍，皆假節、開府。其壘壁群豎，競求拜職，刻印不給，至乃以錐畫之。或齎酒肉就天子燕飲。[17]又遣太僕韓融至弘農，[18]與傕、汜等連和。傕乃放遣公卿百官，頗歸宫人婦女，及乘輿器服。

［1］【今注】遮：遏止，攔住。《説文·辵部》："遮，遏也。"

［2］【今注】東澗：地名。在弘農郡内，故址在今河南靈寶市一帶。

［3］【李賢注】《獻帝傳》曰："掠婦女衣被，遲違不時解，即斫刺之。有美髮者斷取。凍死及嬰兒隨流而浮者塞水。"【今

注】略無所遺：没有殘留，損失殆盡。

［4］【今注】射聲校尉：官名。屬北軍中候，北軍五校之一，掌宿衛京師。本書《百官志四》載："射聲校尉一人，比二千石。本注曰：掌宿衛兵。"服虔注曰："工射也。冥窫中聞聲則射中之，故以爲名。"蔡質《漢儀》注曰："掌待詔射聲士。"

［5］【李賢注】《袁山松書》曰："儁年二十五，其督戰訾實負其屍而瘞之。"

［6］【今注】露次：按路綫的次序露宿。

［7］【今注】譎（jué）：欺詐。《説文・言部》："譎，權詐也。"

［8］【李賢注】袁宏《紀》曰："傕、汜繞營叫呼，吏士失色，各有分散意。李樂懼，欲令車駕御舡過砥柱，出盟津。楊彪曰：'臣弘農人也。自此以東，有三十六難（難，殿本作"灘"，可從），非萬乘所當登。'宗正劉艾亦曰：'臣前爲陝令，知其危險。舊故河師，猶時有傾危，况今無師。大尉所慮是也（大，大德本、殿本作"太"，可從）。'"【今注】潛議：秘密商議。

［9］【今注】度：同"渡"，渡河。

［10］【李賢注】縋音直類反。【今注】縋（zhuì）：用繩子拴住人或物往下放。

［11］【今注】案，曹金華《後漢書稽疑》懷疑"披"字有誤，《後漢紀》卷二八作"破"（第956頁）。今案，披，分開，裂開，《廣韻・支部》："披，分也。"作"披"文意更順。

［12］【今注】可掬：可以用手捧起，形容數量多而情況明顯。

［13］【李賢注】宋貴人名都，常山太守泓之女也。見《獻帝起居注》。

［14］【李賢注】大陽（大，大德本、殿本作"太"，不從），縣，屬河東郡。《前書音義》曰"在大河之陽"也（大，大德本、殿本作"太"，不從）。即今陝州河北縣是也。《十三州記》曰："傅巖在其界，今住穴尚存。"【今注】大陽：縣名。治所在今山西

平陸縣西南。

[15]【李賢注】《魏志》曰:“楊字稚叔,雲中人。”【今注】張楊:字稚叔,雲中郡(今内蒙古托克托縣古城村)人。以武勇任并州從事,因平定黄巾起義有功而任河内太守,因輔翼皇室任安國將軍、大司馬,後爲其部將所殺。

[16]【李賢注】邑字文都,北地涇陽人(曹金華《後漢書稽疑》言《郡國志》北地郡有“泥陽”無“涇陽”,注有誤),鎮北將軍。見同歲名。【今注】案,王先謙《後漢書集解》引惠棟言:“案《獻帝起居注》,邑封安陽亭侯。”

[17]【李賢注】《魏志》曰“乘輿時居棘籬中,門户無關閉,天子與群臣會,兵士伏籬上觀,互相鎮壓以爲笑。諸將或遣婢詣省問,或齎酒送天子,侍中不通,喧呼罵詈”也。【今注】案,曹金華《後漢書稽疑》言《魏志·董卓傳》注引《魏書》作“或自齎酒啖,過天子飲”(第957頁)。

[18]【今注】太僕:官名。九卿之一。掌馬政等。本書《百官志一》載:“太僕,卿一人,中二千石。本注曰:掌車馬。天子每出,奏駕上鹵簿用;大駕則執馭。”

初,帝入關,三輔户口尚數十萬,自傕汜相攻,天子東歸後,長安城空四十餘日,强者四散,羸者相食,二三年間,關中無復人跡。建安元年春,[1]諸將争權,韓暹遂攻董承,承奔張楊,楊乃使承先繕修洛宫。七月,帝還至洛陽,幸楊安殿。張楊以爲己功,故因以“楊”名殿。[2]乃謂諸將曰:“天子當與天下共之,朝廷自有公卿大臣,楊當出扞外難,[3]何事京師?”遂還野王。[4]楊奉亦出屯梁。乃以張楊爲大司馬,楊奉爲車騎將軍,韓暹爲大將軍,領司隸校尉,皆假節鉞。

暹與董承並留宿衛。

［1］【今注】建安：東漢獻帝劉協年號（196—220）。

［2］【李賢注】《獻帝起居注》曰："舊時宫殿悉壞，倉卒之際，拾摭故瓦材木，工匠無法度之制，所作並無足觀也。"【今注】楊安殿：宫殿名。位於東漢洛陽南，故址在今河南洛陽東郊。

［3］【今注】扞：抵禦，抵擋。後寫作"捍"。

［4］【今注】野王：縣名。治所在今河南沁陽市。

暹矜功恣睢，[1]干亂政事，董承患之，潛召兖州牧曹操。操乃詣闕貢獻，稟公卿以下，因奏韓暹、張楊之罪。暹懼誅，單騎奔楊奉。帝以暹、楊有翼車駕之功，[2]詔一切勿問。於是封衛將軍董承、輔國將軍伏完等十餘人爲列侯，贈沮儁爲弘農太守。[3]曹操以洛陽殘荒，遂移帝幸許。楊奉、韓暹欲要遮車駕，不及，曹操擊之，[4]奉、暹奔袁術，遂縱暴楊、徐間。[5]明年，左將軍劉備誘奉斬之。[6]暹懼，走還并州，道爲人所殺。[7]胡才、李樂留河東，才爲怨家所害，樂自病死。張濟飢餓，出至南陽，攻穰，[8]戰死。郭汜爲其將伍習所殺。

［1］【李賢注】恣睢，自任用之貌。睢音火季反。【今注】矜功：誇耀自己的功勞。　恣睢：放任自得的樣子。

［2］【今注】翼：輔助。《廣韻·職韻》："翼，輔也。"

［3］【李賢注】袁宏《紀》曰："誅議郎侯祈、尚書馮碩、侍中壺崇，討有罪也。封衛將軍董承、輔國將軍伏完、侍中丁沖、种輯、尚書僕射鍾繇、尚書郭溥、御史中丞董芬、彭城相劉艾、

馮翊韓斌、東郡太守楊衆、議郎羅邵、伏德、趙蕤爲列侯，賞有功也。贈射聲校尉沮儁爲弘農太守，旌死節也。”（曹金華《後漢書稽疑》言袁宏《後漢紀》卷二八、卷二九皆作“羽林郎侯祈”，卷二九作“東萊太守楊衆”）

［4］【李賢注】《獻帝春秋》曰：“車駕出洛陽，自轘轅而東，楊奉、韓暹引軍追之。輕騎既至，操設伏兵要於陽城山畎中（畎，紹興本作‘峽’，大德本、殿本作‘狹’，可從），大敗之。”【今注】要：通“邀”。阻攔。

［5］【今注】楊徐：即揚州、徐州。案，楊，殿本作“揚”，可從。

［6］【今注】案，中華本校勘記言：“李慈銘謂案《三國志·先主傳》，是時尚爲鎮東將軍，未拜左將軍也。”

［7］【李賢注】《九州春秋》曰：“暹失奉，孤特，與千餘騎欲歸并州，爲張宣所殺。”

［8］【今注】穰：縣名。治所在今河南鄧州市。

三年，使謁者僕射裴茂詔關中諸將段煨等討李傕，夷三族。[1]以段煨爲安南將軍，封閺鄉侯。[2]

［1］【李賢注】《典略》曰：“傕頭至，有詔高縣之。”【今注】三族：《史記》卷五《秦本紀》載：“法初有三族之罪。”《史記集解》曰：“張晏曰：‘父母、兄弟、妻子也。’如淳曰：‘父族、母族、妻族也。’”關於“三族”的理解，古人注解已有分歧。

［2］【李賢注】閺鄉，今虢州縣也。《説文》“閺”，今作“閿”，流俗誤也。【今注】閺（wén）鄉侯：閺鄉，時爲侯國，治所在今河南靈寶市西北。案，曹金華《後漢書稽疑》言《西嶽華山堂闕》作“閺鄉亭侯”（第959頁）。今案，東漢列侯分爲縣侯、鄉侯、亭侯三等，或言某某鄉侯，或言某某亭侯，未見某鄉亭侯。

四年，張楊爲其將楊醜所殺。[1]以董承爲車騎將軍，開府。

[1]【李賢注】《魏志》曰："楊素與吕布善。曹公之圍布，楊欲救之不能，乃出兵東市，遥爲之埶。其將楊醜殺楊以應曹公。"【今注】案，王先謙《後漢書集解》引錢大昕言："案《獻帝紀》在三年十二月。"曹金華《後漢書稽疑》考證認爲，楊醜殺張楊可能在三年十一月，後眭固殺楊醜，屯射犬時已到四年（第959頁）。爲其，大德本此處爲空格，殿本作"爲"而無"其"字。

自都許之後，權歸曹氏，天子總己，[1]百官備員而已。[2]帝忌操專偪，[3]乃密詔董承，使結天下義士共誅之。承遂與劉備同謀，未發，會備出征，承更與偏將軍王服、長水校尉种輯、議郎吴碩結謀。[4]事泄，承、服、輯、碩皆爲操所誅。

[1]【今注】總己：總攝己職，形容喪失皇帝權力，形同傀儡。

[2]【今注】備員：湊數，比喻任官有職無權而無所作爲。

[3]【今注】專偪：專擅，逼迫。

[4]【今注】長水校尉：官名。屬北軍中候，北軍五校之一，掌宿衛京師。本書《百官志四》載："長水校尉一人，比二千石。本注曰：掌宿衛兵。"如淳注曰："長水，胡名也。"韋昭注曰："長水校尉典胡騎，厩近長水，故以爲名。"蔡質《漢儀》曰："主長水、宣曲胡騎。"　案，王先謙《後漢書集解》引惠棟言："案《蜀志》，碩字子蘭。"

韓遂與馬騰自還涼州，更相戰爭，乃下隴據關中。操方事河北，[1]慮其乘間爲亂，七年，乃拜騰征南將軍，遂征西將軍，並開府。後徵段煨爲大鴻臚，病卒。[2]復徵馬騰爲衞尉，封槐里侯。[3]騰乃應召，而留子超領其部曲。十六年，超與韓遂舉關中背曹操，操擊破之，遂、超敗走，騰坐夷三族。超攻殺涼州刺史韋康，[4]復據隴右。十九年，天水人楊阜破超，[5]超奔漢中，降劉備。[6]韓遂走金城羌中，爲其帳下所殺。初，隴西人宗建在枹罕，自稱"河首平漢王"，[7]署置百官三十許年。曹操因遣夏侯淵擊建，斬之，涼州悉平。[8]

[1]【今注】河北：黄河以北地區。

[2]【今注】案，王先謙《後漢書集解》引惠棟言："劉艾《獻帝紀》云：'煨爲大鴻盧、光禄大夫，建安十四年以壽終。'"與本傳不同，今存録。　大鴻臚：官名。九卿之一。掌歸降少數民族及諸侯的禮儀事務。本書《百官志二》載："大鴻臚，卿一人，中二千石。本注曰：掌諸侯及四方歸義蠻夷。其郊廟行禮，贊導，請行事，既可，以命群司。諸王入朝，當郊迎，典其禮儀。及郡國上計，匡四方來，亦屬焉。皇子拜王，贊授印綬。及拜諸侯、諸侯嗣子及四方夷狄封者，臺下鴻臚召拜之。王薨則使弔之，及拜王嗣。"

[3]【今注】槐里：縣名。右扶風郡治，治所在今陝西興平市東南。

[4]【李賢注】太僕端之子也（端，殿本作"瑞"）。弟誕，魏光禄大夫。

[5]【李賢注】《魏志》曰："阜字義山，天水冀人也。韋康

以爲别駕。馬超率萬餘人攻冀城，阜率國士大夫及宗族子弟勝兵者千餘人，使弟嶽於城上作偃月營，與超接戰。自正月至八月拒守，而救兵不至。超入，拘岳於冀，殺刺史太守。阜内有報超之志，而未得其便。外兄姜叙屯歷城，阜少長詣叙家，見叙母，説前在冀中時事，歔欷悲甚。叙曰：'何爲爾（爾，大德本、殿本作"耳"）？'阜曰：'守城不能完，君亡不能死，亦何面目以視息天下？'時叙母慨然勑從阜計。超聞阜等兵起，自將出襲歷城，得叙母。罵之曰：'若背父之逆子，殺君之桀賊，天地豈久容，敢以面目視人乎？'超怒，殺之。阜與戰，身被五創，宗族昆季死者七人（季，殿本作'弟'，可從），超遂南奔張魯。"【今注】天水：郡名。治冀縣（今甘肅甘谷縣東）。本書卷二《明帝紀》："是歲（即永平十七年），改天水爲漢陽。"公元 74 年天水郡改名爲漢陽郡，此後未見恢復舊名的記録，此稱"天水"原因不明。

［6］【李賢注】《蜀志》曰："超字孟起。既奔漢中，聞備圍劉璋於成都（璋，大德本作'章'，不從），密書請降。備遣迎超，將兵徑到城下。漢中震怖，璋即稽首。"（曹金華《後漢書稽疑》言李賢注有脱誤，當爲"備遣迎超，超將兵徑到城下。城中震怖"）【今注】漢中：郡名。治南鄭縣（今陝西漢中市漢臺區）。

［7］【李賢注】建以居河上流，故稱"河首"也。【今注】案，曹金華《後漢書稽疑》言當爲"宋建"（第 960 頁）。又案，袍，紹興本、大德本、殿本皆作"枹"，可從。

［8］【李賢注】《魏志》曰："泉字妙才（泉，大德本、殿本作'淵'，可從），沛國人也，爲征西護軍。魏太祖使帥諸將討建（太，殿本作'大'，不從），拔之。"

論曰：董卓初以虓闞爲情，[1]因遭崩剥之埶，[2]故得蹈藉彝倫，毁裂畿服。[3]夫以刳肝斮趾之性，[4]則群生不足以厭其快，[5]然猶折意縉紳，遲疑陵奪，[6]尚有盜竊之道焉。[7]及殘寇乘之，倒山傾海，[8]崑岡之火，自兹而焚，[9]《版》《蕩》之篇，於焉而極。[10]嗚呼，人之生也難矣！[11]天地之不仁甚矣！[12]

[1]【李賢注】《詩·大雅》曰："闞如虓虎。"毛傳曰："虎怒之貌也。"【今注】虓（xiāo）闞（kàn）：像發怒的老虎一樣暴戾。

[2]【李賢注】剥猶亂也。《左傳》曰："天實剥亂。"【今注】崩剥之埶：天下崩潰混亂的局勢。

[3]【李賢注】彝，常也。倫，理也。《書》云："我不知其彝倫攸敘。"《左傳》曰："裂冠毁冕。"畿謂王畿也。服，九服也。【今注】彝倫：常理。　畿服：舊指天子領地，此指京城地區。

[4]【李賢注】刳，剖也。斮，斬也。紂刳剔孕婦，剖比干之心，斮朝涉之脛。【今注】刳（kū）：剖開。《説文·刀部》："刳，判也。"　斮（zhuó）趾：即斬止，斬脚趾，秦漢常見肉刑之一。斮，通"斫"，斬斷。《説文·斤部》："斮，斬也。"

[5]【今注】群生：百姓。　厭：滿足。《集韻·艷部》："厭，足也。"　快：稱心，遂意。《廣韻·夬韻》："快，稱心也。"

[6]【李賢注】折，屈也。謂忍性屈情，擢用鄭泰、蔡邕、何顒、荀爽等。【今注】折意：忍性屈情。　縉紳：同"搢紳"，代指士大夫。　遲疑：猶豫不決。　陵奪：凌辱侵奪。

[7]【李賢注】《莊子》曰："跖之徒問於跖曰：'盜亦有道乎？'跖曰：'何適無有邪？夫妄意室中之藏，聖也；入先，勇也；出後，義也；知可否，智也；分均，仁也：五者不備而能成大盜者，天下未之有也。'"

[8]【李賢注】殘寇謂傕、汜等。

[9]【李賢注】《書》曰："火炎崑岡，玉石俱焚。"【今注】崑岡：古代傳説中的産玉之山，或認爲是以産玉而著稱的藍田山，

因其地爲古代“昆夷”所居而得名。　茲：同“滋”，更加，愈加。

［10］【李賢注】《詩·大雅》曰（大，大德本作“小”，不從）：“上帝版版，下人卒癉。”毛萇注（注，大德本、殿本作“注云”）：“版，反也。癉，病也。言厲王爲政，反先王之道，下人盡病也。”又《蕩之什》曰：“蕩蕩上帝，下人之辟，疾威上帝，其命多辟。”鄭玄注云：“蕩蕩，法度廢壞之貌。”【今注】版蕩之篇：即《詩·大雅·板》和《詩·大雅·蕩》，二者都是諷刺周厲王荒淫無道、殘敗國家的詩篇，後代指政局、社會動蕩不安。案，曹金華《後漢書稽疑》言“版”當爲“板”（第961頁）。

［11］【李賢注】《左傳》曰：“人生實難，其有不獲死乎？”

［12］【李賢注】《老子》曰：“天地不仁，以萬物爲芻狗。”

贊曰：百六有會，[1]《過》《剥》成災。[2]董卓滔天，干逆三才。[3]方夏崩沸，[4]皇京烟埃。無禮雖及，餘祲遂廣。[5]矢延王輅，兵纏魏象。[6]區服傾回，[7]人神波蕩。[8]

［1］【李賢注】《前書音義》曰：“四千五百歲爲一元，一元之中有九戹，陽戹五，陰戹四。陽爲旱，陰爲水。”初入元百六歲有陽戹，故曰“百六之會”。【今注】百六有會：代指災難之年或厄運。陰陽學説講究災異運數，認爲六爲陰數，百六爲陰數的極點，將産生厄運。

［2］【李賢注】《易》曰《大過》：“棟撓，本末弱也。”《剥》：“不利有攸往，小人長也。”【今注】過剥成災：《大過》《剥》都是《周易》的卦名。大過即太過，《剥》卦是探討事業衰敗的卦。案，曹金華《後漢書稽疑》言“《易》曰《大過》”當爲“《易·大過》曰”，“棟撓”當爲“棟橈”（第961頁）。

[3]【李賢注】滔，漫也。《書》曰（書，大德本、殿本作“尚書”）：“象龔滔天。”【今注】滔天：説董卓罪行滔天。　干逆：冒犯。　三才：即天、地、人。

[4]【李賢注】方，四方；夏，華夏也。《詩·小雅》云：“百川沸騰，山冢崒崩（崒，大德本、殿本作‘卒’）。”【今注】方夏：中國四方。　崩沸：山崩河沸，比喻社會動蕩。

[5]【李賢注】《左傳》曰：“多行無禮，必自及。”【今注】祲（jìn）：古代指陰陽之氣相互侵襲所産生的災禍之氣，也稱“妖氣”。《廣韻·沁韻》：“祲，妖氣也。”

[6]【李賢注】《周禮》：“巾車氏掌王之五輅。”纏，遶也。魏象，闕也。【今注】王輅（lù）：帝王的乘輿。　魏象：也稱“魏闕”“象闕”“象魏”，古代宫廷外的闕門，代指宫廷。

[7]【今注】區服：代指天下。　傾回：動亂。

[8]【今注】人神波蕩：社會動蕩，人民流離遷徙。

後漢書　卷七三

列傳第六十三

劉虞　公孫瓚　陶謙

劉虞字伯安，東海郯人也。[1]祖父嘉，光禄勳。[2]虞初舉孝廉，[3]稍遷幽州刺史，[4]民夷感其德化，自鮮卑、烏桓、夫餘、穢貊之輩，皆隨時朝貢，無敢擾邊者，百姓歌悦之。公事去官。中平初，[5]黄巾作亂，[6]攻破冀州諸郡，拜虞甘陵相，[7]綏撫荒餘，[8]以蔬儉率下。遷宗正。[9]

[1]【李賢注】《謝承書》曰："虞父舒，丹陽太守。虞通《五經》，東海王恭之後。"【今注】東海：郡名。治郯縣（今山東郯城縣西北）。

[2]【今注】光禄勳：官名。九卿之一，掌宿衛宫廷。本書《百官志二》載："光禄勳，卿一人，中二千石。本注曰：掌宿衛宫殿門户，典謁署郎更直執戟，宿衛門户，考其德行而進退之。郊祀之事，掌三獻。"

[3]【今注】舉孝廉：舉，察舉，漢代選官制度之一，即地方

郡國向中央舉薦人才，常科有孝廉、茂才等，特科有賢良、方正、文學、明經等。孝廉，漢代察舉選官科目，指孝子廉吏。　案，王先謙《後漢書集解》引惠棟言："《吴書》云：'虞仕縣爲户曹吏，以能治身，召爲郡吏，以孝廉爲郎。'"

［4］【今注】刺史：官名。西漢武帝時始置，秩六百石，監察州二千石官員，東漢後期發展爲一州最高長官。詳見本書《百官志五》。

［5］【今注】中平：東漢靈帝劉宏年號（184—189）。

［6］【今注】黄巾：指黄巾農民起義，因其頭裹黄巾而得名。

［7］【今注】甘陵：王國名。本爲秦所置厝縣，西漢沿襲，東漢安帝葬其父於此，尊其陵爲"甘陵"，後改其縣名爲"甘陵"，屬清河國，後並省。治所在今山東臨清市東北。

［8］【今注】荒餘：荒亂之後的災民。

［9］【今注】宗正：官名。九卿之一，掌宗室事務。本書《百官志三》載："宗正，卿一人，中二千石。本注曰：掌序録王國嫡庶之次，及諸宗室親屬遠近，郡國歲因計上宗室名籍。若有犯法當髡以上，先上諸宗正，宗正以聞，乃報決。"

後車騎將軍張温討賊邊章等，[1]發幽州烏桓三千突騎，[2]而牢稟逋懸，皆畔還本國。[3]前中山相張純私謂前太山太守張舉曰：[4]"今烏桓既畔，皆願爲亂，涼州賊起，朝廷不能禁。又洛陽人妻生子兩頭，此漢祚衰盡，[5]天下有兩主之徵也。子若與吾共率烏桓之衆以起兵，庶幾可定大業。"舉因然之。四年，純等遂與烏桓大人共連盟，[6]攻薊下，[7]燔燒城郭，虜略百姓，殺護烏桓校尉箕稠、右北平太守劉政、遼東太守陽終等，[8]衆至十餘萬，屯肥如。[9]舉稱"天子"，純稱

“彌天將軍安定王”，移書州郡，[10]云舉當代漢，告天子避位，勑公卿奉迎。[11]純又使烏桓峭王等[12]步騎五萬，入青、冀二州，攻破清河、平原，[13]殺害吏民。朝廷以虞威信素著，恩積北方，明年，復拜幽州牧。[14]虞到薊，罷省屯兵，務廣恩信。遣使告峭王等以朝恩寬弘，開許善路。[15]又設賞購舉、純。[16]舉、純走出塞，餘皆降散。純爲其客王政所殺，送首詣虞。[17]靈帝遣使者就拜太尉，[18]封容丘侯。[19]

[1]【今注】張温：字伯慎，南陽穰（今河南鄧州市）人。官至太尉，曾封互鄉侯，後因謀誅董卓被殺。 邊章：金城郡（今甘肅永靖縣西北）人。本名邊允，因造反被朝廷通緝而改名邊章。曾殺涼州刺史郡守叛亂，被推舉爲涼州叛軍首領，後被韓遂所殺。

[2]【今注】突騎：用來衝突敵方軍陣的精鋭騎兵。

[3]【李賢注】《前書音義》曰：“牢，賈直也。”稟，食也。言軍糧不續也。【今注】牢：廩食。《玉篇·牛部》：“牢，廩食也。” 稟：給官吏等發放的口糧。 逋懸：拖欠。 畔：通“叛”，反叛。

[4]【今注】中山：郡名。治盧奴縣（今河北定州市）。 相：當時王國和侯國都設有相，主治民。此爲王國相，二千石，職掌如郡太守。 案，錢大昕《廿二史考異》卷一二《後漢書三》言：“《南匈奴》《烏桓傳》俱作‘前中山太守’。”今案，本書卷八《靈帝紀》載，熹平三年（174）“三月，中山王劉暢薨，無子，國除”，此後爲中山郡。或張純在中山任職時爲王國，叛亂時已爲郡，固有“相”“太守”兩種稱呼。是非難定，今存録。 太山：泰山，范曄避其父泰諱而寫作“太”，郡名。治奉高縣（今山東泰安市東）。

［5］【今注】祚：帝位。《廣韻·暮韻》："祚，位也。"

［6］【今注】大人：即烏桓的部族首領或豪帥。

［7］【今注】薊：縣名。廣陽郡郡治，治所在今北京市西城區東南。

［8］【今注】護烏桓校尉：官名。比二千石，監領少數民族烏桓事務，有時也兼領鮮卑事務。本書《百官志五》載："護烏桓校尉一人，比二千石。本注曰：主烏桓胡。"　案，曹金華《後漢書稽疑》言《靈帝紀》"箕稠"作"公綦稠"（中華書局2014年版，第963頁）。　右北平：郡名。治土垠縣（今河北唐山市豐潤區東）。　遼東：郡名。治襄平縣（今遼寧遼陽市白塔區）。　案，陽，大德本作"楊"。

［9］【李賢注】肥如，縣，屬遼西郡，故城在今平州。【今注】肥如：縣名。治所在今河北遷安市東北。

［10］【今注】移：表移送文書的文書用語，可用於平級及互不統屬的官署之間，也可以用於上下級之間。　書：泛指官府文書。

［11］【今注】勑：同"敕"。告誡，勉勵。

［12］【李賢注】峭音七笑反。

［13］【今注】清河：郡名。公元148年清河郡改爲甘陵國，獻帝建安十一年（206）國除爲郡，即甘陵郡，未見恢復爲清河郡的記録，當時應爲甘陵國。甘陵國治甘陵縣（今山東臨清市東北）。　平原：時爲王國。治平原縣（今山東平原縣南）。

［14］【今注】州牧：官名。由刺史演變而來，掌一州軍政大權，鎮撫一方。詳見本書《百官志五》。

［15］【今注】開許：敞開，允許。　善路：改過向善之路。

［16］【今注】賞購：即賞金。秦漢法律規定，對抓捕犯人按罪犯所犯罪行輕重給予數額不等的賞金。秦代購金既可以是"錢"，也可以是"金"，漢代購金多按兩計算。

［17］【今注】詣：前往。《玉篇·言部》：“詣，往也，到也。”

［18］【今注】靈帝：東漢靈帝劉宏，公元168年至189年在位。紀見本書卷八。　太尉：官名。三公之一。西漢時期雖名義上“掌武事”，但並無實際的領兵、發兵之權，西漢不常設，武帝時改設大司馬，東漢光武帝時期恢復太尉職，職權有所擴大。本書《百官志一》載：“太尉，公一人。本注曰：掌四方兵事功課，歲盡即奏其殿最而行賞罰。凡郊祀之事，掌亞獻；大喪則告謚南郊。凡國有大造大疑，則與司徒、司空通而論之。國有過事，則與二公通諫争之。世祖即位，爲大司馬。建武二十七年，改爲太尉。”

［19］【李賢注】容丘，縣，屬東海郡。【今注】案，曹金華《後漢書稽疑》言《魏志·公孫瓚傳》、《後漢紀》卷二五祇見劉虞封“襄賁侯”而無封“容丘侯”（第963—964頁）。容丘，時爲侯國名。治所在今江蘇邳州市南。

及董卓秉政，[1]遣使者授虞大司馬，進封襄賁侯。[2]初平元年，[3]復徵代袁隗爲太傅。[4]道路隔塞，王命竟不得達。舊幽部應接荒外，[5]資費甚廣，歲常割青、冀賦調二億有餘，[6]以給足之。時處處斷絶，委輸不至，[7]而虞務存寬政，勸督農植，開上谷胡市之利，[8]通漁陽鹽鐵之饒，[9]民悦年登，穀石三十。青、徐士庶避黄巾之難歸虞者百餘萬口，皆收視温恤，爲安立生業，流民皆忘其遷徙。虞雖爲上公，[10]天性節約，敝衣繩履，食無兼肉，遠近豪俊夙僭奢者，莫不改操而歸心焉。[11]

［1］【今注】董卓：字仲穎，隴西臨洮（今甘肅岷縣）人。傳見本書卷七二。

［2］【今注】襄賁：縣名。治所在今山東蘭陵縣南。

［3］【今注】初平：東漢獻帝劉協年號（190—193）。

［4］【今注】徵：即徵召。漢代選官形式之一。皇帝徵召有才能或有德望之人爲官。　太傅：官名。皇帝之師，位於三公之上，地位尊崇，但不常置。本書《百官志一》載："太傅，上公一人。本注曰：掌以善導，無常職。世祖以卓茂爲太傅，薨，因省。其後每帝初即位，輒置太傅録尚書事，薨，輒省。"

［5］【今注】荒外：即未開化的邊荒之地。

［6］【今注】賦調：賦指賦税。調在漢代爲雜調，即國家常規賦税之外的臨時攤派，後逐漸發展成爲正税，如唐代的"租庸調制"。

［7］【今注】委輸：物資供應。

［8］【今注】上谷：郡名。治沮陽縣（今河北懷來縣大古城村）。　胡市：在邊境與少數民族進行貿易的市場。

［9］【今注】漁陽：郡名。治漁陽縣（今北京市懷柔區北房鎮梨園莊東）。

［10］【今注】上公：位在三公之上，故爲"上公"，有太傅、太師、太保，但不常設。

［11］【李賢注】夙猶舊也。

初，詔令公孫瓚討烏桓，[1]受虞節度。瓚但務會徒衆以自强大，[2]而縱任部曲，[3]頗侵擾百姓，而虞爲政仁愛，念利民物，由是與瓚漸不相平。二年，冀州刺史韓馥、勃海太守袁紹及山東諸將議，[4]以朝廷幼沖，逼於董卓，[5]遠隔關塞，不知存否，以虞宗室長者，欲立爲主。乃遣故樂浪太守張岐等齎議，[6]上虞尊號。虞見岐等，厲色叱之曰："今天下崩亂，主上蒙塵。[7]吾被重恩，未能清雪國恥。諸君各據州郡，宜共勠力，[8]盡心王室，而反造逆謀，以相垢誤邪！”固拒之。馥等又請虞領尚書事，[9]承制封拜，復不聽。遂收斬使人。[10]於是選掾右北平田疇、從事鮮于銀[11]蒙險間行，奉使長安。獻帝既思東歸，[12]見疇等大悦。時虞子和爲侍中，[13]因此遣和潛從武關出，[14]告虞將兵來迎。[15]道由南陽，[16]後將軍袁術聞其狀，[17]遂質和，[18]使報虞遣兵俱西。虞乃使數千騎就和奉迎天子，而術竟不遣之。

[1]【今注】公孫瓚：字伯珪，遼西令支（今河北遷安市西）人。傳見本卷。

[2]【今注】但務：專力從事。　會：聚合。《爾雅·釋詁上》："會，合也。"　徒衆：兵衆。

[3]【今注】部曲：漢代軍隊編制。本書《百官志一》載："大將軍營五部，部校尉一人，比二千石；軍司馬一人，比千石。部下有曲，曲有軍候一人，比六百石。曲下有屯，屯長一人，比二百石。"後私人家兵也稱部曲。

[4]【今注】韓馥：字文節，潁川郡（今河南禹州市）人。曾任御史中丞、尚書、冀州牧，參與討伐董卓，謀立劉虞爲帝，冀州被袁紹奪取後投靠張邈，後自殺。　勃海：郡名。亦作"渤海郡"，治南皮縣（今河北南皮縣北）。　袁紹：字本初，汝南汝陽（今河南商水縣西北）人。傳見本書卷七四上。

[5]【李賢注】時獻帝年十歲（曹金華《後漢書稽疑》言初平二年漢獻帝十一歲，李賢注誤）。【今注】朝廷幼沖：朝廷代指皇帝。

[6]【今注】樂浪：郡名。治朝鮮縣（今朝鮮平壤市土城里土

城遺址）。　賫（jī）議：攜持建議。

［7］【李賢注】《左傳》曰，周襄王出奔于鄭，魯臧文仲曰："天子蒙塵于外。"【今注】主上蒙塵：此指天子流亡在外。

［8］【李賢注】《說文》曰："勠力，并力也。"《左傳》曰："勠力同心。"音力周反（周，紹興本、大德本、殿本皆作"凋"，可從），又音六。【今注】勠力：同心協力。

［9］【今注】領尚書事：尚書掌管文書。領尚書即兼領尚書臺諸事宜，雖是兼官但却手握行政實權。

［10］【今注】案，王先謙《後漢書集解》引惠棟言："《吴志》云：'虞於是奉職修貢愈益恭肅，諸外國、羌胡有所貢獻，道路不通，皆爲傳送，致之京師。'"　使人：即使者。

［11］【李賢注】《魏志》曰："疇字子春，右北平無終人。好讀書，善擊劍。劉虞署爲從事。太祖北征烏桓，令疇將衆止徐無，出盧龍，歷平剛，登白狼堆。去柳城二百餘里，虜乃驚，太祖與戰，大斬獲，論功封疇。疇上疏自陳，太祖令夏侯惇喻之。疇曰：'豈可賣盧龍塞以易賞禄哉？'"【今注】田疇：字子泰，右北平無終（今天津市薊州區）人。傳見《三國志》卷一一。　從事：官名。即州從事，秩百石。本書《百官志五》載："皆有從事史、假佐。本注曰：員職略與司隸同，無都官從事，其功曹從事爲治中從事。"

［12］【今注】獻帝：東漢獻帝劉協，公元189年至220年在位。紀見本書卷九。

［13］【今注】侍中：官名。名義上屬少府。掌侍從、顧問。本書《百官志三》："比二千石。本注曰：無員。掌侍左右，贊導衆事，顧問應對。法駕出，則多識者一人參乘，餘皆騎在乘輿車後。本有僕射一人，中興轉爲祭酒，或置或否。"

［14］【今注】武關：秦漢時期著名關隘之一。位於今陝西丹鳳縣東武關河的北岸，與函谷關、峣關、大散關號稱"秦之四塞"，

是關中地區南部的要塞。劉邦曾從武關進入關中，滅亡秦朝。

［15］【今注】案，王先謙《後漢書集解》引《通鑑考異》注曰："案《魏志·公孫瓚傳》，但云天子思歸，不云因田疇至也。若爾，當令和與疇俱還，不應出武關。田疇未還，劉虞已死。虞死在初平四年冬，界橋戰在三年春，范書誤。"今存録。

［16］【今注】南陽：郡名。治宛縣（今河南南陽市卧龍區）。

［17］【今注】袁術：字公路，汝南汝陽（今河南商水縣西北）人。傳見本書卷七五。

［18］【今注】質：作爲抵押的人或物，此指人質。

初，公孫瓚知術詐，固止虞遣兵，虞不從，瓚乃陰勸術執和，使奪其兵，自是與瓚仇怨益深。和尋得逃術還北，復爲袁紹所留。瓚既累爲紹所敗，而猶攻之不已，虞患其黷武，[1]且慮得志不可復制，固不許行，而稍節其稟假。[2]瓚怒，屢違節度，又復侵犯百姓。虞所賚賞典當胡夷，[3]瓚數抄奪之。積不能禁，乃遣驛使奉章陳其暴掠之罪，瓚亦上虞稟糧不周，二奏交馳，互相非毁，朝廷依違而已。[4]瓚乃築京於薊城以備虞。[5]虞數請瓚，輒稱病不應。虞乃密謀討之，以告東曹掾右北平魏攸。攸曰："今天下引領，以公爲歸，謀臣爪牙，不可無也。瓚文武才力足恃，雖有小惡，固宜容忍。"虞乃止。

［1］【李賢注】黷猶慢也，數也。《尚書》曰"黷于祭祀"也。【今注】黷武：好戰。

［2］【今注】假：借貸。

［3］【李賢注】當音丁浪反。【今注】賚（lài）賞：賞賜。

典當：用物品來質押錢財。

［4］【今注】依違：即模棱兩可，遲疑不決。

［5］【李賢注】京，高丘也，言高築丘壘以備虞焉。解見《獻帝紀》。【今注】案，本書卷九《獻帝紀》李賢注："公孫瓚頻失利，乃臨易河築京以自固，故號易京。其城三重，周回六里。今内城中有土京，在幽州歸義縣南。《爾雅》曰：'絶高謂之京，非人力爲之丘。'"

頃之攸卒，而積忿不已。四年冬，遂自率諸屯兵衆合十萬人以攻瓚。將行，從事代郡程緒免冑而前曰：[1]"公孫瓚雖有過惡，而罪名未正。明公不先告曉使得改行，而兵起蕭牆，非國之利。加勝敗難保，不如駐兵，以武臨之，瓚必悔禍謝罪，所謂不戰而服人者也。"虞以緒臨事沮議，[2]遂斬之以徇。[3]戒軍士曰："無傷餘人，殺一伯珪而已。"時州從事公孫紀者，瓚以同姓厚待遇之。紀知虞謀而夜告瓚。瓚時部曲放散在外，倉卒自懼不免，乃掘東城欲走。[4]虞兵不習戰，又愛人廬舍，敕不聽焚燒，急攻圍不下。瓚乃簡募鋭士數百人，因風縱火，直衝突之。虞遂大敗，與官屬北奔居庸縣。[5]瓚追攻之，三日城陷，遂執虞并妻子還薊，猶使領州文書。會天子遣使者段訓增虞封邑，督六州事；拜瓚前將軍，封易侯，[6]假節督幽、并、司、冀。[7]瓚乃誣虞前與袁紹等欲稱尊號，脅訓斬虞於薊市。先坐而呪曰："若虞應爲天子者，天當風雨以相救。"[8]時旱埶炎盛，遂斬焉。傳首京師，故吏尾敦於路劫虞首歸葬之。[9]瓚乃上訓爲幽州刺史。虞以恩厚得衆，懷被北州，[10]百姓流舊，[11]莫不痛惜焉。

[1]【今注】代郡：時治高柳縣（今山西陽高縣）。

[2]【今注】沮：終止，阻止。《廣韻·語韻》："沮，止也。"

[3]【今注】徇：巡行示衆。

[4]【今注】案，曹金華《後漢書稽疑》言《魏志·公孫瓚傳》注引《魏氏春秋》作"東城門"（第964頁）。

[5]【李賢注】居庸縣屬上谷郡，有關。【今注】居庸縣：在今北京市延慶區。

[6]【今注】易：時爲侯國。治所在今河北雄縣西北。

[7]【今注】假節：節爲代表皇權的符節，持節者往往代表皇帝行事，權勢很大，其權力由高到低具體分爲使持節、持節和假節。　案，司，殿本作"青"，可從。

[8]【今注】案，曹金華《後漢書稽疑》言"風雨"當爲"降雨"（第964頁）。

[9]【李賢注】尾敦，姓名。【今注】故吏：原來的下屬官吏，也指曾經爲官之人。　案，王先謙《後漢書集解》引惠棟言："孫愐云：'尾姓，《史記》有尾生。'又《英雄記》云：'虞之見殺，故常山相孫瑾、掾張逸、張瓚等忠義奮發，相與就虞，罵瓚極口，然後同死。'"

[10]【今注】懷被：恩澤遍及。　北州：北方幽州、并州等州。

[11]【今注】流舊：外地流亡到此的人和舊已居住在此的人。

初，虞以儉素爲操，冠敝不改，乃就補其穿。[1]及遇害，瓚兵搜其内，而妻妾服羅紈，盛綺飾，時人以此疑之。和後從袁紹報瓚云。[2]

［1］【今注】穿：孔，洞。《玉篇·穴部》："穿，穴也。"《字彙·穴部》："穿，孔也。"

［2］【今注】報：報復，報仇。

公孫瓚字伯珪，遼西令支人也。[1]家世二千石。[2]瓚以母賤，遂爲郡小吏。爲人美姿貌，大音聲，言事辯慧。[3]太守奇其才，以女妻之。[4]後從涿郡盧植學於緱氏山中，[5]略見書傳。[6]舉上計吏。[7]太守劉君坐事檻車徵，[8]官法不聽吏下親近，瓚乃改容服，詐稱侍卒，身執徒養，[9]御車到洛陽。太守當徙日南，[10]瓚具豚酒於北芒上，祭辭先人，[11]酹觴祝曰：[12]"昔爲人子，今爲人臣，當詣日南。日南多障氣，[13]恐或不還，便當長辭墳塋。"慷慨悲泣，再拜而去，觀者莫不歎息。既行，於道得赦。

［1］【李賢注】令音力定反。支音巨移反。【今注】遼西：郡名。治陽樂縣（今遼寧義縣西南）。　令支：縣名。治所在今河北遷安市西。

［2］【今注】二千石：官員秩級，有二千石、中二千石、比二千石之别，大致包括九卿、郡守王國相等職官。

［3］【李賢注】《典略》曰："瓚性辯慧，每白事，常兼數曹，無有忘誤。"【今注】辯慧：有辯論之才，爲人聰慧。

［4］【李賢注】《魏志》曰："侯太守妻之以女。"

［5］【今注】案，王先謙《後漢書集解》引惠棟言："《劉寬碑陰》載門生姓氏中有瓚名，則瓚又從寬學也。"　從：跟從。　涿郡：治涿縣（今河北涿州市）。　盧植：字子幹，涿郡涿（今河北涿州市）人。傳見本書卷六四。　緱（gōu）氏山：又名覆釜堆。

在今河南偃師市南。

［6］【今注】書傳：可標點爲《書》《傳》，爲《尚書》《春秋》的《傳》，泛指儒學典籍。

［7］【今注】上計吏：官名。又稱“計吏”“上計掾”，掌管計簿，將郡國政績呈報朝廷，並代表地方參與朝會等大典，接受皇帝諮詢，是聯繫中央和地方的重要官吏。

［8］【今注】案，王先謙《後漢書集解》引惠棟言：“《英雄記》‘太守劉基’。”“君”非人名，當爲尊稱，用法也見於長沙三國走馬樓吴簡等。　檻車：亦作“轞車”，押解犯人的囚車。

［9］【今注】徒：被差使之人。　養：炊事人員。

［10］【今注】日南：郡名。治西卷縣（今越南廣治省東河市）。

［11］【今注】案，王先謙《後漢書集解》引何焯言：“瓚遼西人，安得有先墓在北芒？”惠棟言：“案《謝承書》，乃泣辭母墓也。”北芒，亦作“北邙”，山名。在今河南洛陽市東北，東漢及以後王侯公卿多葬於此，後代指墓地。

［12］【今注】酹（lèi）觴：把杯中酒倒在地上以示紀念。

［13］【今注】案，障，紹興本、大德本、殿本皆作“瘴”，可從。

瓚還郡，舉孝廉，除遼東屬國長史。[1]嘗從數十騎出行塞下，[2]卒逢鮮卑數百騎。瓚乃退入空亭，約其從者曰：“今不奔之，[3]則死盡矣。”乃自持兩刃矛，馳出衝賊，殺傷數十人，瓚左右亦亡其半，遂得免。

［1］【今注】遼東屬國：治昌遼縣（今遼寧義縣）。屬國，漢代在少數民族地區建立的郡級管理機構，原屬中央的典屬國，典屬國省併後屬大鴻臚。　長史：官名。職掌如郡丞。

［2］【今注】行塞：巡視邊塞。

[3]【今注】奔：此指奔馳、快速攻擊之意。

中平中，以瓚督烏桓突騎，車騎將軍張温討涼州賊。[1]會烏桓反畔，與賊張純等攻擊薊中，瓚率所領追討純等有功，遷騎都尉。[2]張純復與畔胡丘力居等寇漁陽、河間、勃海，[3]入平原，多所殺略。瓚追擊戰於屬國石門，[4]虜遂大敗，弃妻子踰塞走，悉得其所略男女。瓚深入無繼，反爲丘力居等所圍於遼西管子城，[5]二百餘日，糧盡食馬，馬盡煑弩楯，力戰不敵，[6]乃與士卒辭訣，各分散還。時多雨雪，隊阬死者十五六，虜亦飢困，遠走柳城。[7]詔拜瓚降虜校尉，封都亭侯，[8]復兼領屬國長史。職統戎馬，連接邊寇。每聞有警，瓚輒厲色憤怒，如赴讎敵，望塵奔逐，或繼之以夜戰。虜識瓚聲，憚其勇，莫敢抗犯。

[1]【李賢注】賊即邊章等。【今注】案，中華本校勘記引沈家本言"突騎"下疑脱"從"字或"屬"字。

[2]【今注】騎都尉：官名。名義上屬光禄勳。掌羽林騎兵。本書《百官志二》載："騎都尉，比二千石。本注曰：無員。本監羽林騎。"

[3]【今注】河間：王國名。治樂成縣（今河北獻縣東南）。

[4]【李賢注】石門，山名，在今營州柳城縣西南。【今注】案，王先謙《後漢書集解》引《資治通鑑》胡三省注言："屬國，遼東屬國也。"顧炎武言："漁陽有石門峽，此遼東屬國之石門也。"今案，此石門在今遼寧朝陽市西南。

[5]【今注】管子城：地名。地望不詳。

[6]【今注】案，敵，大德本誤作"敞"。

［7］【今注】案，王先謙《後漢書集解》引劉攽言："案'遠'當作'還'。"　柳城：縣名。治所在今遼寧朝陽市西南。

［8］【今注】案，曹金華《後漢書稽疑》言《魏志·公孫瓚傳》作"遷中郎將，封都亭侯"（第965頁）。都亭侯，列侯之一。東漢列侯分爲縣侯、鄉侯、亭侯三等，都亭侯即設在都亭的亭侯。

瓚常與善射之士數十人，皆乘白馬，以爲左右翼，[1]自號"白馬義從"。烏桓更相告語，避白馬長史。乃畫作瓚形，馳騎射之，中者咸稱萬歲。虜自此之後，遂遠竄塞外。

［1］【今注】案，王先謙《後漢書集解》引惠棟言："依《英雄記》'十'當作'千'，數十人安能爲左右翼也！"今案，本傳言"瓚常與善射之士數十人"，若非戰時，經常千人出行未免規模太大，後文所言"爲左右翼"，不過以戰陣之法進行日常訓練，此史書常見，非達千人方能行之，故不從惠棟之言。

瓚志埽滅烏桓，而劉虞欲以恩信招降，由是與虞相忤。初平二年，青、徐黄巾三十萬衆入勃海界，欲與黑山合。[1]瓚率步騎二萬人，逆擊於東光南，大破之，[2]斬首三萬餘級。賊弃其車重數萬兩，奔走度河。[3]瓚因其半濟薄之，[4]賊復大破，死者數萬，流血丹水，收得生口七萬餘人，[5]車甲財物不可勝筭，威名大震。拜奮武將軍，封薊侯。

［1］【今注】黑山：當時起義軍之一，以褚燕、張牛角等爲首領，占領常山、趙郡、中山、上黨、河内等地山區，號稱"黑山"。

［2］【李賢注】東光，今滄州縣。【今注】東光：縣名。治所在今河北東光縣東。

［3］【今注】案，王先謙《後漢書集解》引惠棟言："廣宗縣東之清河也，見《桑欽水經》。"又案，度，大德本、殿本作"渡"，二字通。

［4］【今注】薄：同"搏"。搏擊，攻擊。

［5］【今注】生口：指俘虜、奴隸或被賤賣的人。

瓚既諫劉虞遣兵就袁術，而懼術知怨之，乃使從弟越將千餘騎詣術自結。術遣越隨其將孫堅，[1]擊袁紹將周昕，越爲流矢所中死。瓚因此怒紹，[2]遂出軍屯槃河，將以報紹。[3]乃上疏曰："臣聞皇羲已來，[4]君臣道著，張禮以導人，設刑以禁暴。今車騎將軍袁紹，託承先軌，[5]爵任崇厚，而性本淫亂，情行浮薄。昔爲司隸，值國多難，太后承攝，何氏輔朝。[6]紹不能舉直措枉，[7]而專爲邪媚，招來不軌，疑誤社稷，至令丁原焚燒孟津，[8]董卓造爲亂始。紹罪一也。卓既無禮，帝主見質。[9]紹不能開設權謀，以濟君父，而弃置節傳，[10]迸竄逃亡。忝辱爵命，背違人主，紹罪二也。紹爲勃海，當攻董卓，而默選戎馬，不告父兄，至使太傅一門，纍然同斃。[11]不仁不孝，紹罪三也。[12]紹既興兵，涉歷二載，不恤國難，廣自封植。[13]乃多引資糧，專爲不急，[14]割刻無方，[15]考責百姓，[16]其爲痛怨，莫不咨嗟。紹罪四也。逼迫韓馥，竊奪其州，矯刻金玉，以爲印璽，[17]每有所下，輒皁囊施檢，文稱詔書。[18]昔亡新僭侈，漸以即真。[19]觀紹所擬，將必階亂。[20]

紹罪五也。紹令星工伺望祥妖,[21]賂遺財貨,[22]與共飲食,剋會期日,攻鈔郡縣。此豈大臣所當施爲?紹罪六也。紹與故虎牙都尉劉勳,[23]首共造兵,勳降服張楊,[24]累有功効,而以小忿枉加酷害。信用讒慝,[25]濟其無道,紹罪七也。故上谷太守高焉,故甘陵相姚貢,紹以貪惏,[26]横責其錢,錢不備畢,二人并命。紹罪八也。《春秋》之義,子以母貴。[27]紹母親爲傅婢,地實微賤,據職高重,享福豐隆。有苟進之志,無虚退之心,紹罪九也。又長沙太守孫堅,[28]前領豫州刺史,遂能驅走董卓,埽除陵廟,忠勤王室,其功莫大。紹遣小將盜居其位,[29]斷絶堅糧,不得深入,使董卓久不服誅。紹罪十也。昔姬周政弱,王道陵遲,[30]天子遷徙,諸侯背畔,故齊桓立柯會之盟,[31]晉文爲踐土之會,[32]伐荆楚以致菁茅,[33]誅曹、衛以章無禮。[34]臣雖闒茸,名非先賢,[35]蒙被朝恩,負荷重任,職在鈇鉞,奉辭伐罪,[36]輒與諸將州郡共討紹等。[37]若大事克捷,罪人斯得,[38]庶續桓文忠誠之効。"遂舉兵攻紹,於是冀州諸城悉畔從瓚。

[1]【今注】孫堅:字文臺,吴郡富春(今浙江杭州市富陽區)人。傳見《三國志》卷四六。

[2]【今注】案,王先謙《後漢書集解》引惠棟言:"《謝承書》云'瓚非紹立,劉伯安斂其衆以攻紹',與此異也。"今存録。

[3]【李賢注】般即《爾雅》九河鉤般之河也(般,大德本、殿本作"槃",可從)。其枯河在今滄州樂陵縣東南。【今注】槃河:水名。古黄河支流之一,大致在今山東西北部德州市、樂陵市

等地。

［4］【今注】皇羲：即伏羲氏，古代傳説中的人類始祖。

［5］【今注】託承：憑借，承襲。　先軌：此代指先人的功業、事迹。

［6］【李賢注】謂何進也。【今注】何氏：即何進，字遂高，南陽宛（今河南南陽市卧龍區）人。傳見本書卷六九。

［7］【今注】舉直措枉：舉薦正直的人，廢黜邪曲的人。《論語·爲政》言："哀公問曰：'何爲則民服？'孔子對曰：'舉直錯諸枉，則民服；舉枉錯諸直，則民不服。'"案，措，大德本、殿本作"錯"，可從。

［8］【李賢注】《續漢書》曰："何進欲誅中常侍趙忠等，進乃詐令武猛都尉丁原放兵數千人，爲賊於河内，稱'黑山伯'，上事以誅忠等爲辭，燒平陰、河津莫府人舍，以怖動太后。"【今注】丁原：字建陽。後被董卓派遣吕布所殺。　孟津：津渡名。故址在今河南孟津縣北、孟州市西南的黄河上。黄巾起義後，爲抵抗黄巾軍，曾在此設關防守，與函谷、大谷、廣城、伊闕、轘轅、旋門、小平津合稱洛陽"八關"，設有都尉。

［9］【今注】見質：指漢獻帝被董卓等劫持作爲人質。

［10］【李賢注】傳音丁戀反。【今注】弃置節傳：指董卓專權之後意欲廢除少帝，袁紹不同意，懸節於洛陽東門而逃往冀州，詳見本書卷七四上《袁紹傳》。節爲代表權力的信物，史書中的"節"多爲表示皇權的符節。傳爲通過關卡時出示的通行憑證，官傳也象徵權力和地位。節傳泛指表示官方權力的信物。

［11］【今注】斃：斃命。《廣韻·祭韻》："斃，死也。"

［12］【李賢注】《左傳》曰："兩釋纍囚。"杜預曰："纍，繫也。"《前書音義》曰："諸不以罪死曰纍。"斃，踣也。董卓恨紹起兵山東，乃誅紹叔父太傅隗，及宗族在京師者，盡誅滅之。（曹金華《後漢書稽疑》言李賢注中"盡誅滅之"累贅，當删除。今

案，“盡誅滅之”接在“宗族在京師者”之後，意在强調，非贅文，不宜删除）

［13］【今注】廣自封植：私自封官，培植勢力。

［14］【今注】專爲不急：專做不切需要的事情。

［15］【今注】割刻無方：賦斂没有章法。

［16］【今注】考責：即審訊勒索錢財。考，漢代司法用語，調查，審訊。長沙五一廣場東漢簡木兩行 2010CWJ1③：202—7 有“不詣考所”〔長沙市文物考古研究所等編《長沙五一廣場東漢簡牘（貳）》，中西書局 2018 年版，第 176 頁〕，東漢時期“考”有專門的場所。案，王先謙《後漢書集解》引惠棟言：“《典略》云：‘收考責錢’。”

［17］【今注】案，王先謙《後漢書集解》引惠棟言：“《獻帝起居注》云：‘紹刻金璽遺劉虞，擅鑄金銀印，孝廉、計吏皆往詣紹也。’”

［18］【李賢注】《漢官儀》曰：“凡章表皆啓封，其言密事得皁囊。”《説文》曰：“檢，書署也。”今俗謂之排，其字從“木”。【今注】皁囊：即密封奏章用的黑色囊袋。　施檢：即加印密封。

［19］【李賢注】亡新，王莽。【今注】亡新僭侈漸以即真：西漢後期外戚王莽掌握朝政之後，逐漸僭越制度，封安漢公、宰衡，加九錫。漢平帝死後立孺子劉嬰爲帝，代天子理政，自稱“予”，稱“假皇帝”，百姓稱其爲“攝皇帝”，改年號爲“居攝”。後篡漢自立，國號“新”，史稱“新莽”。詳見《漢書》卷九九《王莽傳》。

［20］【李賢注】階，梯也。《詩》曰：“職爲亂階。”【今注】階亂：導致禍亂。

［21］【李賢注】星工，善星者。【今注】令星工伺望祥妖：即讓星工通過觀察天象來占卜吉凶，暗示袁紹有不臣之心。案，王先謙《後漢書集解》引周壽昌言：“案《典略》引表云，星工姓名崔巨業，即此傳紹所遣攻圍故安之將也。”

［22］【今注】賂（lù）遺（wèi）：以財物贈送或買通他人，即賄賂。

［23］【今注】虎牙都尉：官名。屬京兆尹，秩二千石，屯駐長安，東漢安帝時爲防備羌人騷擾、護衛皇家園陵而設。

［24］【今注】張楊：字稚叔，雲中郡（今内蒙古托克托縣古城村）人。以武勇任并州從事，因平定黄巾起義有功而任河内太守，因輔翼皇室任安國將軍、大司馬，後爲其部將所殺。

［25］【今注】讒慝（tè）：奸惡，邪惡。

［26］【李賢注】惏音力含反。【今注】貪惏（lán）：貪婪。惏，通"婪"。

［27］【李賢注】《公羊傳》曰"桓公幼而貴，隱公長而卑，子以母貴，母以子貴"也。

［28］【今注】長沙：郡名。治臨湘縣（今湖南長沙市嶽麓區）。

［29］【今注】案，王先謙《後漢書集解》引惠棟言："《吴録》云：'紹遣會稽周喁爲豫州刺史，來襲取州。堅慨然歎曰：'同舉義兵，將救社稷，逆賊垂破而各若此，吾當誰與勠力乎！'喁字仁明，周昕之弟。《典略》以周喁爲'昂'，或云昂即昕也。"

［30］【今注】陵遲：衰落。

［31］【李賢注】《春秋》："公會齊侯盟于柯。"《公羊傳》曰："齊桓公之信著于天下，自柯之盟始也。"【今注】柯：邑名。一名"柯邑"，又名"阿邑""東阿邑"，簡稱"柯"，因齊桓公與魯莊公會於柯會盟，又稱"柯盟"，故址在今山東陽穀縣阿城鎮。

［32］【李賢注】踐土，鄭地也。《左傳》，周襄王出居於鄭，晉文公重耳爲踐土之會，率諸侯朝天子，以成霸功。【今注】踐土：故址在今河南原陽縣西南，其地遺存有踐土臺。

［33］【李賢注】菁茅，靈茅，以供祭祀也。《左傳》曰僖四年，齊桓伐楚，責之曰："爾貢苞茅不入，王祭不供，無以縮酒，

寡人是徵。”【今注】伐荆楚以致菁茅：菁茅，即包茅，産於荆州，爲楚應向周王室所納貢物之一，也是王祭不可或缺之物。《周禮·天官·甸師》載：“祭祀供蕭茅。”楚國不貢獻菁茅，導致周王室無法祭祀，故齊國以此責問楚國。

［34］【李賢注】《左傳》僖二十八年，晉侯伐曹，假道于衛，衛人不許，還自河南濟，侵曹伐衛，責其無禮也。

［35］【李賢注】闒猶下也。茸，細也。闒音吐盍反。茸音人勇反。【今注】闒（tà）茸（róng）：地位卑賤之人。

［36］【李賢注】鈇音方于反。莝，刃也。鉞，斧也。【今注】鈇鉞（yuè）：本爲斫刀和大斧，後代指天子授予的征伐之權。

［37］【今注】案，曹金華《後漢書稽疑》言《魏志·公孫瓚傳》“共”作“兵”（第967頁）。

［38］【李賢注】《尚書》：“周公東征，三年，罪人斯得。”【今注】罪人斯得：有罪之人受到應有的處罰。

紹懼，乃以所佩勃海太守印綬授瓚從弟範，遣之郡，欲以相結。而範遂背紹，領勃海兵以助瓚。瓚乃自署其將帥爲青、冀、兖三州刺史，又悉置郡縣守令，與紹大戰於界橋。[1]瓚軍敗還薊。紹遣將崔巨業將兵數萬攻圍故安不下，[2]退軍南還。瓚將步騎三萬人追擊於巨馬水，[3]大破其衆，死者七八千人。乘勝而南，攻下郡縣，遂至平原，乃遣其青州刺史田揩據有齊地。[4]紹復遣兵數萬與揩連戰二年，糧食並盡，士卒疲困，互掠百姓，野無青草。[5]紹乃遣子譚爲青州刺史，揩與戰，敗退還。

［1］【李賢注】橋名。解見《獻帝紀》。【今注】界橋：本書

卷九《獻帝紀》李賢注："今貝州宗城縣東有古界城，近枯漳水，則界橋在此也。"今案，故址在今河北威縣東約十里的古清河上。

［2］【今注】故安：縣名。治所在今河北易縣東南。

［3］【李賢注】水在幽州歸義縣界，自易州遒縣界流入。【今注】案，王先謙《後漢書集解》引惠棟言："《水經注》云：'淶水東南流經遒縣故城東，謂之巨馬河，亦曰渠水也，又東南流。'"

［4］【今注】案，曹金華《後漢書稽疑》言"揩"當爲"楷"（第968頁）。

［5］【李賢注】《左傳》齊侯伐魯，語展喜曰："室如懸罄（罄，大德本、殿本作'磬'），野無青草，何恃而不恐？"

是歲，瓚破禽劉虞，盡有幽州之地，猛志益盛。前此有童謠曰："燕南垂，趙北際，中央不合大如礪，唯有此中可避世。"瓚自以爲易地當之，遂徙鎮焉。[1]乃盛修營壘，樓觀數十，[2]臨易河，通遼海。[3]

［1］【李賢注】《前書》易縣屬涿郡，《續漢志》曰屬河間。瓚所居易京故城在今幽州歸義縣南十八里。【今注】易：縣名。東漢初屬涿郡，和帝永元二年（90）劃歸新設的河間國，即後文的"易京"。治所在今河北雄縣西北。案，王先謙《後漢書集解》引惠棟言："《水經注》云：'易京城在易城（《水經注》"城"後有"西"字）四五里。今樓基尚存，基上有井，世名易京樓，即瓚所保也。'"

［2］【今注】案，曹金華《後漢書稽疑》引《魏志·公孫瓚傳》等懷疑"十"當爲"千"（第968頁）。

［3］【今注】遼海：遼河以東至海的地區。

劉虞從事漁陽鮮于輔等，合率州兵，欲共報瓚。

輔以燕國閻柔素有恩信，[1]推爲烏桓司馬。[2]柔招誘胡漢數萬人，與瓚所置漁陽太守鄒丹戰于潞北，[3]斬丹等四千餘級。烏桓峭王感虞恩德，率種人及鮮卑七千餘騎，共輔南迎虞子和，與袁紹將麴義合兵十萬，共攻瓚。興平二年，[4]破瓚於鮑丘，[5]斬首二萬餘級。瓚遂保易京，開置屯田，稍得自支。相持歲餘，麴義軍糧盡，士卒飢困，餘衆數千人退走。瓚徼破之，[6]盡得其車重。

［1］【今注】燕國閻柔：據本書卷九〇《烏桓傳》所載，閻柔爲廣陽人，非燕國人。廣陽，郡名。治薊縣（今北京市西城區西南）。

［2］【今注】烏桓司馬：官名。護烏桓校尉屬官。本書《百官志五》"護烏桓校尉"劉昭注："應劭《漢官》曰：'擁節。長史一人，司馬二人，皆六百石。並領鮮卑。'"

［3］【今注】潞：縣名。治所在今北京通州區潞城鎮古城村。案，大德本作"路"，不從。

［4］【今注】興平：東漢獻帝劉協年號（194—195）。

［5］【李賢注】鮑丘，水名也，又名路水，在今幽州漁陽縣。【今注】鮑丘：水名。在今天津市薊州區、寶坻區境内。上游即今潮河，下游略與今白河平行南流，從東南沿今薊運河下游入渤海。

［6］【今注】徼（yāo）：通"邀"。阻擋，攔截。《集韻·宵韻》："邀，遮也。或從彳"

是時旱蝗穀貴，民相食。瓚恃其才力，不恤百姓，記過忘善，睚眦必報，州里善士名在其右者，必以法害之。常言"衣冠皆自以職分富貴，不謝人惠"。[1]故所寵愛，類多商販庸兒。[2]所在侵暴，百姓怨之。於是代郡、廣陽、上谷、右北平各殺瓚所置長吏，[3]復與輔、和兵合。瓚慮有非常，乃居於高京，[4]以鐵爲門。斥去左右，男人七歲以上不得入易門。[5]專侍姬妾，其文簿書記皆汲而上之。[6]令婦人習爲大言聲，使聞數百步，以傳宣教令。踈遠賓客，[7]無所親信，故謀臣猛將，稍有乖散。自此之後，希復攻戰。或問其故。瓚曰："我昔驅畔胡於塞表，[8]埽黄巾於孟津，[9]當此之時，謂天下指麾可定。[10]至於今日，兵革方始，觀此非我所決，不如休兵力耕，以救凶年。兵法百樓不攻。今吾諸營樓樐千里，[11]積穀三百萬斛，食此足以待天下之變。"

［1］【今注】衣冠：代指士大夫。

［2］【今注】案，王先謙《後漢書集解》引惠棟言："《英雄記》瓚所寵遇驕恣者，若故卜數師劉緯臺、販繒李移子、賈人樂何當等。三人定兄弟之誓，自號爲'伯'，三人者爲仲、叔、季，常稱方者曲周、灌嬰之屬，以譬也。"

［3］【今注】長吏：泛指中央和地方州郡縣官署的行政長官。

［4］【今注】高京：即所謂的"易京"。

［5］【今注】易門：即所謂"易京"的城門。

［6］【今注】文簿書記：文、簿、書、記都是官府文書的種類，泛指文書檔案。

［7］【今注】踈：同"疏"。疏遠。《玉篇·足部》："踈，慢也，不密。"《廣韻·魚韻》："疏，俗作踈。"

［8］【今注】案，我昔，大德本、殿本作"昔我"。

［9］【今注】案，埽，殿本作"掃"，二字通假。

［10］【李賢注】《九州春秋》曰："瓚曰：'始天下兵起，我謂唾掌而決（掌，殿本作"手"）。'"

［11］【李賢注】"樐"即"櫓"字（櫓，紹興本作"擄"，不從），見《説文》。《釋名》曰："櫓，露也。上無覆屋。"【今注】樓樐：古代軍中用於瞭望、防禦和攻城的高臺。 案，曹金華《後漢書稽疑》言《魏志·公孫瓚傳》"千里"作"千重"（第968頁）。

建安三年，[1]袁紹復大攻瓚。瓚遣子續請救於黑山諸帥，而欲自將突騎直出，傍西山以斷紹後。[2]長史關靖諫曰："今將軍將士，莫不懷瓦解之心，所以猶能相守者，顧戀其老小，而恃將軍爲主故耳。堅守曠日，或可使紹自退。若舍之而出，後無鎮重，易京之危，可立待也。"瓚乃止。紹漸相攻逼，瓚衆日蹙，[3]乃却，築三重營以自固。

［1］【今注】建安：東漢獻帝劉協年號（196—220）。

［2］【今注】案，王先謙《後漢書集解》引《資治通鑑》胡三省注曰："自易京西抵故安閻鄉以西，諸山連接中山之界，山各深廣，皆黑山諸賊所依阻也。"曹金華《後漢書稽疑》言《魏志·公孫瓚傳》"西山"作"西南山"（第968頁）。

［3］【今注】蹙（cù）：困窘。

四年春，黑山賊帥張燕與續率兵十萬，[1]三道來救瓚。未及至，瓚乃密使行人齎書告續曰："昔周末喪亂，僵屍蔽地，以意而推，猶爲否也。不圖今日親當其鋒。袁氏之攻，狀若鬼神，梯衝舞吾樓上，[2]鼓角鳴於地中，日窮月急，不遑啓處。[3]鳥戹歸人，滀水陵高，[4]汝當碎首於張燕，[5]馳驟以告急。父子天性，不言而動。[6]且厲五千鐵騎於北隰之中，[7]起火爲應，吾當自内出，奮揚威武，决命於斯。不然，吾亡之後，天下雖廣，不容汝足矣。”紹候得其書，[8]如期舉火，瓚以爲救至，遂便出戰。紹設伏，瓚遂大敗，復還保中小城。自計必無全，乃悉縊其姊妹妻子，[9]然後引火自焚。紹兵趣登臺斬之。

[1]【今注】張燕：常山真定（今河北正定縣南）人。本姓褚，後改姓張。東漢末期農民起義軍首領之一。傳見《三國志》卷八。

[2]【今注】梯衝：攻城用的雲梯和衝車。

[3]【今注】啓處：安居，休息。

[4]【李賢注】滀水丑六反（水，大德本、殿本皆作“音”，可從），喻急也。【今注】滀（chù）水：湍急的水。

[5]【今注】碎首：碎裂頭顱，此指哀求。

[6]【李賢注】言相感也。【今注】動：感應。

[7]【李賢注】下溼曰隰。【今注】隰：低濕的地方。

[8]【李賢注】《獻帝春秋》“候者得書，紹使陳琳易其詞”，即此書。【今注】候：偵察人員。

[9]【今注】縊：吊死。《説文·絲部》：“縊，經也。”

關靖見瓚敗，歎恨曰：“前若不止將軍自行，未必不濟。吾聞君子陷人於危，必同其難，豈可以獨生乎！”乃策馬赴紹軍而死。[1]續爲屠各所殺。[2]田揩與袁紹戰，死。[3]

[1]【今注】案，王先謙《後漢書集解》引《資治通鑑》胡三省注曰："公孫瓚之計與陳宫之計，一也。陳宫之計，吕布不能用；公孫瓚之計，關靖止之。是知不惟決計之難，贊決者亦難也。"周壽昌言："《英雄記》：'靖字士起，太原人。本酷吏也，諂而無大謀，特爲瓚所信幸。'"

[2]【李賢注】屠各，胡號。【今注】屠各：亦稱"休屠""休屠各"。匈奴的一支，居住在武威等邊郡地區，曾降於西漢，東漢中後期重新崛起，並卷入漢末軍閥混戰，後爲曹操所破。西晉時期再次崛起，建立前趙政權，後趙石季龍滅前趙後，殺害其貴族及部衆五千餘人，其後徹底衰落。案，王先謙《後漢書集解》引惠棟言："《晉中興書》云：'胡俗：其人居塞者有屠各種，最豪貴故得爲單于，統領諸種。'"

[3]【今注】田揩與袁紹戰死：文意爲田揩與袁紹方發生戰鬬，田揩戰死。

鮮于輔將其衆歸曹操，操以輔爲度遼將軍，[1]封都亭侯。閻柔將部曲從曹操擊烏桓，拜護烏桓校尉，封關内侯。[2]

[1]【今注】度遼將軍：雜號將軍之一。西漢昭帝時范明友曾以度遼將軍出擊烏桓等，東漢明帝永平八年（65）復置，駐五原郡曼柏縣（今内蒙古達拉特旗東南），秩二千石，下設長史、司馬等。

[2]【今注】關内侯：秦漢爵位第十九級，位在列侯之下。

張燕既爲紹所敗，人衆稍散。曹操將定冀州，乃率衆詣鄴降，[1]拜平北將軍，封安國亭侯。[2]

[1]【今注】鄴：縣名。魏郡郡治，治所在今河北臨漳縣西南。

[2]【今注】安國：縣名。前屬中山國，桓帝延熹元年（158）劃歸博陵郡，治所在今河北博野縣東南。

論曰：自帝室王公之胄，皆生長脂腴，[1]不知稼穡，[2]其能厲行飭身，卓然不群者，或未聞焉。[3]劉虞守道慕名，以忠厚自牧。[4]美哉乎，季漢之名宗子也！若虞瓚無間，同情共力，糾人完聚，稸保燕、薊之饒，[5]繕兵昭武，[6]以臨群雄之隙，舍諸天運，徵乎人文，則古之休烈，何遠之有！[7]

[1]【今注】脂腴：比喻富貴優越的生活環境。

[2]【今注】稼穡：种穀爲稼，收穀爲穡，泛指農業生産。

[3]【李賢注】《前書》班固曰："夫唯大雅，卓爾不群者，河間獻王之謂與？"故論引焉。

[4]【李賢注】牧，養也。《易》曰："卑以自牧。"【今注】自牧：自我修養。

[5]【李賢注】糾，收也。【今注】糾人：招撫民衆。

[6]【李賢注】繕，修也。《左傳》曰："繕甲兵。"【今注】繕兵昭武：修整兵器，操練軍隊。

[7]【李賢注】天運猶天命也。人文猶人事也。《易》曰"觀乎人文，以化成天下"。【今注】案，王先謙《後漢書集解》引王會汾言："案文義，'舍'當作'合'。"今存録。

陶謙字恭祖，丹陽人也。[1]少爲諸生，仕州郡，[2]四遷爲車騎將軍張温司馬，西討邊章。會徐州黄巾起，以謙爲徐州刺史，擊黄巾，大破走之，境内晏然。

［1］【李賢注】丹陽郡丹陽縣人也。《吴書》曰："陶謙父，故餘姚長。謙少孤，始以不羈聞於縣中。年十四，猶綴帛爲幡，乘竹馬而戲，邑中兒童皆隨之。故倉梧太守同縣甘公出遇之（倉，大德本、殿本作'蒼'，二字常通用），見其容貌，異而呼之，與語甚悦，許妻以女。甘夫人怒曰：'陶家兒遨戲無度，於何以女許之？'甘公曰：'彼有奇表，長必大成。'遂與之。"【今注】丹陽：郡名。治宛陵縣（今安徽宣城市宣州區）。

［2］【李賢注】《吴書》曰："陶謙察孝廉，拜尚書郎，除舒令。郡太守張磐，同郡先輩，與謙父友，謙恥爲之屈。嘗舞屬謙，謙不爲起，固强之乃舞，舞又不轉。磐曰：'不當轉邪？'曰：'不可轉，轉則勝人。'"【今注】仕州郡：泛指在地方任職。

時董卓雖誅，而李傕、郭汜作亂關中。[1]是時四方斷絶，[2]謙每遣使閒行，奉貢西京。[3]詔遷爲徐州牧，加安東將軍，封溧陽侯。[4]是時徐方百姓殷盛，穀實甚豐，流民多歸之。而謙信用非所，刑政不理。别駕從事趙昱，知名士也，而以忠直見疎，出爲廣陵太守。[5]曹宏等讒慝小人，謙甚親任之，良善多被其害。由斯漸亂。下邳闕宣自稱"天子"，[6]謙始與合從，後遂殺之而并其衆。

［1］【今注】李傕：字稚然，北地郡（今寧夏吴忠市西南）人。董卓部將。董卓被誅後，與郭汜等人兵圍長安，後又相互攻伐，不久被曹操所殺。事見本書卷七二《董卓傳》。　郭汜：張掖郡（今甘肅張掖市甘州區西北）人。董卓部將。董卓被誅後與李傕

禍亂長安，劫持公卿，後爲其部將五習襲擊，死於郿。事見本書《董卓傳》。

［2］【今注】案，曹金華《後漢書稽疑》言“是時”爲贅文（第970頁）。

［3］【今注】西京：西漢都城長安，東漢定都洛陽，長安在洛陽西邊，故稱長安爲“西京”。此代指在董卓脅迫下遷都長安的東漢朝廷。

［4］【李賢注】溧陽今宣州縣也。溧音栗。【今注】溧陽：縣名。治所在今江蘇溧陽市西北。

［5］【李賢注】《謝承書》曰：“謙奏昱茂才，遷爲太守。”【今注】别駕從事：官名。州所置，秩百石。本書《百官志四》載：“别駕從事，校尉行部則奉引，録衆事。”　案，曹金華《後漢書稽疑》據《魏志·陶謙傳》認爲趙昱任太守後才“以忠直見疏”（第970頁）。　廣陵：郡名。治廣陵縣（今江蘇揚州市西北）。

［6］【今注】下邳：時爲王國。治下邳縣（今江蘇邳州市南）。

初，曹操父嵩避難琅邪，[1]時謙别將守陰平，[2]士卒利嵩財寶，遂襲殺之。初平四年，曹操擊謙，破彭城傅陽。[3]謙退保郯，[4]操攻之不能克，乃還。[5]過拔取慮、睢陵、夏丘，皆屠之。[6]凡殺男女數十萬人，雞犬無餘，泗水爲之不流，自是五縣城保，[7]無復行迹。初三輔遭李傕亂，百姓流移依謙者皆殲。[8]

［1］【今注】琅邪：時爲王國。治開陽縣（今山東臨沂市北）。

［2］【李賢注】縣名，屬東海國，故城在沂州承縣西南（承，大德本作“丞”）。【今注】陰平：縣名。治所在今山東棗莊市嶧城區陰平鎮。

［3］【李賢注】縣名，屬彭城國，本春秋時偪陽也。楚宣王滅宋，改曰傅陽，故城在今沂州承縣南。【今注】案，曹金華《後漢書稽疑》言彭城、傅陽都是縣，應頓號斷開，後言“五縣城保”即彭城、傅陽、取慮、雎陵、夏丘五縣（第970頁）。彭城，時有王國彭城和彭城縣，王國彭城治彭城縣，彭城縣治所在今江蘇徐州市雲龍區。傅陽，縣名。治所在今山東棗莊市南。

［4］【今注】郯：縣名。東海郡治。治所在今山東郯城縣西北。

［5］【今注】案，王先謙《後漢書集解》引惠棟言：“《吴書》云：‘青州刺史田揩以兵救謙，曹公引兵還。’”

［6］【李賢注】取慮音秋閭，縣名，屬下邳郡，故城在今泗州下邳縣西南。雎陵，縣，在下邳縣東南。夏丘，縣，屬沛郡，故城今泗州虹縣是。【今注】取慮：縣名。治所在今安徽靈璧縣東北。　雎陵：即睢陵，縣名。治所在今江蘇淮安市洪澤區西。　夏丘：縣名。治所在今安徽泗縣。

［7］【今注】城保：大小城鎮。保，同“堡”。案，王先謙《後漢書集解》引惠棟言：“鄭玄云‘小城曰保’。又裴松之案：孫盛云：‘夫伐罪吊民，古之令軌。罪謙之由，而殘其屬部，過矣。’”

［8］【李賢注】殲，盡也。《左傳》曰：“門官殲焉。”【今注】殲：盡死。《玉篇·歹部》：“殲，死也。”

興平元年，曹操復擊謙，略定琅邪、東海諸縣，謙懼不免，欲走歸丹陽。會張邈迎吕布據兖州，[1]操還擊布。是歲，謙病死。[2]

［1］【今注】張邈：字孟卓，東平國（今山東東平縣東南）人。事見本書卷七五《吕布傳》。

［2］【今注】案，王先謙《後漢書集解》引惠棟言：“《吴書》云：‘謙死年六十三，二子，商、應，皆不仕。’”曹金華《後漢書稽疑》據《魏志·陶謙傳》、《後漢紀》卷二八等考證認爲陶謙死於興平二年（第971頁）。

初，同郡人笮融，[1]聚衆數百，往依於謙，謙使督廣陵、下邳、彭城運糧。遂斷三郡委輸，大起浮屠寺。[2]上累金盤，下爲重樓，又堂閣周回，可容三千許人，作黄金塗像，衣以錦綵。每浴佛，輒多設飲飯，布席於路，其有就食及觀者且萬餘人。[3]及曹操擊謙，徐方不安，融乃將男女萬口、馬三千匹走廣陵。廣陵太守趙昱待以賓禮。融利廣陵資貨，遂乘酒酣殺昱，[4]放兵大掠，因以過江，南奔豫章，[5]殺郡守朱皓，入據其城。後爲楊州刺史劉繇所破，[6]走入山中，爲人所殺。

［1］【李賢注】笮音側格反。

［2］【李賢注】浮屠，佛也。解見《西羌傳》。【今注】浮屠寺：即佛寺。

［3］【李賢注】《獻帝春秋》曰：“融敷席方四五里，費以巨萬。”【今注】浴佛：佛教徒在每年四月初八即釋迦誕生日舉行浴禮，以水灌佛像，謂之“浴佛”。

［4］【今注】案，王先謙《後漢書集解》引何焯言：“《魏志》注引《謝承書》云：‘賊笮融從臨淮見討，迸入郡界。昱將兵拒戰，敗績見害。’與此互異。”今存録。

［5］【今注】豫章：郡名。治南昌縣（今江西南昌市東湖區）。

［6］【今注】案，楊，殿本作“揚”，可從。　劉繇：字正禮，

東萊牟平（今山東烟臺市西北）人。傳見《三國志》卷四九。

昱字元達，琅邪人。清己疾惡，潛志好學，雖親友希得見之。爲人耳不邪聽，目不妄視。太僕种拂舉爲方正。[1]

[1]【今注】案，王先謙《後漢書集解》引洪頤煊言："《种拂傳》由光禄大夫爲司空，明年策免，復爲太常。《獻帝紀》初平三年太常种拂戰歿。拂未嘗爲太僕，當是太常之譌。" 太僕：官名。九卿之一。掌馬政等。本書《百官志二》載："太僕，卿一人，中二千石。本注曰：掌車馬。天子每出，奏駕上鹵簿用；大駕則執馭。" 种拂：字穎伯，河南洛陽（今河南洛陽市東北）人。曾任司空、太常。傳見本書卷五六。 方正：漢代察舉科目之一。

贊曰：襄賁勵德，維城燕北。[1]仁能洽下，忠以衛國。伯珪疎獷，武才趫猛。[2]虞好無終，紹執難並。徐方殲耗，實謙爲梗。[3]

[1]【李賢注】勵，勉也。【今注】襄賁：劉虞曾封襄賁侯，此以爵位代稱。

[2]【李賢注】趫音去驕反。【今注】趫（qiáo）猛：敏捷勇猛。

[3]【今注】梗：灾禍。《詩·大雅·桑柔》："誰生厲階，至今爲梗？" 毛傳："梗，病也。"

後漢書　卷七四上

列傳第六十四上

袁紹 子譚　劉表

袁紹字本初，汝南汝陽人，[1]司徒湯之孫。[2]父成，五官中郎將，[3]紹壯健好交結，大將軍梁冀以下莫不善之。[4]

[1]【今注】汝南：郡名。治平輿縣（今河南平輿縣北）。汝陽：縣名。治所在今河南商水縣西北。

[2]【今注】司徒：官名。東漢三公之一，西漢哀帝元壽二年（前1）改丞相爲大司徒，掌教化、刑罰。本書《百官志一》載："司徒，公一人。本注曰：掌人民事。凡教民孝悌、遜順、謙儉，養生送死之事，則議其制，建其度。凡四方民事功課，歲盡則奏其殿最而行賞罰。凡郊祀之事，掌省牲視濯，大喪則掌奉安梓宮。凡國有大疑大事，與太尉同。世祖即位，爲大司徒，建武二十七年，去'大'。"

[3]【李賢注】《袁山松書》曰："紹，司空逢之孽子，出後伯父成。"《魏書》亦同。《英雄記》："成字文開，與梁冀結好，

言無不從。京師諺曰：‘事不諧，問文開。’”【今注】五官中郎將：官名。屬光禄勳，掌宿衞宫廷。本書《百官志二》載：“五官中郎將一人，比二千石。本注曰：主五官郎。”案，曹金華《後漢書稽疑》言“五官中郎將”當爲“左中郎將”（中華書局2014年版，第970頁）。

［4］【今注】梁冀：字伯卓，安定烏氏（今寧夏固原市東南）人。東漢外戚，掌握朝政二十餘年，專權跋扈，桓帝延熹二年（159）倒臺，被迫自殺。傳見本書卷三四。

紹少爲郎，除濮陽長，[1]遭母憂去官。三年禮竟，追感幼孤，又行父服。[2]服闋，[3]徙居洛陽。紹有姿貌威容，愛士養名。[4]既累世台司，[5]賓客所歸，加傾心折節，莫不争赴其庭，士無貴賤，與之抗禮，[6]輜軿柴轂，填接街陌。[7]内官皆惡之。[8]中常侍趙忠言於省内曰：[9]“袁本初坐作聲價，好養死士，不知此兒終欲何作。”叔父太傅隗聞而呼紹，[10]以忠言責之，紹終不改。

［1］【今注】濮陽長：濮陽，縣名。治所在今河南濮陽市華龍區西南。長，此爲縣的長官。《漢書·百官公卿表上》載：“縣令、長，皆秦官，掌治其縣。萬户以上爲令……減萬户爲長。”東漢沿用其制。本書《百官志五》載：“每縣、邑、道，大者置令一人，千石；其次置長，四百石；小者置長，三百石。”案，王先謙《後漢書集解》引錢大昕言：“《許劭傳》稱紹爲濮陽令。”今案，濮陽“令”“長”並記，是非難定，今存録。

［2］【李賢注】《英雄記》曰，凡在冢廬六年。

［3］【今注】服闋：古代喪禮規定，爲父母穿戴孝服服喪三

年，期滿之後除去孝服，稱爲“服闋”。闋，服喪期滿。《字彙·門部》：“闋，服終亦曰闋。”

［4］【李賢注】《英雄記》曰：“紹不妄通賓客，非海内知名不得相見。又好游俠，與張孟卓、何伯求、吴子卿、許子遠皆爲奔走之友。”

［5］【今注】台司：東漢尚書稱中臺，御史稱憲臺，謁者稱外臺，合稱“三臺”。三公也稱“三司”。臺司泛指三公九卿等職。

［6］【今注】抗禮：亦作“亢禮”，行對等之禮。

［7］【李賢注】《説文》曰：“軿車，衣車也。”鄭玄注《周禮》曰：“軿猶屏也，取其自蔽隱。”柴轂，賤者之車。【今注】輜軿：指有衣蔽之車，富貴者乘用，代指富貴者。　柴轂（gǔ）：柴車，貧賤者所乘，代指貧賤者。

［8］【今注】内官：宦官。因其任職宫内，故稱“内官”。

［9］【今注】中常侍：官名。名義上屬少府。東漢多由宦官擔任，侍從皇帝，職掌顧問應對。本書《百官志三》載：“中常侍，千石。本注曰：宦者，無員。後增秩比二千石。掌侍左右，從入内宫，贊導内衆事，顧問應對給事。”　趙忠：安平國（今河北衡水市冀州區）人。東漢宦官。桓帝時因參與誅殺梁冀有功，封都鄉侯，後爲袁紹所捕殺。

［10］【今注】太傅：官名。皇帝之師，位於三公之上，地位尊崇，不常置。本書《百官志一》載：“太傅，上公一人。本注曰：掌以善導，無常職。世祖以卓茂爲太傅，薨，因省。其後每帝初即位，輒置太傅録尚書事，薨，輒省。”

後辟大將軍何進掾，[1]爲侍御史、虎賁中郎將。[2]中平五年，[3]初置西園八校尉，以紹爲佐軍校尉。[4]

［1］【今注】辟：即辟除，漢代選官制度之一，三公以下任

用屬吏稱爲“辟”。　何進：字遂高，南陽宛（今河南南陽市卧龍區）人。東漢外戚。傳見本書卷六九。

［2］【今注】侍御史：官名。御史中丞屬官，負責監察百官，接受百官奏事。本書《百官志三》載：“侍御史十五人，六百石。本注曰：掌察舉非法，受公卿群吏奏事，有違失舉劾之。凡郊廟之祠及大朝會、大封拜，則二人監威儀，有違失則劾奏。”　虎賁中郎將：官名。屬光禄勳，掌宿衛宫廷。本書《百官志二》載：“虎賁中郎將，比二千石。本注曰：主虎賁宿衛。”　案，王先謙《後漢書集解》引惠棟言：“《英雄記》紹舉高第，遷侍御史，弟術爲尚書，紹不欲爲臺下，告病求退。”

［3］【今注】中平：東漢靈帝劉宏年號（184—189）。

［4］【李賢注】樂資《山陽公載記》曰：“小黄門蹇碩爲上軍校尉，虎賁中郎將袁紹爲中軍校尉，屯騎校尉鮑鴻爲下軍校尉，議郎曹操爲典軍校尉，趙融爲助軍左校尉，馮芳爲助軍右校尉，諫議大夫夏牟爲左校尉，淳于瓊爲右校尉（瓊，大德本、殿本作‘夔’，不從）：凡八人，謂之西園軍，皆統於碩。”此云“佐軍”，與彼文不同。【今注】案，曹金華《後漢書稽疑》言《何進傳》作“趙融爲助軍校尉”，“淳于瓊爲佐軍校尉”（第974—975頁）。中華本校勘記引沈家本言“佐軍校尉”當爲“中軍校尉”。

靈帝崩，[1]紹勸何進徵董卓等衆軍，[2]脅太后誅諸宦官，轉紹司隸校尉。[3]語已見《何進傳》。及卓將兵至，騎都尉太山鮑信説紹曰：[4]“董卓擁制强兵，將有異志，今不早圖，必爲所制。及其新至疲勞，[5]襲之可禽也。”[6]紹畏卓，不敢發。頃之，卓議欲廢立，謂紹曰：“天下之主，宜得賢明，每念靈帝，令人憤毒。[7]董侯似可，[8]今當立之。”紹曰：“今上富於春秋，未有不善宣於天下。若公違禮任情，廢嫡立庶，恐衆議未安。”卓案劍叱紹曰：[9]“豎子敢然！天下之事，豈不在我？我欲爲之，誰敢不從！”紹詭對曰：“此國之大事，請出與太傅議之。”卓復言：“劉氏種不足復遺。”紹勃然曰：“天下健者，豈惟董公！”横刀長揖徑出。[10]懸節於上東門，[11]而奔冀州。

[1]【今注】靈帝：東漢靈帝劉宏，公元168年至189年在位。紀見本書卷八。

[2]【今注】董卓：字仲穎，隴西臨洮（今甘肅岷縣）人。傳見本書卷七二。

[3]【今注】司隸校尉：官名。監察三公以下百官，且爲司隸州部的長官，本書《百官志四》載：“司隸校尉一人，比二千石。本注曰：孝武帝初置，持節，掌察舉百官以下，及京師近郡犯法者。元帝去節，成帝省，建武中復置，并領一州。”

[4]【李賢注】《魏書》曰：“信，太山陽平人也。少有大節，寬厚愛人，沈毅有謀。説紹不從，乃引軍還鄉里。”【今注】騎都尉：官名。名義上屬光禄勳。掌羽林騎兵。本書《百官志二》載：“騎都尉，比二千石。本注曰：無員。本監羽林騎。” 太山：即泰山，范曄避其父泰諱而寫作“太”。郡名。治奉高縣（今山東泰安市東北）。

[5]【今注】案，大德本、殿本無“及”字。

[6]【今注】禽：同“擒”。捉住。

[7]【李賢注】毒，恨也。【今注】憤毒：憤恨。

[8]【今注】董侯：即後來的漢獻帝劉協。其母王美人被何皇后所害，後爲董太后所養，故稱“董侯”。“侯”不是劉協的爵位，

當時其爲陳留王。

［9］【今注】案：通“按”。大德本、殿本作“按”。

［10］【李賢注】《英雄記》曰：“紹揖卓去，坐中驚愕。卓新至，見紹大家，故不敢害。”

［11］【李賢注】洛陽城東面北頭門也。《山陽公載記》曰：“卓以袁紹弃節，改第一葆爲赤旄。”【今注】節：爲代表權力的信物，本書中的“節”多爲表示皇權的符節。

董卓購募求紹。[1]時侍中周珌、城門校尉伍瓊爲卓所信待，[2]瓊等陰爲紹説卓曰：“夫廢立大事，非常人所及。袁紹不達大體，恐懼出奔，非有它志。今急購之，執必爲變。袁氏樹恩四世，門生故吏徧於天下，[3]若收豪傑以聚徒衆，英雄因之而起，則山東非公之有也。[4]不如赦之，拜一郡守，紹喜於免罪，必無患矣。”卓以爲然，乃遣授紹勃海太守，[5]封邟鄉侯。[6]紹猶稱兼司隷。

［1］【今注】購募：即懸賞。秦漢法律規定，對抓捕犯人按罪犯所犯罪行輕重給予數額不等的賞金。秦代購金既可以是“錢”，也可以是“金”，漢代購金多按兩計算。

［2］【今注】侍中：官名。名義上屬少府。掌侍從、顧問。本書《百官志三》：“侍中，比二千石。本注曰：無員。掌侍左右，贊導衆事，顧問應對。法駕出，則多識者一人參乘，餘皆騎在乘輿車後。本有僕射一人，中興轉爲祭酒，或置或否。”　城門校尉：官名。掌京師城門兵馬。本書《百官志四》載：“城門校尉一人，比二千石。本注曰：掌雒陽城門十二所。”下設有司馬一人，每一城門設城門候一人。　伍瓊：字德瑜，汝南郡（今河南平輿縣北）

人，曾任侍中、城門校尉，後爲董卓所殺。

［3］【今注】門生：漢代指再傳弟子或被舉薦之人。　故吏：原來的下屬官吏，也指曾經爲官之人。

［4］【今注】山東：崤山、函谷關以東的廣大地區，與“關東”意思相近，如稱魏、趙、韓、楚、齊、燕六國爲“山東六國”。

［5］【今注】勃海：郡名。亦作“渤海郡”，治南皮縣（今河北南皮縣北）。

［6］【李賢注】《前書》潁川有周承休侯國，元帝置。元始二年更名邟，音口浪反（口，殿本作“回”）。【今注】邟（kàng）鄉：時爲侯國，治所在今河南汝州市東。

初平元年，[1]紹遂以勃海起兵，與從弟後將軍術、[2]冀州牧韓馥、[3]豫州刺史孔伷、兖州刺史劉岱、陳留太守張邈、廣陵太守張超、河内太守王匡、山陽太守袁遺、東郡太守橋瑁、[4]濟北相鮑信等同時俱起，[5]衆各數萬，以討卓爲名。紹與王匡屯河内，伷屯潁川，[6]馥屯鄴，[7]餘軍咸屯酸棗，[8]約盟，遥推紹爲盟主。紹自號車騎將軍，領司隸校尉。

［1］【今注】初平：東漢獻帝劉協年號（190—193）。

［2］【今注】術：袁術，字公路，汝南汝陽（今河南商水縣西北）人。傳見本書卷七五。

［3］【李賢注】馥字文節，潁川人也。【今注】州牧：官名。由刺史演變而來，掌一州軍政大權，鎮撫一方，詳見本書《百官志五》。　韓馥：字文節，潁川郡（今河南禹州市）人。曾任御史中丞、尚書、冀州牧，參與討伐董卓，謀立劉虞爲帝，冀州被袁紹奪取後投靠張邈，後自殺。

［4］【李賢注】《英雄記》曰，孔伷字公緒，陳留人也。王匡字公節，泰山人也。袁遺字伯業，紹從弟術字公路，汝南汝陽人也。橋瑁字元瑋，橋玄族子，先爲兗州刺史，甚有威惠。《魏氏春秋》云劉岱惡而殺之。【今注】刺史：官名。西漢武帝時始置，秩六百石，監察州二千石官員，東漢後期發展爲一州最高長官，詳見本書《百官志五》。　孔伷：字公緒，陳留郡（今河南開封市祥符區）人。後任豫州刺史，曾與袁紹等人起兵討伐董卓，推舉袁紹爲盟主。　劉岱：字公山，東萊牟平（今山東烟臺市西北）人。歷任侍御史、侍中、兖州刺史等職，與袁紹結盟溝通反對董卓專權，後爲青州黄巾軍所殺於東平。　陳留：郡名。治陳留縣（今河南開封市祥符區東南）。　張邈：字孟卓，東平國（今山東東平縣東南）人。事迹詳見本書卷七五《吕布傳》。　廣陵：郡名。治廣陵縣（今江蘇揚州市西北）。　河内：郡名。治懷縣（今河南武陟縣西南）。　王匡：東漢官吏，泰山郡（今山東泰安市東）人，官至河内太守。　山陽：郡名。治昌邑（今山東巨野縣東南）。　東郡：治濮陽縣（今河南濮陽市華龍區西南）。　橋瑁：字元瑋，梁國睢陽（今河南商丘市南）人，太尉橋玄族子，曾任東郡太守，先後參與何進謀誅宦官、討伐董卓，後爲兖州刺史劉岱所殺。

［5］【今注】濟北：時爲王國，治盧縣（今山東濟南市長清區東南）。　相：當時王國和侯國都設有相，主治民，此爲王國相，二千石，職掌如太守。

［6］【今注】潁川：郡名。治陽翟縣（今河南禹州市）。

［7］【今注】鄴：魏郡郡治，治所在今河北臨漳縣西南。

［8］【今注】酸棗：縣名。治所在今河南原陽縣東北。

董卓聞紹起山東，乃誅紹叔父隗，及宗族在京師者，盡滅之。[1]卓乃遣大鴻臚韓融、少府陰循、執金吾胡母班、將作大匠吴循、越騎校尉王瓌譬解紹等諸軍。

紹使王匡殺班、瓌、吴循等，[2]袁術亦執殺陰循，惟韓融以名德免。

[1]【李賢注】《獻帝春秋》曰："太傅袁隗，太僕袁基，術之母兄，卓使司隸宣播盡口收之，母及姊妹嬰孩以上五十餘人下獄死。"《卓别傳》曰："悉埋青城門外東都門内，而加書焉。又恐有盗取者，復以屍送郿藏之。"【今注】案，曹金華《後漢書稽疑》言"袁隗"後脱"紹之叔父"四字（第976頁）。

[2]【李賢注】《海内先賢傳》曰："韓融字元長，潁川人。"《楚國先賢傳》曰："陰循字元基，南陽新野人也。"《漢末名士録》曰："胡母班字季友（季友，大德本作'李友'，中華本校勘記言當作'季皮'），泰山人，名在'八厨'。"《謝承書》曰："班，王匡之妹夫。匡受紹旨，收班繫獄，欲殺以徇軍。班與匡書，略曰：'足下拘僕於獄，欲以釁鼓，此何悖暴無道之甚者也？僕與董卓何親戚？義豈同惡？足下張虎狼之口，吐長蛇之毒，恚卓遷怒，何其酷哉！死者人之所難，然恥爲狂夫所害。若亡者有靈，當訴足下於皇天。夫婚姻者禍福之幾，今日著矣。曩爲一體，今爲血讎，亡人二女（亡人二女，中華本校勘記引沈家本言《魏志》注當作"亡人子二人"），則君之甥，身没之後，慎勿令臨僕尸骸。'匡得書，抱班二子哭，班遂死於獄。"【今注】大鴻臚：官名。九卿之一，掌歸降少數民族及諸侯的禮儀事務。本書《百官志二》載："大鴻臚，卿一人，中二千石。本注曰：掌諸侯及四方歸義蠻夷。其郊廟行禮，贊導，請行事，既可，以命群司。諸王入朝，當郊迎，典其禮儀。及郡國上計，匡四方來，亦屬焉。皇子拜王，贊授印綬。及拜諸侯、諸侯嗣子及四方夷狄封者，臺下鴻臚召拜之。王薨則使弔之，及拜王嗣。" 韓融：字元長，潁川舞陽（今河南舞陽縣西）人。漢末名士，官至太僕，死時七十歲。 少府：官名。九卿之一，掌皇室財政。本書《百官志三》載："少府，

卿一人，中二千石。本注曰：掌中服御諸物，衣服寶貨珍膳之屬。”　執金吾：官名。西漢武帝時改秦代中尉而來，主要負責皇宫之外、京師之中的警衛工作，皇帝出行充任儀仗。本書《百官志四》載：“執金吾一人，中二千石。本注曰：掌宫外戒司非常水火之事。月三繞行宫外，及主兵器。吾猶禦也。”　將作大匠：官名。掌營建宫室、宗廟等。本書《百官志四》載：“將作大匠一人，二千石。本注曰：承秦，曰將作少府，景帝改爲將作大匠。掌修作宗廟、路寢、宫室、陵園木土之功，並樹桐梓之類列於道側。”　越騎校尉：官名。屬北軍中候，北軍五校之一，掌宿衛京師。本書《百官志四》載：“越騎校尉一人，比二千石。本注曰：掌宿衛兵。”晉灼注曰：“取其才力超越也。”　譬解：勸説，和解。　案，王先謙《後漢書集解》引錢大昕言：“《獻帝紀》‘循’皆作‘脩’，《魏志》亦作‘吴脩’。當以‘脩’爲正。”

是時豪傑既多附紹，且感其家禍，人思爲報，州郡蜂起，莫不以袁氏爲名。韓馥見人情歸紹，忌方得衆，恐將圖己，常遣從事守紹門，[1]不聽發兵。橋瑁乃詐作三公移書，[2]傳驛州郡，説董卓罪惡，天子危逼，企望義兵，以釋國難。馥於是方聽紹舉兵。乃謀於衆曰：“助袁氏乎？助董氏乎？”治中劉惠勃然曰：“興兵爲國，安問袁、董？”[3]馥意猶深疑於紹，每貶節軍糧，[4]欲使離散。

[1]【今注】從事：官名。即州從事，秩百石。本書《百官志五》載：“皆有從事史、假佐。本注曰：員職略與司隸同，無都官從事，其功曹從事爲治中從事。”

[2]【今注】移：表移送文書的文書用語，可用於平級及互不

統屬的官署之間，也可以用於上下級之間。

[3]【李賢注】《英雄記》曰："劉子惠，中山人。兗州刺史劉岱與其書，道：'卓無道，天下所共攻，死在旦暮，不足爲憂。但卓死之後，當復回師討文節。擁强兵，何凶逆，寧可得置?'封書與馥，馥得此大懼，歸咎子惠，欲斬之。別駕從事耿武等排閤伏子惠上，願并見斬，得不死，作徒，被赭衣，埽除宫門外（埽，大德本、殿本作'掃'，二字通假）。"【今注】治中：即治中從事。 案，王先謙《後漢書集解》引劉攽言："注'何凶逆'，案文'何'當爲'阿'。"今存録。

[4]【今注】貶：減少。《玉篇·貝部》："貶，減也，損也。"節：節制，限制。《廣韻·屑韻》："節，制也，止也。"

明年，馥將麴義反畔，[1]馥與戰失利。紹既恨馥，乃與義相結。紹客逢紀謂紹曰：[2]"夫舉大事，非據一州，無以自立。今冀部强實，而韓馥庸才，可密要公孫瓚將兵南下，[3]馥聞必駭懼。并遣辯士爲陳禍福，馥迫於倉卒，必可因據其位。"紹然之，益親紀，即以書與瓚。瓚遂引兵而至，外託董卓，而陰謀襲馥。紹乃使外甥陳留高幹及潁川荀諶等[4]説馥曰："公孫瓚乘勝來南，而諸郡應之。袁車騎引軍東向，其意未可量也。竊爲將軍危之。"馥懼，曰："然則爲之奈何?"諶曰："君自料寬仁容衆，爲天下所附，孰與袁氏?"馥曰："不如也。""臨危吐決，[5]智勇邁於人，[6]又孰與袁氏?"馥曰："不如也。""世布恩德，天下家受其惠，又孰與袁氏?"馥曰："不如也。"諶曰："勃海雖郡，其實州也。[7]今將軍資三不如之執，久處其上，袁氏一時之傑，必不爲將軍下也。且公孫提燕、代之卒，其鋒不可當。夫冀州天下之重資，若兩軍并力，兵交城下，危亡可立而待也。夫袁氏將軍之舊，且爲同盟。當今之計，莫若舉冀州以讓袁氏，必厚德將軍，公孫瓚不能復與之争矣。是將軍有讓賢之名，而身安於太山也。願勿有疑。"馥素性恇怯，[8]因然其計。馥長史耿武、别駕閔純、騎都尉沮授聞而諫曰：[9]"冀州雖鄙，帶甲百萬，穀支十年。袁紹孤客窮軍，仰我鼻息，譬如嬰兒在股掌之上，絶其哺乳，立可餓殺。奈何欲以州與之？"馥曰："吾袁氏故吏，且才不如本初。度德而讓，古人所貴，諸君獨何病焉？"先是，馥從事趙浮、程涣將强弩萬人屯孟津，[10]聞之，率兵馳還，請以拒紹，馥又不聽。[11]乃避位，[12]出居中常侍趙忠故舍，遣子送印綬以讓紹。

[1]【今注】麴義：案，王先謙《後漢書集解》引惠棟言："《風俗通》云：'漢有尚書令平原鞠譚，其子閟避難改曰麴氏，後遂爲西平著姓。'棟案：'鞠'與'麴'，古字通。"　反畔：即反叛。

[2]【李賢注】《英雄記》曰："紀字元圖。初，紹去董卓，與許攸及紀俱詣冀州，以紀聰達有計策，甚親信之。"逄音龐。【今注】逄紀：或作"逢紀"，字元圖，東漢袁紹謀士，曾協助袁紹奪取青、冀、幽、并四州，袁紹死後立少子袁尚爲嗣，後爲袁紹長子袁譚所殺。

[3]【今注】要：通"邀"。邀請。　公孫瓚：字伯珪，遼西令支（今河北遷安市西）人。傳見本書卷七三。

[4]【李賢注】《魏志》云諶，荀彧之弟。【今注】高幹：字

元才，陳留圉（今河南杞縣西南）人，袁紹外甥，官至并州牧，袁氏敗後投降曹操，仍爲并州刺史，後謀反失敗，投奔劉表途中被上洛校尉王琰所殺。　荀諶：字友若，《三國志》卷一〇《魏書·荀彧傳》裴松之注引《荀氏家傳》説其是荀彧第四兄。

［5］【今注】案，王先謙《後漢書集解》引《資治通鑑》胡三省注言："謂吐奇決策也。"

［6］【今注】邁：超過，超越。

［7］【李賢注】言土廣也。

［8］【今注】恇（kuāng）怯：懦弱，膽怯。恇，膽怯，恐懼。《説文·心部》："恇，怯也。"

［9］【李賢注】《獻帝傳》曰："沮授，廣平人。少有大志，多謀略。"《英雄記》曰："耿武字文威。閔純字伯典。後袁紹至，馥從事十人棄馥去，唯恐在後，獨武、純杖刀距（距，紹興本、大德本、殿本皆作'拒'，可從），兵不能禁，紹後令田豐殺此二人。"【今注】長史：官名。東漢太尉、司徒、司空及將軍府各有長史，邊境郡守也設長史，掌管兵馬事務。　别駕：官名。即别駕從事，州所置，秩百石。本書《百官志四》載："别駕從事，校尉行部則奉引，録衆事。"　案，王先謙《後漢書集解》引王補曰："《魏志》言諫者耿、閔外有治中李歷，而無沮授，《通鑑》從之。觀授之附紹意，當日必未諫也。當以《魏志》爲是。"又校補引柳從辰曰："據《袁紀》諫馥者實四人，沮授、李歷皆在。"二者有異，今並録。曹金華《後漢書稽疑》言"閔純"後脱"治中李歷"，"獻帝傳"疑爲"獻帝紀"（第977—978頁）。

［10］【今注】强弩：本指强勁的弓，此爲軍隊的一種，即弓弩兵。　孟津：津渡名。故址在今河南洛陽市孟津區北、孟州市西南的黄河上。黄巾起義後，爲抵抗黄巾軍，官府軍曾在此設關防守，與函谷、大谷、廣城、伊闕、轘轅、旋門、小平津合稱洛陽"八關"，設有都尉。

［11］【李賢注】《英雄記》曰："紹在朝歌清水口，浮等從後來，船數百艘，衆萬餘人，整兵駭鼓過紹營，紹甚惡之。浮等到，謂馥曰：'袁本初軍無斗糧，各欲離散，旬日之閒，必土崩瓦解。明將軍但閉户高枕，何憂何懼？'"

［12］【今注】避位：讓位。避，辭讓。

紹遂領冀州牧，承制以馥爲奮威將軍，而無所將御。[1]引沮授爲别駕，因謂授曰："今賊臣作亂，朝廷遷移。吾歷世受寵，志竭力命，興復漢室。然齊桓非夷吾不能成霸，[2]句踐非范蠡無以存國。[3]今欲與卿勠力同心，共安社稷，將何以匡濟之乎？"授進曰："將軍弱冠登朝，[4]播名海内。值廢立之際，忠義奮發，單騎出奔，董卓懷懼，濟河而北，勃海稽服。[5]擁一郡之卒，撮冀州之衆，[6]威陵河朔，[7]名重天下。若舉軍東向，則黄巾可埽；[8]還討黑山，則張燕可滅；[9]回師北首，則公孫必禽；震脅戎狄，則匈奴立定。横大河之北，合四州之地，[10]收英雄之士，擁百萬之衆，迎大駕於長安，復宗廟於洛邑，號令天下，誅討未服。以此争鋒，誰能御之！[11]比及數年，其功不難。"紹喜曰："此吾心也。"[12]即表授爲奮武將軍，使監護諸將。

［1］【今注】無所將御：没有統帥兵馬。

［2］【今注】齊桓非夷吾不能成霸：夷吾即管仲。齊桓公在管仲的輔佐下進行政治經濟改革，實現富國强兵，最終九合諸侯，成爲春秋五霸之首。

［3］【今注】句踐非范蠡無以存國：越王句踐被吴王夫差打敗

之後，范蠡獻計讓句踐俯首稱臣，越國得以存續。後輔佐句踐卧薪嘗膽，十年生聚，十年耕戰，最終滅亡吴國。案，無以，殿本作“不能”。

［4］【今注】弱冠：《禮記·曲禮上》：“二十曰弱，冠。”孔穎達疏：“二十成人，初加冠，體猶未壯，故曰弱也。”後以“弱冠”代指二十歲的男子。

［5］【李賢注】稽音啓。【今注】稽（qǐ）服：稽首，臣服。

［6］【李賢注】《廣雅》曰：“攝，持也。”

［7］【今注】河朔：泛指黄河以北的地區。

［8］【今注】黄巾：指黄巾農民起義，因其頭裹黄巾而得名。

［9］【李賢注】黑山在今衛州衛縣西北。《九州春秋》曰“燕本姓褚。黄巾賊起，燕聚少年爲群盜，博陵張牛角亦起與燕合。燕推牛角爲帥，俱攻癭陶。牛角爲飛矢所中，被創且死，大會其衆，告曰：‘必以燕爲帥。’牛角死，衆奉燕，故改姓張。性剽悍，捷速過人，故軍中號曰‘飛燕’。其後人衆浸廣，常山、趙郡、中山、上黨、河内諸山谷皆相通，號曰‘黑山’”也。【今注】張燕：常山真定（今河北正定縣）人。本姓褚，後改姓張。東漢末期農民起義軍首領之一。傳見《三國志》卷八。

［10］【李賢注】四州見下。【今注】四州：即冀州、青州、幽州、并州。

［11］【今注】案，御，殿本作“禦”，可從。

［12］【李賢注】《左傳》：“秦伯曰：‘是吾心也。’”

魏郡審配，鉅鹿田豐，[1]並以正直不得志於韓馥。紹乃以豐爲别駕，配爲治中，甚見器任。馥自懷猜懼，辭紹索去，[2]往依張邈。後紹遣使詣邈，有所計議，因共耳語。馥時在坐，謂見圖謀，無何，[3]如廁自殺。[4]

［1］【李賢注】《先賢行狀》曰："配字正南。少忠烈慷慨，有不可犯之節。紹領冀州，委腹心之任。豐字元皓。天姿瓌傑，權略多奇（權，大德本、殿本作'雄'；奇，大德本作'可'）。紹軍之敗也，土崩奔北（北，紹興本、大德本、殿本皆作'走'，可從），徒衆略盡，軍將皆撫膝而泣曰：'向使田豐在此，不至於是。'"【今注】魏郡：治鄴縣（今河北臨漳縣西南）。　鉅鹿：郡名。治癭陶縣（今河北寧晉縣西南）。案，王先謙《後漢書集解》引惠棟言："配，魏郡陰安人也，見《陳球碑陰》。"

［2］【李賢注】《英雄記》曰："紹以河内朱漢爲都官從事。漢先時爲馥所不禮，内懷忿恨，且欲徼迎紹意，擅發城郭兵圍守馥弟，拔刃登屋，馥走上樓（馥，大德本作'趙'，不從），收得馥大兒，搥折兩脚。紹亦立收漢殺之。馥猶憂怖，故報紹索去。"【今注】索：請求，要求。《韓非子·説林上》："索救而得，今子有憂色，何也？"

［3］【今注】無何：不久。

［4］【李賢注】《九州春秋》曰："至廁，因以書刀自殺。"

其冬，公孫瓚大破黄巾，還屯槃河，[1]威震河北，冀州諸城無不望風響應。紹乃自擊之。瓚兵三萬，列爲方陳，分突騎萬匹，[2]翼軍左右，其鋒甚鋭。紹先令麴義領精兵八百，强弩千張，以爲前登。瓚輕其兵少，縱騎騰之，義兵伏楯下，[3]一時同發，瓚軍大敗，斬其所置冀州刺史嚴綱，[4]獲甲首千餘級。麴義追至界橋，[5]瓚斂兵還戰，義復破之，遂到瓚營，拔其牙門，[6]餘衆皆走。紹在後十數里，聞瓚已破，發鞌息馬，唯衛帳下强弩數十張，大戟士百許人。瓚散兵二千餘騎卒至，圍紹數重，射矢雨下。田豐扶紹，使却入空垣。紹脱兜鍪抵地,[7]曰:“大丈夫當前鬬死,而反逃垣牆閒邪?”促使諸弩競發,多傷瓚騎。衆不知是紹,頗稍引却。會麴義來迎,騎乃散退。三年,[8]瓚又遣兵至龍湊挑戰,[9]紹復擊破之。瓚遂還幽州,不敢復出。

[1]【李賢注】《爾雅》有九河,鉤槃是其一也。故河道在今德州昌平縣界(曹金華《後漢書稽疑》言“昌平”當爲“平昌”,唐時德州有平昌縣而無昌平縣),入滄州樂陵縣,今名枯槃河。【今注】槃河:水名。古黄河支流之一,大致在今山東西北部德州、樂陵等地。

[2]【今注】突騎:用於衝突敵方軍陣的精鋭騎兵。

[3]【今注】楯:同“盾”。盾牌。

[4]【今注】冀州刺史嚴綱:案,王先謙《後漢書集解》引惠棟言:“瓚遂屯廣宗,改易守令故剛爲冀州,見《英雄記》。”

[5]【李賢注】《九州春秋》曰:“還屯廣宗界橋。”今貝州宗城縣東有古界城,此城近枯漳水,則界橋蓋當在此之側也。【今注】界橋:故址在今河北威縣東約十里的古清河上。

[6]【李賢注】《真人水鏡經》曰:“凡軍始出,立牙竿必令完堅;若有折,將軍不利。”牙門旗竿,軍之精也。即《周禮·司常》職云“軍旅會同置旌門”是也。【今注】牙門:即古代軍營的營門,因在軍營門口置牙旗而得名。案,王先謙《後漢書集解》引惠棟言:“《國語》云:‘執枹鼓立於軍門。’韋昭云:‘軍門,立旌爲門,若今牙門矣。’丁度云:‘古者軍行有牙,尊者所在,後人因以所治爲衞。’”

[7]【今注】兜鍪(móu):即胄,古代頭盔名。

[8]【今注】三年:案,曹金華《後漢書稽疑》言“三年”當删,據前文及《獻帝紀》界橋之戰已是三年(第979頁)。

[9]【今注】龍湊：城邑名。古黄河渡口，軍事要地，故址在今山東德州市東北。

四年初，天子遣太僕趙岐和解關東，[1]使各罷兵。瓚因此以書譬紹曰：[2]“趙太僕以周、邵之德，[3]銜命來征，[4]宜揚朝恩，示以和睦，曠若開雲見日，何喜如之！昔賈復、寇恂争相危害，遇世祖解紛，遂同輿並出。[5]釁難既釋，[6]時人美之。自惟邊鄙，得與將軍共同斯好，此誠將軍之羞，而瓚之願也。”紹於是引軍南還。

[1]【今注】太僕：官名。九卿之一，掌馬政等。本書《百官志二》載：“太僕，卿一人，中二千石。本注曰：掌車馬。天子每出，奏駕上鹵簿用；大駕則執馭。”　關東：東漢函谷關（今河南澠池縣東）以東的廣大地區。

[2]【今注】譬：勸導。

[3]【今注】周邵：即周公姬旦和邵（也作“召”）公姬奭。二人共同輔佐周成王，史稱“周邵”。

[4]【今注】銜命：奉命。

[5]【今注】賈復寇恂争相危害遇世祖解紛遂同輿並出：賈復的部將殺人之後，寇恂依法將其處決，賈復引以爲耻，後在光武帝劉秀的調解下二人和好。賈復，字君文，南陽冠軍（今河南鄧州市西北）人。傳見本書卷一七。寇恂，字子翼，上谷昌平（今北京市昌平區）人。傳見本書卷一六。

[6]【今注】釁：罪。《左傳》宣公十二年載：“會聞用師，觀釁而動。”杜預注：“釁，罪也。”孔穎達疏：“釁是間隙之名……既有間隙，故爲得罪也。”

三月上巳，大會賓徒於薄落津。[1]聞魏郡兵反，與黑山賊干毒等數萬人共覆鄴城，殺郡守。[2]坐中客家在鄴者，皆憂怖失色，或起而啼泣，紹容貌自若，不改常度。[3]賊有陶升者，自號"平漢將軍"，[4]獨反諸賊，將部衆踰西城入，閉府門，具車重，[5]載紹家及諸衣冠在州内者，身自扞衛，[6]送到斥丘。[7]紹還，因屯斥丘，以陶升爲建義中郎將。六月，紹乃出軍，入朝哥鹿腸山蒼巖谷口，[8]討干毒。圍攻五日，破之，斬毒及其衆萬餘級。紹遂尋山北行，[9]進擊諸賊左髭丈八等，皆斬之，又擊劉石、青牛角、黄龍、左校、郭大賢、李大目、于氐根等，復斬數萬級，皆屠其屯壁。遂與黑山賊張燕及四營屠各、鴈門烏桓戰於常山。[10]燕精兵數萬，騎數千匹，連戰十餘日，燕兵死傷雖多，紹軍亦疲，遂各退。麴義自恃有功，驕縱不軌，紹召殺之，而并其衆。

[1]【李賢注】歷法三月建辰，己卯退除，可以拂除災也。《韓詩》曰："溱與洧，方洹洹兮。"薛君注云："鄭國之俗，三月上巳之辰，兩水之上招魂續魄，拂除不祥，故詩人願與所説者俱往也。"酈元《水經注》曰（曰，殿本作"云"）："漳水經鉅鹿故城西，謂之薄落津。"《續漢志》癭陶縣有薄落亭。【今注】上巳：節日名。農曆三月上旬巳日爲"上巳"，該日有洗滌衣物以祛災的習俗。本書《禮儀志上》載："是月上巳，官民皆絜於東流水上，曰洗濯祓除去宿垢疢爲大絜。" 薄落津：津渡名。屬安平郡經縣（今河北廣宗縣東北），故址在今河北廣宗縣東召鄉東的漳水上。

［2］【李賢注】《管子》曰，齊桓公築五鹿、中牟、鄴，以禦諸侯。【今注】案，王先謙《後漢書集解》引惠棟言："《英雄記》云：'殺太守栗，賊十餘部，衆四萬人，聚會鄴中。'"

［3］【李賢注】《獻帝春秋》曰："紹勸督引滿投壺，言笑容貌自若。"【今注】常度：常態。

［4］【李賢注】《英雄記》曰："升故爲内黄小吏。"

［5］【李賢注】重，輜重也。【今注】具：置辦。《廣韻·遇韻》："具，備也，辦也。"

［6］【今注】扞衛：即捍衛。

［7］【李賢注】斥丘，縣，屬鉅鹿郡，故城在今相州成安縣東南。《十三州志》云："土地斥鹵，故曰斥丘。"【今注】斥丘：縣名。治所在今河北成安縣東南。案，丘，殿本作"邱"，不從。

［8］【李賢注】朝哥故城在今衛縣西。《續漢志》曰："朝歌有鹿腸山。"【今注】朝哥：縣名。即"朝歌"。治所在今河南淇縣。

［9］【今注】尋：攀援。

［10］【今注】屠各：亦稱"休屠""休屠各"，匈奴的一支，居住在武威等邊郡地區，曾降於西漢，東漢中後期重新崛起，並卷入漢末軍閥混戰，後爲曹操所破。西晉時期再次崛起，建立前趙政權，後趙石季龍滅前趙後，殺害其貴族及部衆五千餘人，其後徹底衰落。　鴈門：郡名。治陰館縣（今山西朔州市東南）。　常山：時爲王國。治元氏縣（今河北元氏縣西北）。

興平二年，[1]拜紹右將軍。[2]其冬，車駕爲李傕等所追於曹陽，[3]沮授説紹曰："將軍累葉台輔，[4]世濟忠義。今朝廷播越，[5]宗廟殘毁，觀諸州郡，雖外託義兵，内實相圖，未有憂存社稷卹人之意。且今州城粗定，兵强士附，西迎大駕，即宫鄴都，挾天子而令諸侯，稽士馬以討不庭，誰能禦之？”[6]紹將從其計。潁川郭圖、淳于瓊曰：[7]“漢室陵遲，[8]爲日久矣，今欲興之，不亦難乎？且英雄並起，各據州郡，連徒聚衆，動有萬計，所謂秦失其鹿，先得者王。[9]今迎天子，動輒表聞，從之則權輕，違之則拒命，非計之善者也。”授曰：“今迎朝廷，於義爲得，於時爲宜。若不早定，必有先之者焉。夫權不失幾，功不猒速，[10]願其圖之。”帝立既非紹意，竟不能從。[11]

［1］【今注】興平：東漢獻帝劉協年號（194—195）。

［2］【今注】案，右將軍，王先謙《後漢書集解》引惠棟言《袁宏紀》作“後將軍”。

［3］【今注】車駕：代指漢獻帝。　李傕：字稚然，北地郡（今寧夏吴忠市西南）人。董卓部將。董卓被誅後，與郭汜等人兵圍長安，後又相互攻伐，不久被曹操殺害。詳見本書卷七二《董卓傳》。　曹陽：澗名。俗稱七里澗，在今河南靈寶市東北。

［4］【今注】累葉：即“累世”。　台輔：三公宰輔之臣。

［5］【今注】播越：流亡在外。

［6］【李賢注】《左傳》，周襄王出奔於鄭，狐偃言於晉文公曰：“求諸侯莫如勤王，諸侯信之，且大義也。繼文之業而信宣於諸侯，今爲可矣。”文公從之，納襄王，遂成霸業。【今注】不庭：不朝於王庭。

［7］【李賢注】《九州春秋》圖字公則。

［8］【今注】陵遲：衰落。

［9］【李賢注】《史記》曰，蒯通曰：“秦失其鹿，天下共追之，高才者先得焉。”

［10］【今注】猒：同“厭”。滿足之意。《説文·甘部》：“猒，

飽也。”案，大德本、殿本作“厭”。二字通用。

［11］【今注】案，王先謙《後漢書集解》引惠棟言：“《魏志·紹傳》云：‘天子在河東，紹遣郭圖使焉。圖還，説迎天子，都鄴，紹不從。’與范書異。”今存録。

紹有三子：譚字顯思，熙字顯雍，尚字顯甫。[1]譚長而惠，尚少而美。紹後妻劉有寵，而偏愛尚，數稱於紹，[2]紹亦奇其姿容，欲使傳嗣。乃以譚繼兄後，出爲青州刺史。沮授諫曰：“世稱萬人逐兔，一人獲之，貪者悉止，分定故也。[3]且年均以賢，德均則卜，古之制也。[4]願上惟先代成敗之誡，[5]下思逐兔分定之義。若其不改，禍始此矣。”紹曰：“吾欲令諸子各據一州，以視其能。”於是以中子熙爲幽州刺史，外甥高幹爲并州刺史。

［1］【今注】案，曹金華《後漢書稽疑》考證認爲除此三人外，袁紹當有幼子（第981頁）。

［2］【今注】稱：稱讚，頌揚。

［3］【李賢注】《慎子》曰：“兔走於街，百人追之，貪人具存（具，殿本作‘俱’），人莫之非者，以兔爲未定分也。積兔滿市，過不能顧，非不欲兔也，分定之後，雖鄙不争。”《子思子》《商君書》並載，其詞略同。【今注】分：名分。　定：確定。

［4］【李賢注】《左傳》曰：“王后無嫡則擇立長，年鈞以德，德鈞以卜（卜，大德本作‘十’，不從）。”【今注】均：等，同。《玉篇·土部》：“均，等也。”

［5］【今注】惟：思考，想。《爾雅·釋詁下》：“惟，思也。”

建安元年，[1]曹操迎天子都許，[2]乃下詔書於紹，責以地廣兵多而專自樹黨，不聞勤王之師而但擅相討伐。紹上書曰：

［1］【今注】建安：東漢獻帝劉協年號（196—220）。

［2］【今注】許：縣名。東漢末期都城，治所在今河南許昌市建安區東。

臣聞昔有哀歎而霜隕，[1]悲哭而崩城者。[2]每讀其書，謂爲信然，於今況之，[3]乃知妄作。何者？臣出身爲國，破家立事，至乃懷忠獲釁，[4]抱信見疑，晝夜長吟，剖肝泣血，曾無崩城隕霜之應，故鄒衍、杞婦何能感徹。[5]

［1］【李賢注】《淮南子》曰："鄒衍事燕惠王盡忠，左右譖之，仰天而哭。夏五月，天爲降霜。"

［2］【李賢注】齊莊公攻莒，爲五乘之賓，而杞梁獨不預。歸而不食，其母曰："食！汝生而無義，死而無名，則雖非五乘，孰不汝笑？生而有義，死而有名，則五乘之賓盡汝下也。"及與莒戰，梁遂鬬殺二十七人而死。妻聞而哭，城爲之阤而隅爲之崩。見《説苑》。【今注】案，曹金華《後漢書稽疑》言《説苑·立節》作"杞梁、華舟獨不與焉"，杞梁戰死、妻哭城崩等，《説苑》《左傳》《禮記》《孟子》等書，或爲一人之事，或爲二人之事，衆説紛紜，詳參向宗魯《説苑校證》，《説苑校證》删"雖非五乘"之"非"字（第982頁）。

［3］【今注】況：比，比擬。《廣韻·漾韻》："況，匹擬也。"

［4］【今注】案，乃，大德本、殿本作"於"。

[5]【今注】案，杞，大德本作“之”，不從。 感徹：感通。

臣以負薪之資，[1]拔於陪隸之中，[2]奉職憲臺，[3]擢授戎校。常侍張讓等滔亂天常，[4]侵奪朝威，賊害忠德，扇動姦黨。故大將軍何進忠國疾亂，義心赫怒，以臣頗有一介之節，[5]可責以鷹犬之功，[6]故授臣以督司，[7]諮臣以方略。臣不敢畏憚强禦，避禍求福，與進合圖，事無違異。忠策未盡而元帥受敗，[8]太后被質，宫室焚燒，陛下聖德幼沖，[9]親遭戹困。時進既被害，師徒喪沮，臣獨將家兵百餘人，抽戈承明，竦劍翼室，[10]虎叱群司，奮擊凶醜，[11]曾不浹辰，罪人斯殄。[12]此誠愚臣效命之一驗也。

[1]【李賢注】負薪謂賤人也。《禮記》曰：“問士之子長幼（曹金華《後漢書稽疑》言‘士之子長幼’當爲‘庶人之子’），長曰能負薪矣，幼曰未能負薪。”【今注】負薪：本指背柴火，引申爲地位卑賤之人。此爲袁紹自謙之辭。

[2]【李賢注】陪，重也。《左傳》曰：“王臣公，公臣卿，卿臣大夫，大夫臣士，士臣皁，皁臣隸，隸臣僚，僚臣僕，僕臣臺。”又曰：“是無陪臺也。”陪隸猶陪臺。【今注】陪隸：地位低下的奴僕。此爲袁紹自謙之辭。

[3]【今注】憲臺：東漢改稱御史府爲憲臺。《漢官儀·憲臺》：“漢御史府，後漢改稱憲臺。”袁紹曾任侍御史，故有此説。

[4]【今注】張讓：潁川郡（今河南禹州市）人。東漢後期宦官。靈帝時期“十常侍”之一。傳見本書卷七八。

[5]【今注】一介：一個。表示卑微、渺小之意，自謙之辭。

［6］【今注】鷹犬：本指狩獵中追逐獵物的鷹和犬，此比喻受人驅使、奔走效勞之人。

［7］【今注】授臣以督司：袁紹曾任司隸校尉，職掌司隸部，督察百官及違法者。

［8］【李賢注】元帥謂何進。

［9］【今注】幼沖：年幼。

［10］【李賢注】《山陽公載記》曰："紹與王匡等并力入端門，於承明堂上格殺中常侍高望等二人。"《尚書》曰："延入翌室。"孔安國注："翼，明也。室謂路寢。"【今注】承明：西漢有承明殿，在未央宫中。《三輔黄圖》卷三"未央宫"載："承明殿，未央宫有承明殿，著述之所也。班固《西都賦》云：'又有承明、金馬，著作之庭。'即此也。"東漢南宫有承明堂、承明門。此代指宫殿。　翼室：帝王路寢（正廳）旁的左右室。

［11］【今注】凶醜：本指凶惡不善之人，此代指宦官及其黨羽。

［12］【李賢注】浹，帀也。《左傳》曰："浹辰之閒。"杜預曰："十二日也。"【今注】浹辰：古以干支紀日，稱從子至亥的十二天爲"浹辰"。

會董卓乘虚，所圖不軌。臣父兄親從，並當大位，[1]不憚一室之禍，苟惟寧國之義，故遂解節出奔，創謀河外。[2]時卓方貪結外援，招悦英豪，故即臣勃海，申以軍號，[3]則臣之與卓，未有纖芥之嫌。[4]若使苟欲滑泥揚波，偷榮求利，[5]則進可以享竊禄位，退無門户之患。然臣愚所守，志無傾奪，故遂引會英雄，興師百萬，飲馬孟津，歃血漳河。[6]會故冀州牧韓馥懷狹逆謀，欲專權執，絶臣軍糧，不得踵係，至使猾虜肆毒，害及一門，尊卑大小，同日并戮。鳥獸之情，猶知號呼。[7]臣所以蕩然忘哀，貌無隱戚者，[8]誠以忠孝之節，[9]道不兩立，顧私懷己，不能全功。斯亦愚臣破家徇國之二驗也。

［1］【李賢注】謂叔隗爲太傅，從兄基爲太僕。

［2］【李賢注】河外，河南。【今注】河外：時人稱黄河以南爲河外，黄河以北爲河内。

［3］【李賢注】即謂就拜也。《山陽公載記》曰："董卓以紹爲前將軍，封邟鄉侯。紹受侯，不受前將軍。"【今注】即臣勃海：指董卓授袁紹爲渤海太守。

［4］【今注】纖芥之嫌：細小的嫌隙。

［5］【李賢注】滑，混也。《楚詞》："滑其泥，揚其波。"【今注】滑泥揚波：比喻同流合污，隨俗浮沉。

［6］【李賢注】《獻帝春秋》曰："紹合冀州十郡守相，衆數十萬，登壇歃血，盟曰：'賊臣董卓，承漢室之微，負兵甲之衆，陵越帝城，跨蹈王朝，幽鴆太后，戮殺弘農，提挈幼主，越遷秦地，殘害朝臣，斬刈忠良，焚燒宫室，蒸亂宫人（蒸，殿本作"烝"，二字通假），發掘陵墓，虐及鬼神，過惡烝皇天，濁穢薰后土。神祇怨恫，無所憑恃，兆人泣血，無所控告，仁賢之士，痛心疾首，義士奮發，雲興霧合，咸欲奉辭伐罪，躬行天誅。凡我同盟之後（王先謙《後漢書集解》引劉攽言注文"凡我同盟之後"當爲"凡我同盟之人，同盟之後"，有脱字），畢力致命，以伐凶醜，同奬王室，翼戴天子。有渝此盟，神明是亟（亟，殿本作"殛"，可從），俾墜其師，無克祚國！'"

［7］【李賢注】《禮記》曰："凡生天地之閒者，有血氣之屬必有知，有知之屬莫不知愛其類。今是天鳥獸則失喪其群匹（天，

大德本、殿本皆作‘大’，可從)，越月踰時焉，則必反巡過其故鄉，翔回焉，鳴號焉，蹢躅焉，踟躕焉，然後乃能去之。小者至於燕爵，猶有啁噍之頃焉，然後乃能去之。”

[8]【李賢注】隱，憂也。【今注】隱戚：憂傷，悲哀。

[9]【今注】案，孝，大德本作“臣”，不從。

又黄巾十萬焚燒青、兖，黑山、張楊蹈藉冀域。[1]臣乃旋師，奉辭伐畔。金鼓未震，狡敵知亡，故韓馥懷懼，謝咎歸土，張楊、黑山同時乞降。臣時輒承制，[2]竊比竇融，以議郎曹操權領兖州牧。[3]會公孫瓚師旅南馳，陸掠北境，[4]臣即星駕席卷，與瓚交鋒。假天之威，每戰輒克。臣備公族子弟，生長京輦，[5]頗聞俎豆，[6]不習干戈；加自乃祖先臣以來，世作輔弼，咸以文德盡忠，得免罪戾。臣非與瓚角戎馬之埶，争戰陣之功者也。誠以賊臣不誅，《春秋》所貶，[7]苟云利國，專之不疑。[8]故冒踐霜雪，不憚劬勤，[9]實庶一捷之福，[10]以立終身之功。社稷未定，臣誠恥之。太僕趙岐銜命來征，[11]宣明陛下含弘之施，[12]蠲除細故，[13]與下更新，奉詔之日，引師南轅。[14]是臣畏怖天威，不敢怠慢之三驗也。

[1]【今注】黑山：當時起義軍之一，以褚燕、張牛角等爲首領，占領常山、趙郡、中山、上黨、河内等地山區，號稱“黑山”。張楊：字稚叔，雲中郡（今内蒙古托克托縣古城村）人。以武勇任并州從事，因平定黄巾起義有功而任河内太守，因輔翼皇室任安

國將軍、大司馬，後爲其部將所殺。　蹈藉：踐踏。

［2］【今注】承制：秉承皇帝旨意而行便宜之權。

［3］【李賢注】竇融行西河五郡大將軍事，以梁統爲武威太守（曹金華《後漢書稽疑》言“西河”當爲“河西”，且李賢注不當涉及梁統）。【今注】竇融：字周公，扶風平陵（今陝西咸陽市西北）人。曾鎮撫河西、酒泉、張掖、敦煌、金城五郡，後降於光武帝劉秀，封安豐侯，食邑安豐、陽泉、蓼、安風四縣，謚號戴侯。傳見本書卷二三。　議郎：官名。名義上屬光禄勳。秩六百石，備皇帝咨詢，也參與朝議，本書《百官志二》載：“凡大夫、議郎皆掌顧問應對，無常事，唯詔令所使。”

［4］【今注】陸掠：即擄掠。

［5］【今注】京輦：代指京師。古代帝王后妃所乘的轎子爲“輦”。

［6］【今注】俎豆：本爲祭祀用的禮器，引申爲禮儀制度。

［7］【李賢注】《公羊傳》曰：“趙盾弒其君夷皋。弒者趙穿也，曷爲加之趙盾？不討賊也。趙盾曰：‘天乎！予無辜。’史曰：‘爾爲仁爲義，人弒爾君，而復國不討賊，非弒如何？’”

［8］【李賢注】《左傳》曰：“苟利社稷，專之可也。”【今注】疑：遲疑，猶豫不決。　案，曹金華《後漢書稽疑》言《後漢書集解》校補按此句當出《公羊傳》，《左傳》昭公四年子産言“苟利社稷，死生以之”，但與“專之”之義不合（第983頁）。

［9］【今注】劬（qú）勤：辛勞。

［10］【今注】庶：希冀。《玉篇·廣部》：“庶，幸也，冀也。”

［11］【今注】案，歧，殿本作“岐”，可從。

［12］【今注】案，大德本無“明”字。　含弘：大度量。

［13］【今注】蠲（juān）除：免除。　細故：細小而不值得計較的事情。

［14］【李賢注】《左傳》曰：“令尹南轅反旆。”杜預曰：“回

軍南向。"【今注】南轅：車轍向南。

又臣所上將校，率皆清英宿德，令名顯達，登鋒履刃，死者過半，勤恪之功，不見書列。而州郡牧守，競盜聲名，懷持二端，[1]優游顧望，[2]皆列土錫圭，[3]跨州連郡，是以遠近狐疑，議論紛錯者也。臣聞守文之世，德高者位尊；倉卒之時，[4]功多者賞厚。陛下播越非所，洛邑乏祀，海內傷心，志士憤惋。是以忠臣肝腦塗地，肌膚横分而無悔心者，義之所感故也。今賞加無勞，以攜有德；[5]杜黜忠功，以疑衆望。斯豈腹心之遠圖？將乃讒慝之邪説使之然也？[6]臣爵爲通侯，[7]位二千石。殊恩厚德，臣既叨之，豈敢闚覬重禮，以希彤弓玈矢之命哉？[8]誠傷偏裨列校，勤不見紀，盡忠爲國，飜成重愆。[9]斯蒙恬所以悲號於邊獄，[10]白起歔欷於杜郵也。[11]太傅日磾位爲師保，任配東征，而耗亂王命，[12]寵任非所，凡所舉用，皆衆所捐弃。而容納其策，以爲謀主，令臣骨肉兄弟，還爲讎敵，交鋒接刃，搆難滋甚。[13]臣雖欲釋甲投戈，[14]事不得已。誠恐陛下日月之明，有所不照，四聰之聽有所不聞，乞下臣章，咨之群賢，使三槐九棘，議臣罪戾。[15]若以臣今行權爲釁，則桓、文當有誅絶之刑；[16]若以衆不討賊爲賢，則趙盾可無書弑之貶矣。臣雖小人，志守一介。若使得申明本心，不愧先帝，則伏首歐刀，[17]褰衣就鑊，[18]臣之願也。惟陛下垂尸鳩之平，[19]絶邪諂之論，無令愚臣結恨三泉。[20]

［1］【今注】二端：兩種主意，指猶豫不決。

［2］【今注】優游：做事猶豫，不果決。　顧望：觀望。

［3］【今注】列土錫圭：分封土地，賜圭以爲信物，泛指高官厚爵。

［4］【今注】倉卒：此指戰亂離難、多變之時。

［5］【李賢注】攜，離也。【今注】攜：離異，有二心。《集韻·齊韻》："攜，離也。"

［6］【今注】讒慝（tè）：邪惡奸佞，亦指邪惡奸佞之人。

［7］【今注】通侯：即列侯，也叫徹侯。《漢書》卷一《高帝紀》顔師古注引應劭曰："通亦徹也。通者，言功德通於王室也。"二十等爵的最高級，享有封國。

［8］【李賢注】《左氏傳》曰："王命尹氏策晉文公爲侯伯，賜之大路之服，戎路之服，彤弓一，彤矢百，玈弓十，玈矢千。"【今注】彤弓玈矢之命：代指替天子行使征伐地方諸侯的權力。

［9］【今注】飜（fān）：同"翻"。　愆（qiān）：過失，罪過。《玉篇·心部》："愆，過也。"

［10］【李賢注】《史記》曰，胡亥遣使者殺蒙恬，恬不肯死，使者即以屬吏，繫於陽周。恬喟然太息曰："恬罪當死矣。起臨洮屬之遼東，城萬餘里。此其中不能無絶地脉，此乃恬之罪也！"遂吞藥自殺。【今注】蒙恬所以悲號於邊獄：北京大學藏漢簡《趙正書》載："王死而胡亥立，即殺其兄夫（扶）胥（蘇）、中尉恬"，"秦王胡亥弗聽，遂行其意，殺其兄夫（扶）胥（蘇）、中尉恬，立高爲郎中令，出斿（遊）天下。"〔北京大學出土文獻研究所編：《北京大學藏西漢竹書（叁）》，上海古籍出版社 2015 年版，第 190、191 頁〕中尉爲宿衛京師的武官，不在邊境。《趙正書》的内

容與《史記》卷六《秦始皇本紀》、卷八七《李斯列傳》等差異甚大，學界也存在較大争議。

[11]【李賢注】《史記》曰，秦王免白起爲士伍，遷之陰密。白起既行，出咸陽西門十里，至杜郵，秦王乃使使者賜之劍，自裁。

[12]【李賢注】《三輔決録注》曰："馬日磾字翁叔，馬融之族子。少傳融業，以才學進，歷位九卿，遂登台輔。"《獻帝春秋》曰："日磾假節東征，循撫州郡。術在壽春，不肅王命，侮慢日磾，借節觀之，因奪不還，從術求去，而術不遣，既以失節屈辱，憂恚而死。"

[13]【今注】搆：同"構"。構陷，離間。

[14]【今注】案，投，大德本作"授"。

[15]【李賢注】《周官》曰："三槐，三公位焉（位，紹興本作'匹'）。左九棘，孤卿大夫位焉。右九棘，公侯伯子男位焉。"鄭玄注曰："槐之言懷也，言懷來人於此欲與謀也。樹棘以爲位者，取其赤心而外刺，象以赤心有刺也。"【今注】三槐九棘：代指三公九卿。

[16]【李賢注】齊桓、晉文時，周室弱，諸侯不朝，桓、文權行征伐，率諸侯以朝天子。

[17]【今注】歐刀：刑刀。

[18]【今注】褰（qiān）衣：提起衣裳。 鑊（huò）：本指煮肉的無足的鼎，此引申爲刑罰。

[19]【李賢注】尸鳩，鴶鵴也。《詩·國風》曰："尸鳩在桑，其子七兮，淑人君子，其儀一兮。"毛萇注曰："尸鳩之養其子，旦從上下，暮從下上，平均如一。言善人君子執義亦如此。"【今注】案，曹金華《後漢書稽疑》據《詩·曹風·鳲鳩》言"尸鳩"當作"鳲鳩"，"叔人"當作"淑人"（第983—984頁）。鳲鳩，一種代表公平的鳥。

［20］【李賢注】三者，數之小終，言深也。《前書》曰："下錮三泉。"【今注】三泉：與"九泉"意思相同。

於是以紹爲太尉，封鄴侯。[1]時曹操自爲大將軍，紹耻爲之下，[2]僞表辭不受。操大懼，乃讓位於紹。二年，使將作大匠孔融持節拜紹大將軍，[3]錫弓矢節鉞，[4]虎賁百人，[5]兼督冀、青、幽、并四州，然後受之。

［1］【李賢注】《獻帝春秋》曰："使將作大匠孔融持節之鄴，拜太尉紹爲大將軍，改封鄴侯。"【今注】太尉：官名。三公之一，西漢時期雖名義上"掌武事"，但並無實際的領兵、發兵之權，西漢不常設，武帝時改設大司馬，東漢光武帝時期恢復太尉職，職權有所擴大。本書《百官志一》載："太尉，公一人。本注曰：掌四方兵事功課，歲盡即奏其殿最而行賞罰。凡郊祀之事，掌亞獻；大喪則告謚南郊。凡國有大造大疑，則與司徒、司空通而論之。國有過事，則與二公通諫争之。世祖即位，爲大司馬。建武二十七年，改爲太尉。"

［2］【李賢注】太尉位在大將軍上（曹金華《後漢書稽疑》言太尉袁紹耻爲大將軍曹操之下，李賢注"太尉位在大將軍上"爲誤，"上"當爲"下"）。初，武帝以衞青征伐有功，以爲大將軍，欲尊寵之，故置大司馬官號以冠之。其後霍光、王鳳等皆然。明帝以弟東平王蒼有賢材，以爲驃騎大將軍，以王故，位公上。和帝以舅竇憲征匈奴，還遷大將軍，在公上，以勳戚者不拘常例焉。

［3］【今注】孔融：字文舉，魯國（今山東曲阜市）人。傳見本書卷七〇。　持節：節爲代表皇權的符節，持節者往往代表皇帝

行事，權勢很大，其權力由高到低具體分爲使持節、持節和假節。

［4］【今注】錫弓矢節鉞：即授予其征伐諸侯的權力。錫，通“賜”，賜予。《爾雅·釋詁上》：“錫，賜也。”

［5］【李賢注】《禮含文嘉》曰：“九錫一曰車馬，二曰衣服，三曰樂器，四曰朱户，五曰納陛，六曰虎賁之士百人，七曰斧鉞，八曰弓矢，九曰秬鬯。”《春秋元命苞》曰“賜虎賁得專征伐，賜斧鉞得誅”也。

紹每得詔書，患有不便於己，乃欲移天子自近，使説操以許下埤[1]溼，洛陽殘破，宜徙都甄城，[2]以就全實。操拒之。田豐説紹曰：“徙都之計，既不克從，宜早圖許，奉迎天子，動託詔令，響號海内，此筭之上者。不爾，終爲人所禽，雖悔無益也。”紹不從。四年春，擊公孫瓚，遂定幽土，事在《瓚傳》。

［1］【李賢注】埤亦下也。音婢。【今注】埤（bì）：低洼潮濕的地方。《集韻·紙韻》：“埤，下濕也。”

［2］【李賢注】甄音絹。【今注】甄城：縣名。治所在今山東鄄城縣北。

紹既并四州之地，衆數十萬，而驕心轉盛，貢御稀簡。主簿耿包密白紹曰：[1]“赤德衰盡，袁爲黄胤，宜順天意，[2]以從民心。”紹以包白事示軍府僚屬，議者以包妖妄宜誅。[3]紹知衆情未同，不得已乃殺包以弭其迹。[4]於是簡精兵十萬，騎萬匹，欲出攻許，以審配、逢紀統軍事，田豐、荀諶及南陽許攸爲謀主，[5]顔良、文醜爲將帥。[6]沮授進説曰：[7]“近討公孫，師出歷年，百姓疲敝，倉庫無積，賦役方殷，[8]此國之深憂也。宜先遣使獻捷天子，務農逸人。若不得通，乃表曹操隔我王路，然後進屯黎陽，[9]漸營河南，益作舟船，繕修器械，分遣精騎，抄其邊鄙，令彼不得安，我取其逸。如此可坐定也。”郭圖、審配曰：“兵書之法，十圍五攻，敵則能戰。[10]今以明公之神武，連河朔之强衆，以伐曹操，其埶譬若覆手。[11]今不時取，後難圖也。”授曰：“蓋救亂誅暴，謂之義兵；恃衆憑强，謂之驕兵。義者無敵，驕者先滅。[12]曹操奉迎天子，建宫許都。今舉師南向，於義則違。且廟勝之策，不在彊弱。[13]曹操法令既行，士卒精練，非公孫瓚坐受圍者也。今弃萬安之術，而興無名之師，[14]竊爲公懼之。”圖等曰：“武王伐紂，不爲不義；況兵加曹操，而云無名！且公師徒精勇，[15]將士思奮，而不及時早定大業，所謂‘天與不取，反受其咎’。[16]此越之所以霸，吴之所以滅也。監軍之計，在於持牢，[17]而非見時知幾之變也。”紹納圖言。圖等因是譖沮授曰：“授監統内外，威震三軍，若其浸盛，何以制之！夫臣與主同者昌，主與臣同者亡，此黄石之所忌也。[18]且御衆於外，不宜知内。”[19]紹乃分授所統爲三都督，使授及郭圖、淳于瓊各典一軍，未及行。

［1］【今注】主簿：官名。漢代中央機構及地方郡縣均有設置，大將軍出征亦設，掌管文書簿記、印鑒事務。　白：通禀，禀告。《玉篇·白部》：“白，告語也。”《正字通·白部》：“白，下告

上曰禀白，同輩述事陳義亦曰白。”漢魏時期常用於文書之中。

[2]【李賢注】《獻帝春秋》曰：“袁，舜後。黄應代赤，故包有此言。”【今注】赤德衰盡袁爲黄胤宜順天意：胤指後代。古代陰陽家提倡“五德終始説”，赤色爲火，黄色爲土，依據五行相生學説，火生土，故黄色將代替赤德。漢代以自己爲赤德。

[3]【今注】妖妄：怪異荒誕的言論。

[4]【今注】弭：消除。

[5]【今注】南陽：郡名。治宛縣（今河南南陽市卧龍區）。許攸：字子遠，南陽郡（今河南南陽市卧龍區）人，本爲袁紹謀士，官渡之戰時因家人犯法叛投曹操，獻計大敗袁紹，後自恃功高，屢屢口出狂言，因而被殺。

[6]【今注】顔良文醜：二人爲袁紹武將，官渡之戰中被關羽所殺。

[7]【今注】案，曹金華《後漢書稽疑》言《後漢紀》卷二九、《魏志·袁紹傳》注引《獻帝傳》等皆作“沮授、田豐諫曰”（第985頁）。

[8]【今注】殷：衆多。《廣雅·釋詁三》：“殷，衆也。”

[9]【今注】黎陽：縣名。治所在今河南浚縣東。東漢光武帝曾在此設置黎陽營，爲軍事重鎮。

[10]【李賢注】十倍則圍之，五倍則攻之。

[11]【李賢注】《前書》陸賈謂南越王曰：“越殺王降漢，如反覆手耳。”（曹金華《後漢書稽疑》言李賢注“越”前脱“即”字而致文意相左）【今注】其埶譬若覆手：比喻事情容易。案，其，紹興本、大德本、殿本皆作“兵”，不從。

[12]【李賢注】《前書》魏相上書曰：“救亂誅暴，謂之義兵。兵義者王。敵加於己，不得已而起者，謂之應兵。兵應者勝。争恨小故，不勝憤怒者，謂之忿兵。兵忿者敗。利人土地貨寶者，謂之貪兵。兵貪者破。恃國家之大，矜人庶之衆，欲見威於敵者，

謂之驕兵。兵驕者滅。此非但人事，乃天道也。"

［13］【李賢注】《淮南子》曰："運籌於廟堂之中，決勝乎千里之外。"【今注】廟勝：即廟堂之勝，指朝堂之上戰略決策上的勝利。

［14］【李賢注】《前書》曰，新城三老説高祖曰："順德者昌，逆德者亡。兵出無名，事故不成。"《音義》曰："有名，伐有罪也。"

［15］【今注】案，中華本校勘記言："《校補》引柳從辰説，謂閩本'公'作'今'。"

［16］【李賢注】《史記》范蠡謂句踐曰："天與不取，反受其咎。"【今注】天與不取反受其咎：案，王先謙《後漢書集解》引惠棟言："《太公金匱》文也。"

［17］【今注】持牢：即穩妥之意。

［18］【李賢注】臣與主同者，權在於主也。主與臣同者，權在臣也。黄石者，即張良於下邳圯上所得者，三略也。圯音以之反。【今注】案，底本原無"昌主與臣同者"六字，中華本校勘記云："《集解》引惠棟説，謂《獻帝傳》云'臣與主同者昌，主與臣同者亡'，傳漏'昌主與臣同者'六字。今據補。"今從補。

［19］【李賢注】《淮南子》曰："國不可從外理（'理'底本原作'治'，當爲李賢避唐高宗李治之諱而改），軍不可從中御。"

五年，左將軍劉備殺徐州刺史車胄，據沛以背曹操。[1]操懼，乃自將征備。田豐説紹曰："與公争天下者，曹操也。操今東擊劉備，兵連未可卒解，今舉軍而襲其後，可一往而定。兵以幾動，斯其時也。"紹辭以子疾，未得行。豐舉杖擊地曰："嗟乎，事去矣！夫遭難遇之幾，而以嬰兒病失其會，[2]惜哉！"紹聞而怒之，從此遂疏焉。[3]

[1]【今注】沛：時爲王國。治相縣（今安徽濉溪縣西北）。

[2]【今注】案，病，殿本作“疾”。

[3]【今注】案，王先謙《後漢書集解》引王補言：“沮授、田豐智略與荀彧等，而彧言如石投水，授、豐所謀若柄鑿之不内，此袁、曹成敗所由異也。”

曹操畏紹過河，乃急擊備，遂破之。備奔紹，紹於是進軍攻許。田豐以既失前幾，不宜便行，諫紹曰：“曹操既破劉備，則許下非復空虚。且操善用兵，變化無方，衆雖少，未可輕也。今不如久持之。將軍據山河之固，擁四州之衆，外結英雄，内修農戰，[1]然後簡其精鋭，分爲奇兵，[2]乘虚迭出，[3]以擾河南，救右則擊其左，救左則擊其右，使敵疲於奔命，人不得安業，我未勞而彼已困，不及三年，[4]可坐剋也。今釋廟勝之策而決成敗於一戰，若不如志，悔無及也。”紹不從。豐强諫忤紹，紹以爲沮衆，遂械繫之。乃先宣檄曰：

[1]【今注】農戰：發展農業，操練軍隊。

[2]【李賢注】《孫子兵法》曰：“凡戰者以正合，以奇勝也。”注云：“正者當敵，奇者擊其不備。”

[3]【今注】迭：屢次，多次。

[4]【今注】案，曹金華《後漢書稽疑》言《魏志·袁紹傳》作“不及二年”（第986頁）。

蓋聞明主圖危以制變，忠臣慮難以立權。曩

者强秦弱主，[1]趙高執柄，專制朝命，威福由己，終有望夷之禍，汙辱至今。[2]及臻吕后，禄、産專政，擅斷萬機，決事禁省，下陵上替，海内寒心。於是絳侯、朱虚興威奮怒，誅夷逆暴，尊立太宗，故能道化興隆，光明融顯。此則大臣立權之明表也。[3]

［1］【今注】曩：從前，過去。《爾雅·釋詁下》："曩，久也。"

［2］【李賢注】始皇崩，胡亥立，趙高爲丞相。胡亥夢白虎齧其左驂馬，殺之，心不樂。問占夢，卜涇水爲祟，胡亥乃齋望夷宫。趙高令其壻閻樂逼胡亥使自殺。張華云："望夷之宫在長陵西北長平觀，東臨涇水，作之以望北夷。"事見《史記》。（曹金華《後漢書稽疑》言"張華"當爲"張晏"，注引文字也有出入）

［3］【李賢注】吕后專制，以兄子禄爲趙王、上將軍，産爲梁王、相國，各領南北軍。吕后崩，欲爲亂，絳侯周勃（侯，大德本作"矦"，不從）、朱虚侯劉章等共誅之，立文帝，廟稱太宗。《左傳》閔子馬曰（馬，大德本作"騫"，不從）："下陵上替，能無亂乎？"

司空曹操祖父騰，[1]故中常侍，與左悺、徐璜並作妖孽，饕餮放横，傷化虐人。[2]父嵩，乞匄攜養，[3]因臧買位，[4]輿金輦寶，輸貨權門，竊盜鼎司，傾覆重器。操贅閹遺醜，本無令德，僄狡鋒俠，好亂樂禍。[5]幕府董統鷹揚，埽夷凶逆，[6]續遇董卓侵官暴國，[7]於是提劍揮鼓，發命東夏，[8]廣羅英雄，弃瑕録用，[9]故遂與操參咨策略，謂其鷹犬之才，爪牙可任。至乃愚佻短慮，輕進易退，傷夷折衂，數喪師徒。[10]幕府輒復分兵命鋭，修完補輯，表行東郡太守、兖州刺史，被以虎文，[11]授以偏師，奬就威柄，冀獲秦師一克之報。[12]而遂乘資跋扈，肆行酷烈，割剥元元，殘賢害善。[13]故九江太守邊讓，[14]英才儁逸，以直言正色，論不阿諂，身被梟懸之戮，妻孥受灰滅之咎。[15]自是士林憤痛，人怨天怒，一夫奮臂，舉州同聲，故躬破於徐方，地奪於吕布，[16]彷徨東裔，蹈據無所。幕府惟强幹弱枝之義，且不登畔人之黨，[17]故復援旍擐甲，席卷赴征，金鼓響震，布衆破沮，[18]拯其死亡之患，復其方伯之任。[19]是則幕府無德於兖土，而有大造於操也。[20]

[1]【今注】司空：官名。東漢三公之一，掌工程、祭祀等，地位尊崇。本書《百官志一》："司空，公一人。本注曰：掌水土事。凡營城起邑、浚溝洫、修墳防之事，則議其利，建其功。凡四方水土功課，歲盡則奏其殿最而行賞罰。凡郊祀之事，掌掃除樂器，大喪則掌將校復土。凡國有大造大疑，諫争，與太尉同。世祖即位，爲大司空，建武二十七年，去'大'。" 騰：曹騰，字季興，沛國譙（今安徽亳州市譙城區）人。宦官。傳見本書卷七八。

[2]【李賢注】貪財爲饕，貪食爲餮。悺音烏板反。【今注】左悺：東漢宦官，河南平陰（今河南孟津縣東北）人，因參與誅殺外戚梁冀被封上蔡侯，爲人專横，有"左回天"之稱，生活奢靡，宗族子弟爲禍一方，後被司隸校尉韓演彈劾，自殺。 徐璜：東漢宦官，下邳良城（今江蘇邳州市東）人，因參與誅殺外戚梁冀被封

武原侯，爲人專横，有“徐卧虎”之稱，生活奢靡，宗族子弟爲禍一方，後卒。　妖孽（niè）：妖怪。　饕（tāo）餮（tiè）：貪婪凶惡之人。　放横：横行無忌。

［3］【李賢注】《續漢志》曰：“嵩字巨高（高，大德本作‘嵩’，不從）。靈帝時賣官，嵩以貨得拜大司農、大鴻臚，代崔烈爲太尉。”《魏志》曰：“嵩，騰養子，莫能審其生出本末。”《曹瞞傳》及郭頒《代語》並云嵩（《代語》即晉代郭頒所著《世語》，李賢避李世民之諱而改稱），夏侯氏子，惇之叔父。魏太祖於惇爲從父兄弟也。“匄”亦“乞”也。【今注】嵩：曹嵩，東漢宦官曹騰養子，曹操之父，位至太尉，後避亂於瑯琊郡，爲徐州刺史陶謙所殺。　乞匄（gài）：亦作“乞丐”。　攜養：撫養。

［4］【今注】因臧買位：指曹嵩賄賂宦官並向宫内府庫進獻一億萬，方得以官至太尉。　案，王先謙《後漢書集解》引惠棟言：“買，《陳琳集》作‘假’。”今存録。

［5］【李賢注】《方言》曰：“僄（大德本作‘慓’），輕也。”《魏志》曰：“操少機警有權數，而任俠放蕩，不修行業。”鋒俠言如其鋒之利也。僄音方妙反。或作“剽”，劫財物也，音同。【今注】案，僄，大德本作“慓”。

［6］【李賢注】謂紹誅諸閹人，無少長皆斬之。

［7］【李賢注】《左傳》：“侵官冒也。”【今注】董卓侵官暴國：指董卓專權，危害社稷。

［8］【今注】案，王先謙《後漢書集解》引惠棟言：“東夏即勃海也，紹於勃海起兵。”

［9］【今注】弃瑕録用：不計較其缺點而任用爲官。

［10］【李賢注】《字書》曰：“佻，輕也。”《魏志》曰：“操引兵西，將據成皋，到滎陽汴水，遇卓將徐榮，戰不利，士卒死傷多，操爲流矢所中，所乘馬被創。曹洪以馬與操，得夜遁，又爲吕布所敗。”

［11］【李賢注】《續漢志》曰："虎賁將，冠鶡冠，虎文單衣。襄邑歲獻織成虎文衣。"【今注】虎文：即"虎紋"，虎賁將所穿的虎紋官服。　案，王先謙《後漢書集解》引錢大昕言："《文選》李善注：'謂羊質虎皮也。'此注誤。"今案，前後文俱言國家授以官職、軍隊，非言個人品行，李賢注不誤。本書《輿服志下》載："虎賁將虎文絝，白虎文劍佩刀。虎賁武騎皆鶡冠，虎文單衣。襄邑歲獻織成虎文云。"

［12］【李賢注】秦穆公使孟明視、西乞術、白乙丙伐鄭，晉襄公敗諸殽，執孟明等。文嬴請而舍之，歸於秦。穆公復用孟明伐晉，晉人不敢出，封殽尸而還。事見《左傳》。

［13］【李賢注】《太公金匱》曰："天道無親，常與善人。今海內陸沈於殷久矣，何乃急於元元哉?"【今注】割剥：殘害。元元：平民百姓。

［14］【今注】九江：郡名。時治陰陵縣（今安徽定遠縣西北）。　邊讓：字文禮，陳留浚儀（今河南開封市）人。傳見本書卷八〇下。

［15］【今注】妻孥：妻子，兒女。

［16］【李賢注】《魏志》曰："陶謙爲徐州牧，操初征之，下十餘城。後復征謙，收五城，遂略地至東海。還過郯，會張邈與陳宫畔迎吕布，郡縣皆應。布西屯濮陽而操攻之，布出兵戰，操兵奔，陣亂，馳突火出，墜馬燒左手掌，司馬樓異扶操上馬，遂得引去。"

［17］【李賢注】强幹弱枝，解見《班固傳》。《左傳》宋大夫魚石等以宋彭城畔屬楚，《經》書"宋彭城"，《傳》曰"非宋地，追書也，且不登畔人也"。杜預注曰："登，成也。"【今注】案，本書卷三〇《班固傳》李賢注："《前書音義》曰：'五都謂洛陽、邯鄲、臨淄、宛、成都也。'三選，選三等之人，謂徙吏二千石及高貲富人及豪桀並兼之家於諸陵，蓋以彊幹弱枝，非獨爲奉山

園也。"

［18］【李賢注】《左傳》曰："擐甲執兵。"杜預注曰："擐，貫也。"《前書》楊雄曰："雲徹席卷，後無餘災。"《魏志》曰："操襲定陶未拔，會布至，擊破之。布將薛蘭、李封屯鉅野，操攻之。布救蘭敗，布走。布復與陳宫將萬餘人來戰，操時兵少，設伏縱奇兵擊，大破之。布夜走，東奔劉備。"（王先謙《後漢書集解》引惠棟言："李善云：'紹征吕布，諸史不載，蓋史略也。'棟案：'章懷以爲操破布，失之。'"今案，章懷即李賢。《集解》所言袁紹征討吕布一事，未見其他史書記載，今存録）【今注】旍（jīng）：同"旌"。旗幟。《集韻·清韻》："旌，或作旍。"　擐（huàn）：套，穿。　沮：壞，敗。《集韻·語韻》："沮，敗也。"

［19］【今注】方伯：一方諸侯之長，東漢後期也用來指代地方州郡長官。

［20］【李賢注】《左傳》使吕相絶秦曰："秦師克還無害，則是我有大造於西也。"杜預注曰："造，成也。"【今注】大造：大功勞。案，王先謙《後漢書集解》引惠棟言："李善云：'操圍布於濮陽，爲布所破，投紹，紹哀之，乃給兵五千人，還取兗州，見《謝承書》。'"今存録。

會後鑾駕東反，[1]群虜亂政。時冀州方有北鄙之警，匪遑離局，[2]故使從事中郎徐勳就發遣操，[3]使繕修郊廟，[4]翼衛幼主。而便放志專行，威劫省禁，卑侮王僚，敗法亂紀，坐召三臺，專制朝政，[5]爵賞由心，刑戮在口，所愛光五宗，所怨滅三族，[6]群談者受顯誅，腹議者蒙隱戮，[7]道路以目，百辟鉗口，[8]尚書記期會，公卿充員品而已。[9]

[1]【今注】鑾駕：天子車駕，代指天子。　東反：同“東返”，即從長安返回東方的洛陽。

[2]【李賢注】北鄙之儆謂公孫瓚攻紹也（儆，曹金華《後漢書稽疑》言當爲“警”）。《左傳》曰：“局，部也。”杜預注曰：“遠其部曲爲離局。”【今注】匪遑：没有閑暇，來不及。　離局：離開統帥的部隊。

[3]【今注】從事中郎：官名。大將軍、車騎將軍幕府有設，掌參謀軍事。本書《百官志一》載：“從事中郎二人，六百石。本注曰：職參謀議。”

[4]【今注】郊廟：帝王祭祀天地的郊宫和祭祀祖先的宗廟。

[5]【李賢注】《晉書》曰：“漢官尚書爲中臺，御史爲憲臺，謁者爲外臺，是謂三臺。”

[6]【李賢注】五宗謂上至高祖，下及孫。三族謂父族、母族、妻族。【今注】五宗：曹金華《後漢書稽疑》言“五宗”有兩説：（1）據《白虎通·宗族》有：“小宗有四，大宗有一，凡有五。”（2）李賢注《宦者列傳》“參夷五宗”條言：“五宗，五服内親故也。”（第989頁）　三族：《史記》卷五《秦本紀》載：“法初有三族之罪。”裴駰《集解》：“張晏曰：‘父母、兄弟、妻子也。’如淳曰：‘父族、母族、妻族也。’”關於“三族”的理解，古人注解已有分歧。

[7]【李賢注】大農顔異與張湯有隙，人告異，湯推異與客言詔令下有不便者，異不言，微反脣。湯遂奏，異九卿，見令不便，不入言而腹非，論死，見《前書》。【今注】顯誅：公開處決以彰顯其罪行。　腹議：即腹誹。　隱戮：藉故殺害。

[8]【李賢注】《國語》曰：“厲王虐，國人謗王。邵公告王曰：‘人不堪命矣。’王怒，得衞巫，使監謗，以告則殺之。國人莫敢言，道路以目。”《周書》曰：“賢哲鉗口，小人鼓舌。”何休注《公羊傳》曰：“柑（大德本、殿本作‘鉗’，可從），以木銜

其口也。”“鉗”或作“柑”（柑，大德本、殿本作“拑”），音渠廉反。（注引出自《國語·周語》和《逸周書·芮良夫解》，前者改“民不堪命”之“民”爲“人”，當爲李賢避李世民之諱而改稱）【今注】百辟：泛指百官。　鉗口：閉口不言。

[9]【李賢注】《前書》賈誼曰：“大臣特以簿書不報，期會之閒，以爲大故。”【今注】尚書：官名。原爲皇帝近侍，負責文書傳達等，後權力逐漸上升，東漢光武帝時期，尚書臺成爲政務中樞機構，尚書也成爲擁有實權的官職。本書《百官志三》載：“尚書六人，六百石。本注曰：成帝初置尚書四人，分爲四曹：常侍曹尚書主公卿事；二千石曹尚書主郡國二千石事；民曹尚書主凡吏上書事；客曹尚書主外國夷狄事。世祖承遵，後分二千石曹，又分客曹爲南主客曹、北主客曹，凡六曹。”　期會：約定期限，漢代文書中常用語。　員品：員額品級。

故太尉楊彪，歷典二司，元綱極位。[1]操因睚眥，[2]被以非罪，篣楚并兼，五毒俱至，[3]觸情放慝，[4]不顧憲章。[5]又議郎趙彦，忠諫直言，議有可納，故聖朝含聽，改容加錫。操欲迷奪時明，杜絶言路，擅收立殺，不俟報聞。[6]又梁孝王先帝母弟，墳陵尊顯，松柏桑梓猶宜恭肅。操率將吏士，親臨發掘，破棺裸尸，掠取金寶，至令聖朝流涕，士民傷懷。[7]又署發丘中郎將、摸金校尉，所過毁突，無骸不露。身處三公之官，而行桀虜之態，汙國虐民，毒施人鬼。加其細政苛慘，科防互設，[8]矰繳充蹊，[9]阬穽塞路，[10]舉手挂網羅，動足蹈機埳，是以兖、豫有無聊之人，帝都有呼嗟之怨。[11]

[1]【李賢注】《續漢書》曰："彪代董卓爲司空，又代黄琬爲司徒。時袁術僭亂，操託彪與術婚姻，誣以欲圖廢置，奏收下獄，劾以大逆。"【今注】太尉楊彪歷典二司：楊彪，字文先，弘農華陰（今陝西華陰市東）人。傳見本書卷五四。案，曹金華《後漢書稽疑》言當爲"三司"，楊彪先爲司空，又爲司徒，後爲太尉（第989頁）。

[2]【今注】案，眥，大德本、殿本作"眦"。二字通用。

[3]【李賢注】《獻帝春秋》曰："收彪下獄考實，遂以策罷。"【今注】篣：通"搒"，笞打，刑罰的一種。《集韻·庚韻》："搒，笞擊也。通作篣。" 楚：即楚毒，泛指酷刑。 五毒：五種酷刑，即鞭、箠、灼、徽、纆。

[4]【今注】放慝：放縱邪惡。

[5]【今注】憲章：國家法度。

[6]【今注】俟：等待。《玉篇·人部》："俟，候也。" 報：判決。《説文·㚔部》："報，當罪人也。"

[7]【李賢注】《前書》曰，孝文皇帝竇皇后生孝景帝、梁孝王武。【今注】案，王先謙《後漢書集解》引惠棟言："《曹瞞傳》云：'操别入碭，發梁孝王冢，破棺，收金寶數萬斤，天子聞之哀泣。'"

[8]【今注】科：法律的一種。 防：禁令。

[9]【今注】矰繳（zhuó）：本指繫有絲綫、用來射鳥的短箭，此比喻暗算人的手段。 蹊（xī）：道路。《廣雅·釋室》："蹊，道也。"

[10]【今注】阬穽：陷阱。

[11]【李賢注】《管子》曰："天下無道，人在爵位者皆不自聊生。"

歷觀古今書籍所載，貪殘虐烈無道之臣，於

操爲甚。莫府方詰外姦，未及整訓，加意含覆，[1]冀可彌縫。[2]而操豺狼野心，潛包禍謀，[3]乃欲橈折棟梁，孤弱漢室，[4]除忠害善，專爲梟雄。往歲伐鼓北征，討公孫瓚，强禦桀逆，拒圍一年。操因其未破，陰交書命，欲託助王師，以見掩襲，[5]故引兵造河，方舟北濟。會行人發露，瓚亦梟夷，故使鋒芒挫縮，厥圖不果。屯據敖倉，阻河爲固，[6]乃欲運螳蜋之斧，禦隆車之隧。[7]莫府奉漢威靈，折衝宇宙，長戟百萬，胡騎千群，奮中黄、育、獲之士，[8]騁良弓勁弩之埶，[9]并州越太行，[10]青州涉濟、漯，[11]大軍汎黄河以角其前，荆州下宛、葉而掎其後。[12]雷震虎步，並集虜廷，若舉炎火以焚飛蓬，[13]覆滄海而注熛炭，[14]有何不消滅者哉？

[1]【今注】含覆：包容庇護。

[2]【李賢注】《左傳》曰："彌縫敝邑。"杜預注曰："彌縫猶補合。"【今注】彌縫：縫合，補救。

[3]【李賢注】《左傳》曰，楚司馬子良生子越椒，令尹子文曰："必殺之。是子也，熊虎之狀而豺狼之聲，弗殺必滅若敖氏。諺曰'狼子野心'，是乃狼也，其可畜乎！"

[4]【李賢注】《周易》"棟橈之凶，不可有以輔"也。（曹金華《後漢書稽疑》言《周易·大過》作"棟橈之凶，不可以有輔也"）【今注】橈（náo）折：摧折。

[5]【今注】掩襲：偷襲。

[6]【李賢注】《獻帝春秋》曰："操引軍造河，託言助紹，

實圖襲鄴，以爲瓚援。會瓚破滅，紹亦覺之，以軍退，屯于敖倉（于，大德本、殿本作'守'）。"【今注】敖倉：倉名。故址在今河南滎陽市東北敖山，是秦漢時期的重要糧倉。

［7］【李賢注】《韓詩外傳》曰："齊莊公獵，有螳蜋舉足將持其輪，問其御曰：'此何蟲？'對曰：'此螳蜋也。此蟲知進而不知退，不量其力而輕就敵。'公曰：'此爲天下勇士矣。'迴車避之，勇士歸焉。"亦見《淮南子》。又《莊子》曰："螳蜋怒臂以當車轍，不知其不勝任也。"隧，道也。

［8］【李賢注】《尸子》曰："黄伯曰：'我左執太行之獶，右執彫虎，唯象未試。'"《史記》范雎説秦昭王"烏獲、任鄙之力，慶忌、夏育之勇"也。

［9］【李賢注】《文子》曰："狡兔得而獵犬烹，高鳥盡而良弓藏。"《史記》蘇秦説韓王曰："天下之强弓勁弩，皆從韓出。"

［10］【李賢注】紹甥高幹爲并州刺史，故言越太行山而來助。

［11］【李賢注】紹長子譚爲青州刺史。濟，漯，二水名，在今齊州界。漯音他合反。

［12］【李賢注】賈逵注《國語》曰："從後牽曰掎。"音居蟻反。《左傳》曰"晉人角之，諸戎掎之"是也。荆州謂劉表也。與紹交，故云下宛、葉。【今注】宛：縣名。治所在今河南南陽市卧龍區。　葉：縣名。治所在今河南葉縣西南。　掎：牽制。

［13］【李賢注】《楚詞》曰："離憂患而乃寤，若縱火於秋蓬。"【今注】飛蓬：飄蕩無定的蓬草。

［14］【李賢注】《黄石公三略》曰："夫以義而討不義，若決河而沈熒火，其剋必也。"【今注】案，曹金華《後漢書稽疑》言《文選》卷四四、《魏志·袁紹傳》注引《魏氏春秋》"注"皆作"沃"（第990頁）。　熛（biāo）炭：燃燒着的火炭。

當今漢道陵遲，綱弛網絶，操以精兵七百，圍守宫闕，外稱陪衛，内以拘質，懼篡逆之禍，因斯而作。乃忠臣肝腦塗地之秋，烈士立功之會也。可不勗哉！[1]

［1］【李賢注】據《陳琳集》，此檄陳琳之詞也。《魏志》曰：“琳字孔璋，廣陵人，避難冀州，袁紹使典文章。紹敗，歸太祖。太祖謂曰：‘卿昔爲本初移書，但可罪狀孤而已，惡惡止其身，何乃上及父祖邪？’琳謝罪。太祖愛其才而不咎也。”流俗本此下有“陳琳之辭”者，非也。【今注】案，腦，大德本、殿本作“膽”。勗：同“勖”，勉勵。《玉篇·力部》：“勗，勉也。”

乃先遣顔良攻曹操别將劉延於白馬，[1]紹自引兵至黎陽。沮授臨行，會其宗族，散資財以與之。曰：“埶存則威無不加，埶亡則不保一身。哀哉！”其弟宗曰：“曹操士馬不敵，君何懼焉？”[2]授曰：“以曹兗州之明略，又挾天子以爲資，我雖剋伯珪，[3]衆實疲敝，而主驕將忲，[4]軍之破敗，在此舉矣。楊雄有言：‘六國蚩蚩，爲嬴弱姬。’今之謂乎！”[5]曹操遂救劉延，擊顔良斬之。[6]紹乃度河，壁延津南。[7]沮授臨船歎曰：“上盈其志，下務其功，悠悠黄河，吾其濟乎！”[8]遂以疾退，紹不許而意恨之，復省其所部，并屬郭圖。

［1］【李賢注】白馬，縣，屬東郡，今滑州縣也，故城在今縣東。【今注】白馬：縣名。治所在今河南滑縣東。

［2］【今注】案，王先謙《後漢書集解》引惠棟言：“魏武帝

《軍策令》云：‘袁本初鎧馬萬領，吾大鎧二十領；本初馬鎧三百具，吾不能有十具。’故云‘不敵’也。”

［3］【今注】伯珪：公孫瓚字伯珪。

［4］【今注】忲：奢侈。《集韻·夳韻》：“忲，奢也。”

［5］【李賢注】《法言》之文也。嬴，秦姓也。姬，周姓。《方言》：“蚩，悖也。”六國悖惑，侵弱周室，終爲秦所併也。【今注】案，“六國蚩蚩，爲嬴弱姬”，出自《法言·重黎》。蚩蚩，形容惑亂、紛擾的樣子。

［6］【李賢注】《蜀志》曰：“曹公使張遼及關羽爲先鋒，羽望見良麾蓋，策馬刺良萬衆之中，斬其首還，諸將莫能當，遂解白馬圍。”

［7］【李賢注】酈元《水經注》曰：“漢孝文時河決酸棗，東潰金堤，大發卒塞之，武帝作瓠子之歌，皆謂此口也。”又東北謂之延津。杜預注《左傳》：“陳留酸棗縣北有延津。”【今注】紹乃度河壁延津南：壁，本指營壘，也指築營壘，駐守之意。延津，津渡名。古代黃河流經今河南延津縣西北至滑縣以北的一段有諸多渡口，總稱延津。案，《三國志》卷六《魏書·袁紹傳》裴松之注引《獻帝傳》言：“紹將濟河，沮授諫曰：‘勝負變化，不可不詳。今宜留屯延津，分兵官渡，若其克獲，還迎不晚，設其有難，衆弗可還。’紹弗從。”

［8］【今注】案，王先謙《後漢書集解》引惠棟言：“言不反也。”曹金華《後漢書稽疑》言《後漢紀》卷二九引作“悠悠黃河，吾其反乎？”《魏志·袁紹傳》注引《獻帝紀》作“悠悠黃河，吾其不反乎！”（第990頁）文字略異，今存録。

紹使劉備、文醜挑戰，曹操又擊破之，斬文醜。再戰而禽二將，紹軍中大震。操還屯官度，［1］紹進保陽武。［2］沮授又説紹曰：“北兵雖衆，而勁果不及南軍；［3］

南軍穀少，而資儲不如北。南幸於急戰，北利在緩師。宜徐持久，曠以日月。”紹不從。連營稍前，漸逼官度，遂合戰。操軍不利，[4]復還堅壁。紹爲高櫓，起土山，射營中，[5]營中皆蒙楯而行。[6]操乃發石車擊紹樓，皆破，軍中呼曰“霹靂車”。[7]紹爲地道欲襲操，操輒於内爲長塹以拒之。[8]又遣奇兵襲紹運車，大破之，盡焚其穀食。

［1］【李賢注】官度在今鄭州中牟縣北。酈元《水經》云：“莨蕩渠經曹公壘北，有高臺謂之官度臺，在中牟城北，俗謂之中牟臺。”【今注】官度：即官渡。故址在今河南中牟縣東北。

［2］【李賢注】陽武，今鄭州縣。【今注】陽武：縣名。治所在今河南原陽縣東南。

［3］【今注】勁果：剛毅果敢。

［4］【李賢注】《魏志》曰：“連營稍進，前依沙塠（塠，大德本作‘堤’），東西數十里爲屯（數，殿本作‘四’）。操亦分營與相當。”

［5］【李賢注】《釋名》曰：“樓櫓者，露上無覆屋也。”今官度臺北土山猶在，臺之東，紹舊營遺基並存焉。【今注】櫓：古代軍中用於瞭望、防禦和攻城的高臺。《玉篇·木部》：“櫓，城上守禦望樓。”

［6］【李賢注】楯，今之旁排也。楊雄《羽獵賦》曰（楊，殿本作“揚”，《漢書》本傳作“揚”）：“蒙楯負羽。”《獻帝春秋》曰：“紹令軍中各持三尺繩，曹操誠禽，但當縛之。”（王先謙《後漢書集解》引劉攽言：“注‘誠’，案文當作‘成’。”今案，“成禽”表示被捉，後文已有此用法。“誠”可表假設，相當於“如果”“果真”之意，於文意亦通。未知孰是，今存録）

［7］【李賢注】以其發石聲震烈，呼爲霹靂，即今之抛車也。抛音普孝反。

［8］【今注】塹（qiàn）：壕溝。

相持百餘日，河南人疲困，多畔應紹。紹遣淳于瓊等將兵萬餘人北迎粮運。沮授説紹可遣蔣奇别爲支軍於表，以絶曹操之鈔。[1]紹不從。許攸進曰："曹操兵少而悉師拒我，許下餘守埶必空弱。若分遣輕軍，[2]星行掩襲，許拔則操成禽。如其未潰，可令首尾奔命，破之必也。"紹又不能用。會攸家犯法，審配收繫之，攸不得志，遂奔曹操，[3]而説使襲取淳于瓊等，[4]瓊等時宿在烏巢，[5]去紹軍四十里。操自將步騎五千人，夜往攻破瓊等，悉斬之。[6]

［1］【李賢注】以支軍爲瓊等表援。【今注】表：外，在外作爲支援。　鈔：同"抄"，偷襲。《廣韻·效韻》："抄，略取也。鈔，抄同。"

［2］【今注】輕軍：輕裝疾行部隊。

［3］【今注】案，曹金華《後漢書稽疑》言《魏志·武帝紀》作"紹謀臣許攸貪財，紹不能足，來奔"（第991頁），與此不同，今存録。

［4］【今注】案，殿本無"瓊等"二字。

［5］【李賢注】烏巢，地名，在滑州酸棗城東。【今注】烏巢：古戰場地名。泛指烏巢澤及其周圍地區。在今河南封丘縣西北。

［6］【李賢注】《曹瞞傳》曰："公聞許攸來，跣出迎之。攸勸公襲瓊等，公大喜，乃選精鋭步騎，皆執袁軍旗幟，銜枚縛馬

口，夜從閒道出，人把束薪。所歷道問者，語之曰：'袁公恐曹操鈔掠後軍，還兵以益備。'問者信以爲然。既至，圍屯，大放火，營中驚亂，大破之，盡燔其粮穀寶貨，斬督將眭元進等，割得將軍淳于仲簡鼻，殺士卒千餘人，皆取鼻，牛馬割唇舌，以示紹軍。將士皆惶懼。"

初，紹聞操擊瓊，謂長子譚曰："就操破瓊，吾拔其營，彼固無所歸矣。"乃使高覽、張郃等攻操營，不下。[1]二將聞瓊等敗，遂奔操。於是紹軍驚擾，大潰。紹與譚等幅巾乘馬，[2]與八百騎度河，至黎陽北岸，入其將軍蔣義渠營。至帳下，把其手曰："孤以首領相付矣。"義渠避帳而處之。使宣令焉。衆聞紹在，稍復集。餘衆僞降，曹操盡阬之，前後所殺八萬人。

[1]【李賢注】《魏志》曰："張郃字儁文，河閒鄚人也。郃説紹曰：'曹公精兵往，必破瓊等，則事去矣。'郭圖曰：'郃計非也，不如攻其本營。'郃曰：'曹公營固，攻之必不拔。若瓊等見禽，吾屬盡爲虜矣。'紹但遣輕騎救瓊，而以重兵攻太祖營，不能下。太祖果破瓊等。紹軍潰，圖慙，又更譖郃快軍敗，郃懼，歸太祖。"（案，《三國志》卷一七本傳言"張郃字儁乂"，"曹公兵精，往必破瓊等；瓊等破，則將軍事去矣，宜急引兵救之"，與注引略異）

[2]【今注】幅巾乘馬：言其逃亡匆忙，没來得及穿戴頭盔。幅巾，古代男子用來束髮的絹。

沮授爲操軍所執，乃大呼曰："授不降也，爲所執耳。"操見授謂曰："分野殊異，[1]遂用圮絶，[2]不圖今日乃相得也。”授對曰：“冀州失策，自取奔北。授知力俱困，宜其見禽。”操曰：“本初無謀，不相用計。今喪亂過紀，國家未定，[3]方當與君圖之。”授曰：“叔父、母、弟懸命袁氏，若蒙公靈，速死爲福。”操歎曰：“孤早相得，天下不足慮也。”遂赦而厚遇焉。授尋謀歸袁氏，乃誅之。

[1]【今注】分野：指與星次相對應的地域。古人以十二星次的位置劃分地面上州、國的位置，並與之相對應。

[2]【今注】圮（pǐ）絶：往來斷絶。

[3]【李賢注】十二年曰紀。

紹外寬雅有局度，憂喜不形於色，而性矜愎自高，[1]短於從善，故至於敗。及軍還，或謂田豐曰：“君必見重。”豐曰：“公貌寬而内忌，不亮吾忠，而吾數以至言迕之。若勝而喜，必能赦我，戰敗而怨，内忌將發。若軍出有利，當蒙全耳，今既敗矣，吾不望生。”紹還，曰：“吾不用田豐言，果爲所笑。”遂殺之。[2]

[1]【李賢注】愎音平逼反。【今注】矜愎：傲慢，固執。

[2]【李賢注】《先賢行狀》曰：“紹謂逢紀曰：‘冀州人聞吾軍敗，皆當念吾；唯田别駕前諫止吾，與衆不同，吾亦慙之。’紀復曰：‘豐聞將軍之退，拍手大笑，喜其言之中也。’紹於是有害豐之意。初，太祖聞豐不從戎，喜曰：‘紹必敗矣。’及紹奔遁，復曰：‘向使紹用其别駕計，尚未可知也。’”

官度之敗，審配二子爲曹操所禽。孟岱與配有隙，[1]因蔣奇言於紹曰："配在位專政，族大兵强，且二子在南，必懷反畔。"郭圖、辛評亦爲然。紹遂以岱爲監軍，代配守鄴。護軍逢紀與配不睦，[2]紹以問之，紀對曰："配天性烈直，每所言行，慕古人之節，不以二子在南爲不義也，公勿疑之。"紹曰："君不惡之邪？"紀曰："先所争者私情，今所陳者國事。"紹曰"善"。乃不廢配，配由是更協。[3]

[1]【今注】隙：怨恨。《正字通·阜部》："隙，怨也，嫌恨也。"

[2]【李賢注】《英雄記》曰："審配任用，與紀不睦，辛評、郭圖皆比於譚。"評，辛毗兄也。見《魏志》。

[3]【今注】協：順服。《爾雅·釋詁上》："協，服也。"邢昺疏："協者，和合而服也。"

冀州城邑多畔，紹復擊定之。自軍敗後發病，七年夏，薨。[1]未及定嗣，逢紀、審配宿以驕侈爲譚所病，辛評、郭圖皆比於譚而與配、紀有隙。[2]衆以譚長，欲立之。配等恐譚立而評等爲害，遂矯紹遺命，奉尚爲嗣。

[1]【李賢注】《魏志》曰："紹自軍破後，發病歐血死。"《獻帝春秋》曰："紹爲人政寬，百姓德之。河北士女莫不傷怨，市巷揮淚，如或喪親。"《典論》曰："袁紹妻劉氏性酷妒，紹死，僵尸未殯，寵妾五人盡殺之，爲死者有知（曹金華《後漢書稽

疑》引《魏志·袁紹傳》言注文“爲死者有知”前脱“以”字)，當復見紹於地下，乃髡頭墨面，以毁其形。尚又爲盡殺死者之家。”【今注】案，王先謙《後漢書集解》引王補言：“《袁紀》：‘夏五月庚戌，袁紹發病死。’”

［2］【今注】比：親近。《玉篇·比部》：“比，近也，親也。”

後漢書　卷七四下

列傳第六十四下

袁紹 子譚　劉表

譚自稱車騎將軍，出軍黎陽。[1]尚少與其兵，而使逢紀隨之。[2]譚求益兵，審配等又議不與。[3]譚怒，殺逢紀。

[1]【今注】黎陽：縣名。治所在今河南浚縣東。東漢光武帝曾在此設置黎陽營，爲軍事重鎮。

[2]【今注】逢紀：或作“逄紀”，字元圖，東漢袁紹謀士，曾協助袁紹奪取青、冀、幽、并四州，袁紹死後立少子袁尚爲嗣，後爲袁紹長子袁譚所殺。

[3]【今注】審配：字正南，魏郡（今河北臨漳縣西南）人。袁紹謀臣。後被曹操所俘，拒不投降而被處斬。

曹操度河攻譚，譚告急於尚，尚乃留審配守鄴，[1]自將助譚，與操相拒於黎陽。自九月至明年二月，大戰城下，[2]譚、尚敗退。操將圍之，乃夜遁還鄴。操進軍，尚逆擊破操，[3]操軍還許，譚謂尚曰：“我鎧甲不精，故前爲曹操所敗。今操軍退，人懷歸志，及其未濟，出兵掩之，可令大潰，此策不可失也。”尚疑而不許，既不益兵，又不易甲。[4]譚大怒，郭圖、辛評因此謂譚曰：“使先公出將軍爲兄後者，皆是審配之所搆也。”[5]譚然之。遂引兵攻尚，戰於外門。[6]譚敗，乃引兵還南皮。[7]

［1］【今注】尚乃留審配守鄴：鄴，縣名。魏郡郡治，治所在今河北臨漳縣西南。案，王先謙《後漢書集解》引惠棟言：“《魏志》云：‘尚慾分兵益譚，恐譚遂奪其衆，乃使配守鄴也。’”

［2］【李賢注】郭緣生《述征記》曰：“黎陽城西袁譚城，城南又有一城，是曹公攻譚之所築。”【今注】案，中華本校勘記引沈家本言，據《魏志·武帝紀》曹操破譚、尚在三月。

［3］【今注】案，王先謙《後漢書集解》引《資治通鑑》胡三省注言：“此諸葛孔明所謂逼於黎陽時也。必有破操軍事，魏人諱而不書耳。”

［4］【今注】案，易，大德本作“益”，可從。

［5］【今注】搆：同“構”。構陷，離間。

［6］【李賢注】鄴郭之門。【今注】外門：外城門。

［7］【李賢注】南皮，今滄州縣也。章武有北皮亭，故此曰南皮。【今注】南皮：縣名。渤海郡治，治所在今河北南皮縣北。

别駕王脩率吏人自青州往救譚，[1]譚還欲更攻尚，問脩曰：“計將安出？”脩曰：“兄弟者，左右手也。譬人將鬬而斷其右手，曰‘我必勝若’，如是者可乎？夫弃兄弟而不親，天下其誰親之？屬有讒人交鬬其閒，以求一朝之利，願塞耳勿聽也。若斬佞臣數人，復相親睦，以御四方，可横行於天下。”譚不從。尚復自將攻譚，譚戰大敗，嬰城固守。[2]尚圍之急，譚奔平原，[3]而遣潁川辛毗詣曹操請救。[4]

[1]【今注】别駕：官名。即别駕從事，州所置，秩百石。本書《百官志四》載：“别駕從事，校尉行部則奉引，録衆事。” 王脩：字叔治，北海營陵（今山東昌樂縣東南）人。傳見《三國志》卷一一。

[2]【李賢注】《前書》蒯通曰：“必將嬰城固守。”《音義》曰：“嬰謂以城自繞也。”【今注】嬰城固守：環城防守。

[3]【今注】平原：時爲王國，治平原縣（今山東平原縣南）。

[4]【李賢注】《魏志》曰：“辛毗，潁川陽翟人也。譚使毗詣太祖求和，毗見太祖致譚意。太祖悦，謂毗曰：‘譚可信，尚必可克不？’毗對曰：‘明公無問信與詐也，直言當論其執耳。袁氏本兄弟相伐，非謂他人能閒其閒，乃謂天下可定於己也。一旦求救於明公（曹金華《後漢書稽疑》言“一旦”前有“今”字），此可知也。’”【今注】潁川：郡名。治陽翟縣（今河南禹州市）。辛毗：字佐治，潁川陽翟（今河南禹州市）人。傳見《三國志》卷二五。 詣：前往。《玉篇·言部》：“詣，往也，到也。”

劉表以書諫譚曰：

天降災害，禍難殷流，初交殊族，卒成同盟，使王室震蕩，彝倫攸斁。[1]是以智達之士，莫不痛心入骨，傷時人不能相忍也。然孤與大公，志同願等，[2]雖楚魏絶邈，山河迥遠，[3]戮力乃心，共奬王室，[4]使非族不干吾盟，異類不絶吾好，此孤與太公無貳之所致也。功績未卒，太公殂隕，賢胤承統，以繼洪業。宣奕世之德，履丕顯之祚，[5]摧嚴敵於鄴都，揚休烈於朔土，顧定疆宇，虎視河外，凡我同盟，莫不景附。何悟青蠅飛於竿旌，無忌游於二壘，[6]使股肱分成二體，[7]匈膂絶爲異身。初聞此問，尚謂不然，定聞信來，乃知閼伯、實沈之忿已成，弃親即讎之計已決，[8]旃旆交於中原，[9]暴尸累於城下。聞之哽咽，若存若亡。昔三王、五伯，[10]下及戰國，君臣相弑，父子相殺，兄弟相殘，親戚相滅，蓋時有之。然或欲以成王業，[11]或欲以定霸功，[12]皆所謂逆取順守，[13]而徼富强於一世也。[14]未有弃親即異，兀其根本，[15]而能全於長世者也。[16]

［1］【李賢注】《左傳》曰："震蕩播越。"《書》曰："彝倫攸斁。"彝，常也。倫，理也。攸，所也。斁，敗也。【今注】震蕩：動蕩不安，流離遷徙。　彝倫：倫常。　斁（dù）：敗壞。

［2］【李賢注】言大公者尊之（大，紹興本、殿本皆作"太"，可從），謂紹也。【今注】案，大，紹興本、殿本皆作"太"，可從。

［3］【李賢注】楚，荆州也。魏，冀州也。【今注】絶：隔絶，距離遠。　邈：遠。《廣雅·釋詁一》："邈，遠也。"　迥遠：遥遠。

［4］【李賢注】《左傳》曰："同好惡，奬王室。"杜預曰："奬，助也。"【今注】奬：輔助。

［5］【李賢注】奕，重也，《國語》曰"奕代載德"。【今注】奕世之德：累世的德行。　丕顯：光大且顯明。　祚：福運。《説

文新附·示部》:“祚，福也。” 案，《國語·周語》載:“奕世載德。”李賢避李世民之諱改“世”爲“代”。

[6]【李賢注】《詩·小雅》曰:“營營青蠅，止於榛。讒人罔極（罔，紹興本、大德本、殿本皆作“罔”，可從），搆我二人。”《史記》，費無忌得寵於楚平王，爲太子建少傅，無寵於太子，日夜讒太子於王，欲誅太子。太子亡奔宋。《左傳》作“無極”。竿旌、二壘者，謂譚、尚也。【今注】青蠅：蒼蠅的一種，後多比喻進讒言的小人。

[7]【今注】股肱（gōng）：輔佐帝王的得力大臣。

[8]【李賢注】《左傳》子産曰:“高辛氏有二子，伯曰閼伯，季曰實沈，居於曠林，不相能也，日尋干戈，以相征討。”【今注】讎：同“仇”。仇恨。

[9]【今注】旃（zhān）旆（pèi）：泛指旗幟，引申爲軍隊、戰爭。

[10]【今注】三王：即夏禹、商湯和周文王。 五伯：即春秋五霸。

[11]【李賢注】若周公誅管、蔡之類（若，殿本作“昔”，不從）。

[12]【李賢注】若齊桓公殺子糾也。

[13]【今注】逆取順守：以武力奪取政權，以文治守住政權。

[14]【今注】徼（yāo）：同“邀”。謀求。《玉篇·彳部》:“徼，要也，求也。”

[15]【今注】兀：動摇。

[16]【今注】案，中華本校勘記言:“《校補》謂‘於’字誤，當作‘族’。按:《魏志》注引《魏氏春秋》作‘而能崇業濟功，垂祚後世者也’。”

昔齊襄公報九世之讎，[1]士匄卒荀偃之事，是故《春秋》美其義，君子稱其信。夫伯游之恨於齊，未若太公之忿於曹也；宣子之臣承業，未若仁君之繼統也。[2]且君子違難不適讎國，交絕不出惡聲，[3]況忘先人之讎，弃親戚之好，而爲萬世之戒，遺同盟之恥哉！蠻夷戎狄將有誚讓之言，[4]況我族類，而不痛心邪！

［1］【李賢注】《公羊傳》曰："紀侯大去其國。大去者何？滅之也。孰滅之也？齊滅之。曷爲不言齊滅之？爲襄公諱也。《春秋》爲賢者諱。何賢於襄公？復讎也。何讎爾？遠祖也。哀公亨於周，紀侯譖之。遠祖者幾代？九代矣。"（李賢避李世民之諱改"世"爲"代"）《史記》曰，紀侯譖齊哀公於周，周夷王亨哀公。其弟静立（静，大德本、殿本作"靖"，不從），是爲胡公。弟獻公立，子武公立，子厲公立，子文公立，子成公立，子莊公立，子釐公立，子襄公八年，紀遷去其邑，是爲九代也。

［2］【李賢注】荀偃，晉大夫也。《左傳》曰，荀偃將中軍，士匄佐之，伐齊。濟河，病目出，及卒，而視不可唅。欒盈曰："其爲未卒事於齊故也？"士匄撫之曰："主苟終，所不嗣事於齊有如河！"乃瞑受含。伯游，荀偃字也。宣子即士匄也，士燮之子，士會之孫。【今注】卒：完成。

［3］【李賢注】《左傳》曰，公山不狃曰："君子違難不適讎國。"杜預曰："違，奔亡也。"《史記》樂毅遺燕惠王書曰："臣聞古之君子，交絶不出惡聲。"【今注】違難：避難。　適：往，至。《爾雅·釋詁上》："適，往也。"　交絕：絕交，斷絕往來。

［4］【今注】誚（qiào）讓：責問，怪罪。

夫欲立竹帛於當時，[1]全宗祀於一世，[2]豈宜同生分謗，争校得失乎？若冀州有不弟之慠，[3]無慙順之節，[4]仁君當降志辱身，以濟事爲務。事定之後，使天下平其曲直，不亦爲高義邪？今仁君見憎於夫人，未若鄭莊之於姜氏；昆弟之嫌，未若重華之於象敖。然莊公卒崇大隧之樂，象敖終受有鼻之封。願捐弃百痾，追攝舊義，復爲母子昆弟如初。[5]今整勒士馬，瞻望鵠立。[6]

[1]【今注】竹帛：本指竹簡和絹帛，秦漢三國時期曾是主要的書寫材料，多指史書，此代指載於史册的功名。

[2]【今注】宗祀：廟祭，爲祭祀的通稱。

[3]【李賢注】《左傳》曰："段不弟，故不言弟。"【今注】不弟：即不悌，對兄長或長輩不恭順。　慠（ào）：同"傲"。倨傲。

[4]【今注】慙順：知道慚愧而順從。

[5]【李賢注】鄭武公娶於申，曰武姜，生莊公及叔段。莊公寤生，驚姜氏，遂惡之，愛叔段，欲立之，武公弗許。及莊公立，姜氏爲請京，使居之。段繕甲兵，將襲鄭，夫人將啓之。莊公遂寘姜氏于城潁，而誓之曰："不及黄泉，無相見也。"既而悔之。潁考叔曰："君何患焉？若闕地及泉，隧而相見，其誰曰不然！"從之。公入而賦："大隧之中，其樂也融融。"姜出而賦："大隧之外，其樂也洩洩。"遂爲母子如初。事見《左傳》。《史記》曰，舜名重華。父瞽叟盲而舜母死，瞽叟更娶妻，生象。瞽叟愛後妻子，常欲殺舜。舜踐帝位，封弟象爲諸侯。《孟子》曰："象至不仁，封諸有鼻。仁人之於其弟也，不藏怒焉，不宿怨焉，親愛之而已矣。"鼻國在永州營道縣北，今猶謂之鼻亭。【今注】案，王先謙《後漢書集解》引惠棟言："邱光庭云：'案《虞書》，

傲是不恭之稱，非兩字名。'楝案：'傲不必象名，而可兼稱也。'"曹金華《後漢書稽疑》言"象敖"非人名，"象"爲舜弟，"敖"爲"驕者"（第996—997頁）。　痾（kē）：宿怨，舊仇。

［6］【今注】瞻望：展望。　鵠（hú）立：像鵠一樣引頸而立，形容盼望等待的樣子。

又與尚書諫之，並不從。[1]

［1］【李賢注】《魏氏春秋》載表遺尚書曰："知變起辛、郭，禍結同生，追閼伯、實沈之蹤，忘《常棣》死喪之義，親尋干戈，僵尸流血，聞之哽咽，若存若亡。昔軒轅有涿鹿之戰，周公有商、奄之師，皆所以翦除穢害而定王業，非强弱之争，喜怒之忿也。故雖滅親不尤，誅兄不傷。今二君初承洪業，纂繼前軌，進有國家傾危之慮，退有先公遺恨之負。當唯曹是務，唯國是康。何者？金木水火剛柔相濟，然後剋得其和，能爲人用。今青州天性峭急，迷於曲直。仁君度數弘廣，綽然有餘，當以大苞小，以優容劣，先除曹操，以平先公之恨，事定之後，乃議曲直之評，不亦善乎！若留神遠圖，剋己復禮，當振旅長驅，共獎王室。若迷而不返，遵而無改，則胡夷將有誚讓之言，况我同盟，復能勠力仁君之役哉！此韓盧、東郭自困於前，而遺田父之獲者也。憤躍鶴望，冀聞和同之聲。若其泰也，則袁族其與漢升降乎！如其否也，則同盟永無望矣。"表二書並見《王粲集》。（曹金華《後漢書稽疑》言《魏志·袁紹傳》注引《魏氏春秋》等皆作"以卒先公之恨"，"復能戮力爲君之役"）

曹操遂還救譚，十月至黎陽。尚聞操度河，乃釋平原還鄴。尚將吕曠、高翔畔歸曹氏，[1]譚復陰刻將軍印，以假曠、翔。[2]操知譚詐，乃以子整娉譚女以安之，[3]而引軍還。

[1]【今注】案，曹金華《後漢書稽疑》言《魏志·武帝紀》等作“吕翔”，另據《蜀志·諸葛亮傳》注引《漢晉春秋》等有蜀將“高翔”，非同一人（第997頁）。 畔：通“叛”，反叛。

[2]【今注】假：給予，授予。

[3]【李賢注】《魏志》曰，整建安二十二年封郿侯，二十三年薨，無子。黄初二年，追進爵，謚曰戴公。【今注】娉：娶。《玉篇·女部》：“娉，娶也。”

九年三月，尚使審配守鄴，[1]復攻譚於平原。配獻書於譚曰：“配聞良藥苦口而利於病，忠言逆耳而便於行。[2]願將軍緩心抑怒，終省愚辭。蓋《春秋》之義，國君死社稷，忠臣死君命。[3]苟圖危宗廟，剥亂國家，親疎一也。[4]是以周公垂涕以斃管、蔡之獄，[5]季友歔欷而行叔牙之誅。[6]何則？義重人輕，事不獲已故也。[7]昔先公廢黜將軍以續賢兄，立我將軍以爲嫡嗣，上告祖靈，下書譜牒，[8]海内遠近，誰不備聞！何意凶臣郭圖，妄畫蛇足，[9]曲辭諂媚，交亂懿親。[10]至令將軍忘孝友之仁，襲閼、沈之迹，放兵鈔突，[11]屠城殺吏，冤魂痛於幽冥，創痍被於草棘。[12]又乃圖獲鄴城，許賞賜秦胡，[13]其財物婦女，豫有分數。又云：‘孤雖有老母，趣使身體完具而已。’聞此言者，莫不悼心揮涕，使太夫人憂哀憤隔，[14]我州君臣監寐悲歎。[15]誠拱默以聽執事之圖，[16]則懼違《春秋》死命之節，詒大夫人不測之患，損先公不世之業。我將軍辭不獲命，以及館陶之役。[17]伏惟將軍至孝蒸蒸，發於岐嶷，[18]友于之性，生於自然，章之以聰明，行之以敏達，覽古今之舉措，覩興敗之徵符，[19]輕榮財於糞土，貴名高於丘岳。[20]何意奄然迷沈，[21]墮賢哲之操，[22]積怨肆忿，取破家之禍！翹企延頸，待望讎敵，委慈親於虎狼之牙，以逞一朝之志，豈不痛哉！若乃天啓尊心，革圖易慮，則我將軍匍匐悲號於將軍股掌之上，配等亦當敷躬布體以聽斧鑕之刑。如又不悛，[23]禍將及之。願熟詳吉凶，以賜環玦。"[24]譚不納。[25]

[1]【今注】案，王先謙《後漢書集解》引惠棟言："《魏志》云：'使審配、蘇由守鄴。'"今存録。

[2]【李賢注】《孔子家語》曰："忠言逆耳而利於行。"【今注】案，《孔子家語·六本》載："良藥苦於口而利於病，忠言逆於耳而利於行。"

[3]【李賢注】《左傳》晏嬰曰："君爲社稷死則死之，爲社稷亡則亡之。"又晉解楊曰："受命以出，有死無隕。死而成命，臣之禄也（大德本脱'之'字）。"

[4]【李賢注】《左傳》曰"天實剥亂"也。【今注】剥亂：擾亂。　踈：同"疏"。疏遠。《廣韻·魚韻》："疏，俗作踈。"

[5]【李賢注】《左傳》曰，鄭子太叔曰："周公殺管叔，放蔡叔。夫豈不愛？王室故也。"【今注】周公：姬旦，周文王子，周武王弟，封於魯，子代爲就國，成王年幼時代攝國政，平定三監之亂，制定禮樂制度，爲儒家所尊崇。世家見《史記》卷三三。　䓖：同"蔽"。審判，判決。《小爾雅·廣言》："蔽，斷也。"　管蔡之獄：管即管叔姬鮮，蔡即蔡叔姬度，都是周文王之子、周武王

之弟，被封於管、蔡，以監視殷商遺民，周公攝政之後，二人聯合武庚叛亂，後被平定。世家見《史記》卷三五。

[6]【李賢注】《公羊傳》曰："公子牙卒。何以不稱弟？殺也，爲季子諱殺也。莊公病，叔牙曰：'魯一生一及，君以知之。慶父存也（存，大德本作"右"）。'季子曰：'夫何敢？是將爲亂！'和藥而飲之，曰：'公子從吾言而飲此，則可以無爲天下戮笑，必有後於魯國。'誅不避兄弟，君臣之義也。"（王先謙《後漢書集解》引劉攽言："注'慶父存也'，《公羊傳》作'慶父也存'。"曹金華《後漢書稽疑》言《公羊傳》桓公三十二年作"則必可以無爲天下戮笑，必有後乎魯國"，"誅不得辟兄，君臣之義也"）

[7]【今注】不獲已：不得已。

[8]【今注】譜牒：記録家族、宗族或某一地區人物世系及事迹的文獻，主要有家傳、家譜、簿狀譜牒三種形式。

[9]【李賢注】《戰國策》曰："楚有祠者，賜其舍人酒一卮（卮，紹興本、大德本、殿本作'巵'，二字通，本注下同），相謂曰：'數人飲之不足，一人飲之有餘，請各畫地爲蛇，先成者飲酒。'一人蛇先成，引酒且飲，乃左手持酒，右手畫蛇，曰：'吾能爲之足。'未成，一人蛇成，奪其卮，曰：'蛇固無足，子安能爲足？'遂飲酒。爲蛇足者終亡其酒。"【今注】妄畫蛇足：即畫蛇添足。

[10]【今注】懿親：至親，也指皇室宗親。

[11]【今注】鈔突：抄掠襲擊。

[12]【今注】創痍：創傷。痍，大德本作"夷"。 被：及，到達。《玉篇·衣部》："被，及也。" 草棘：本指叢生的草木，引申爲荒僻之地。

[13]【今注】秦胡：居住在古秦邑地區的各少數民族，故地相當於今陝西西部與甘肅東部。

［14］【今注】憤隔：積憤。

［15］【今注】監寐：猶“寤寐”，謂醒着和睡夢中。引申爲日夜思念、想念。

［16］【今注】拱默：垂拱無爲。

［17］【李賢注】詒，遺也。不世猶言非常也（大德本無“猶”字）。《獻帝春秋》曰：“譚、尚遂尋干戈，以相征討。譚軍不利，保于平原，尚乃軍于館陶。譚擊之敗，尚走保險。譚追攻之，尚設奇伏大破譚軍，僵屍流血不可勝計。譚走還平原。”【今注】詒：同“貽”，留傳，贈送。《説文·言部》：“詒，遺也。”案，大，紹興本、大德本、殿本皆作“太”，可從。　辭不獲命：指言辭未獲得允許。　館陶：縣名。治所在今河北館陶縣。

［18］【今注】岐嶷：比喻年幼聰明。

［19］【今注】覩：同“睹”，看見。《説文·目部》：“覩，見也。”　徵符：徵兆與徵驗。

［20］【今注】案，高，大德本、殿本皆作“位”，可從。

［21］【今注】案，意，大德本作“終”，不從。　奄然：忽然。　迷沈：迷茫沉淪。

［22］【李賢注】墮音許規反。【今注】墮：喪失。《廣雅·釋詁二》：“墮，失也。”

［23］【今注】悛（quān）：悔改。《廣雅·釋詁三》：“悛，更也。”

［24］【李賢注】《孫卿子》曰：“絶人以玦，反人以環。”【今注】環玦：本指玉環和玉玦，後多指官員的内召與外貶，此表示招還。

［25］【今注】案，王先謙《後漢書集解》引裴松之言：“《典略》云：‘譚得書悵然，登城而泣。既劫於郭圖，亦以兵鋒累交，遂戰不解。’”

曹操因此進攻鄴，審配將馮札爲内應，開突門内操兵三百餘人。[1]配覺之，從城上以大石擊門，門閉，入者皆死。操乃鑿塹圍城，周回四十里，初令淺，示若可越。配望見，笑而不出争利。操一夜濬之，[2]廣深二丈，引漳水以灌之。自五月至八月，城中餓死者過半。尚聞鄴急，將軍萬餘人還救城，操逆擊破之。尚走依曲漳爲營，[3]操復圍之，未合，尚懼，遣陰夔、陳琳求降，[4]不聽。尚還走藍口，[5]操復進，急圍之。尚將馬延等臨陣降，衆大潰，尚奔中山。[6]盡收其輜重，得尚印綬節鉞及衣物，以示城中，[7]城中崩沮。審配令士卒曰："堅守死戰，操軍疲矣。幽州方至，何憂無主！"操出行圍，[8]配伏弩射之，幾中。[9]以其兄子榮爲東門校尉，榮夜開門内操兵，配拒戰城中，生獲配。操謂配曰："吾近行圍，弩何多也？"配曰："猶恨其少。"操曰："卿忠於袁氏，亦自不得不爾。"意欲活之。配意氣壯烈，終無撓辭，見者莫不歎息，遂斬之。[10]全尚母妻子，還其財寶。高幹以并州降，[11]復爲刺史。[12]

[1]【李賢注】《墨子·備突篇》曰"城百步，一突門。突門用車兩輪，以木束之，塗其上，維置突門内。度門廣狹之，令人入門四尺，中置窒突，門旁爲橐，充竈狀，又置艾。寇即入，下輪而塞之，鼓橐薰之"也。【今注】突門：用於突擊的小門。敵人剛到而尚未列陣或有可乘之機時守軍潛自城下從此門進行突擊。内：放入。《説文》："内，入也。"

[2]【今注】濬：加深。《爾雅·釋言》："濬，深也。"

［3］【李賢注】漳水之曲。【今注】曲漳：在今滏水入漳水附近，故址在今河北邯鄲市肥鄉區境内。

［4］【今注】陳琳：字孔璋，廣陵射陽（今江蘇寶應縣東北）人。“建安七子”之一。傳見《三國志》卷二一。

［5］【李賢注】相州安楊縣界有藍嵯山，與鄴相近，蓋藍山之口。【今注】藍口：在今河南安陽縣至河北磁縣之間。

［6］【今注】中山：時爲郡。治盧奴縣（今河北定州市）。

［7］【今注】案，王先謙《後漢書集解》引惠棟言：“魏武帝上事云：‘臣前上言逆賊袁尚還，即屬精鋭討之。今尚人徒震蕩，部曲喪守，引兵遁亡。臣軍被堅執鋭，朱旗震曜，虎士雷譟，望旗炫精，聞聲喪氣，投戈散甲，翕然沮壞。尚單騎逃走，捐弃僞節、鈇鉞、大將軍、邟鄉侯印各一枚，兜鍪萬九千六百二十枚，其矛楯、弓戟不可勝數。’”

［8］【今注】行：巡視。

［9］【李賢注】幾音祈。中音竹仲反。【今注】幾中：差點射中。

［10］【李賢注】《先賢行狀》曰：“是日先縛配將詣帳下，辛毗等逆以馬鞭擊其頭，罵之曰：‘奴，汝今日真死矣。’配顧曰：‘狗輩！由汝曹破冀州，恨不得殺汝。’太祖既有意活配，配無撓辭，辛毗等號哭不已，乃殺之。”【今注】案，王先謙《後漢書集解》引《資治通鑑》胡三省注言：“袁紹下士，能盡死以效節者，審配一人而已。”惠棟言：“《法言》云：‘越興亢眉，終無撓辭。’撓，女教反。案《先賢行狀》云：‘配忿辛、郭壞敗冀州，遣人馳詣鄴獄，指殺仲治家。仲治，辛評字，毗之兄。’”曹金華《後漢書稽疑》言“是日先縛配”當爲“是日生縛配”（第999頁）。撓辭，屈服之辭。

［11］【今注】高幹：字元才，陳留圉（今河南杞縣西南）人。袁紹外甥，官至并州牧，袁氏敗後投降曹操，仍爲并州刺史，後謀

反失敗，投奔劉表途中被上洛校尉王琰所殺。

［12］【今注】刺史：官名。西漢武帝時始置，秩六百石，監察州二千石官員，東漢後期發展爲一州最高長官，詳見本書《百官志五》。

曹操之圍鄴也，譚復背之，因略取甘陵、[1]安平、[2]勃海、[3]河間，[4]攻尚於中山。尚敗，走故安從熙，[5]而譚悉收其衆，還屯龍湊。[6]

［1］【今注】甘陵：王國名。改清河國置，治鄃陵縣（今山東臨清市東北）。

［2］【今注】安平：郡名。治信都縣（今河北衡水市冀州區）。

［3］【今注】勃海：郡名。亦作“渤海”，治南皮縣（今河北南皮縣北）。

［4］【今注】河間：王國名。治樂成縣（今河北獻縣東南）。

［5］【今注】故安：縣名。治所在今河北易縣東南。

［6］【今注】龍湊：城邑名。故址在今山東德州市東北，臨古黄河渡口，爲軍事要地。

十二月，曹操討譚，軍其門。譚夜遁走南皮，臨清河而屯。[1]明年正月，急攻之。譚欲出戰，軍未合而破。譚被髮驅馳，追者意非恒人，[2]趨奔之。[3]譚墯馬，顧曰：“咄，兒過我，我能富貴汝。”言未絶口，頭已斷地。於是斬郭圖等，戮其妻子。

［1］【今注】清河：即清河水，源出於今河南内黄縣西南，下游不詳。

［2］【今注】恒人：尋常人。

［3］【李賢注】趨音促。【今注】趨：急速，趕快。《廣雅·釋詁一》："趨，疾也。"

熙、尚爲其將焦觸、張南所攻，奔遼西烏桓。[1]觸自號幽州刺史，驅率諸郡太守令長背袁向曹，陳兵數萬。殺白馬盟，令曰："違者斬！"衆莫敢仰視，各以次歃。至别駕代郡韓珩，[2]曰："吾受袁公父子厚恩，今其破亡，智不能救，勇不能死，於義闕矣。若乃北面曹氏，[3]所不能爲也！"一坐爲珩失色。[4]觸曰："夫舉大事，當立大義。事之濟否，不待一人，可卒珩志，以厲事君。"[5]曹操聞珩節，甚高之，屢辟不至，[6]卒於家。

［1］【今注】遼西：郡名。治陽樂縣（今遼寧義縣西南）。

［2］【李賢注】珩音行。【今注】代郡：時治高柳縣（今山西陽高縣）。

［3］【今注】北面：古代君主南面而坐，大臣朝見君主面北，後代指稱臣。

［4］【今注】一坐：即所有在座之人。坐，同"座"。

［5］【李賢注】《先賢行狀》曰"珩字子佩，代郡人，清粹有雅量。少喪父母，奉養兄姊，宗族稱悌"也（悌，大德本、殿本作"弟"，二字通）。【今注】卒：完畢。　事君：侍奉君主之人。

［6］【今注】辟：即辟除，漢代選官制度之一，三公以下任用屬吏稱爲"辟"。

高幹復叛，執上黨太守，[1]舉兵守壺口關。[2]十一年，曹操自征幹，幹乃留其將守城，[3]自詣匈奴求救，不得，獨與數騎亡，欲南奔荆州。上洛都尉捕斬之。[4]

[1]【今注】執：拘押。　上黨：郡名。本治長子縣（今山西長子縣西南），後因董卓作亂，移治壺關縣（今山西長治市北）。

[2]【李賢注】潞州上黨縣有壺山口（潞，大德本作“路”，不從），因其險而置關焉。【今注】壺口關：關隘名。又名壺關，因山形險狹如壺口而得名，故址在今山西黎城縣東北太行山口。案，曹金華《後漢書稽疑》言“壺山口”疑爲“壺口山”，在上黨東（第999—1000頁）。

[3]【今注】案，《三國志》卷六《魏書·袁紹傳》載：“幹乃留其將夏昭、鄧升守城。”

[4]【李賢注】《典論》曰：“上洛都尉王琰獲高幹，以功封侯。其妻哭於室，以爲琰富貴將更娶妾媵故也。”（王先謙《後漢書集解》校補：“錢大昕曰：‘《魏志》注引此作《典略》。’”今存録）【今注】上洛：縣名。時屬京兆尹，治所在今陝西商洛市商州區。

十二年，曹操征遼西，擊烏桓。尚、熙與烏桓逆操軍，戰敗走，乃與親兵數千人奔公孫康於遼東。[1]尚有勇力，先與熙謀曰：“今到遼東，康必見我，我獨爲兄手擊之，且據其郡，猶可以自廣也。”康亦心規取尚以爲功，乃先置精勇於廄中，然後請尚、熙。熙疑不欲進，尚彊之，遂與俱入。未及坐，康叱伏兵禽之，坐於凍地。尚謂康曰：“未死之間，寒不可忍，可相與席。”康曰：“卿頭顱方行萬里，何席之爲！”[2]遂斬首送之。

［1］【今注】遼東：郡名。治襄平縣（今遼寧遼陽市白塔區）。

［2］【今注】案，此句爲公孫康對袁尚所言，曹金華《後漢書稽疑》據《魏志·袁紹傳》裴松之注引《典略》言此爲袁熙答袁尚之言，二者不同（第1000頁）。

康，遼東人。父度，初避吏爲玄兔小吏，[1]稍仕。中平元年，還爲本郡守。[2]在職敢殺伐，郡中名豪與己夙無恩者，遂誅滅百餘家。因東擊高句驪，[3]西攻烏桓，威行海畔。時王室方亂，度恃其地遠，陰獨懷幸。會襄平社生大石丈餘，下有三小石爲足，度以爲己瑞。[4]初平元年，[5]乃分遼東爲遼西、中遼郡，[6]並置太守，越海收東萊諸縣，[7]爲營州刺史，[8]自立爲遼東侯、平州牧，[9]追封父延爲建義侯。立漢二祖廟。承制設壇墠於襄平城南，[10]郊祀天地，[11]藉田理兵，[12]乘鸞輅九旒旄頭羽騎。建安九年，[13]司空曹操表爲奮威將軍，[14]封永寧鄉侯。度死，康嗣，故遂據遼土焉。

［1］【今注】父度初避吏爲玄兔小吏：玄兔，郡名。亦作“玄菟”。原設於遼東塞外，東漢時期因高句驪族興起而被迫内遷，屬僑置郡縣。治高句驪縣（今遼寧新賓滿族自治縣永陵鎮西南）。安帝永初元年（107）遼東郡的高顯、候城、遼陽三縣劃歸玄菟郡後，高句驪縣内徙至今遼寧撫順市勞動公園古城址。東漢末，公孫度割據遼東，又將玄菟郡移至遼東郡東北二百里的高句麗城（今遼寧瀋陽市東渾河南岸上伯官屯古城址）。（參見趙紅梅《玄菟郡建置沿革及其特點述論》，《黑龍江社會科學》2013年第6期）案，曹金華《後漢書稽疑》言“兔”當爲“菟”，《魏志》卷八《公孫度傳》作“度父延，避吏居玄菟，任度爲郡吏”（第1000頁）。

［2］【今注】中平元年還爲本郡守：中平，東漢靈帝劉宏年號（184—189）。案，曹金華《後漢書稽疑》據《資治通鑑》卷五九載初平元年“〔董〕卓以〔公孫〕度爲遼東太守”，懷疑“中平元年”有誤（第1000頁）。

［3］【今注】高句驪：《三國志》卷三〇《魏書·東夷傳》載：“句麗作國，依大水而居，西安平縣北有小水，南流入海，句麗別種依小水作國，因名之爲小水貊，出好弓，所謂貊弓是也。”東漢時期高句驪逐漸强大，曾圍攻玄菟郡，玄菟郡被迫内遷於今遼寧境内。

［4］【李賢注】襄平，縣，屬遼東郡，故城在今平州盧龍縣西南。《魏志》曰：“時襄平延里社生大石，或謂度曰：‘此漢宣帝冠石祥也，里名與先君同。社主土地，明當有土地，有三公輔也。’度益喜。”【今注】襄平：縣名。遼東郡治，治所在今遼寧遼陽市白塔區。　社：此爲襄平縣社，縣中祭祀土地神的場所。案，三，殿本作“二”。　瑞：祥瑞。

［5］【今注】初平：東漢獻帝劉協年號（190—193）。

［6］【今注】中遼郡：郡名。治所地望史文有闕，不久合併於遼東郡。

［7］【今注】東萊：郡名。治黄縣（今山東龍口市）。

［8］【李賢注】爲猶置也。【今注】爲：設置。

［9］【今注】州牧：官名。由刺史演變而來，掌一州軍政大權，鎮撫一方，詳見本書《百官志五》。

［10］【今注】壇墠（shàn）：祭祀場所。築土曰壇，除地曰墠。

［11］【今注】郊祀天地：《禮記·曲禮下》載：“天子祭天地，祭四方，祭山川，祭五祀，歲徧。諸侯方祀，祭山川，祭五祀，歲徧。大夫祭五祀，歲徧。士祭其先。”按禮制規定，祭祀天地爲天子獨有的權力。

［12］【今注】藉田：亦作“籍田”。古代天子於春耕時舉行的儀式，天子執耒耜在藉田上三推或一撥，以表示對農業的重視。藉田爲天子獨有的權力，諸侯、郡守進行藉田一般被視爲僭越，有不臣之心。　理兵：整治軍隊。

［13］【今注】建安：東漢獻帝劉協年號（196—220）。

［14］【今注】司空：官名。東漢三公之一，掌工程、祭祀等，地位尊崇。本書《百官志一》：“司空，公一人。本注曰：掌水土事。凡營城起邑、浚溝洫、修墳防之事，則議其利，建其功。凡四方水土功課，歲盡則奏其殿最而行賞罰。凡郊祀之事，掌掃除樂器，大喪則掌將校復土。凡國有大造大疑，諫争，與太尉同。世祖即位，爲大司空，建武二十七年，去‘大’。”　案，奮，中華本校勘記引沈家本言《魏志·公孫度傳》作“武”。

劉表字景升，山陽高平人，[1]魯恭王之後也。[2]身長八尺餘，姿貌温偉。與同郡張儉等俱被訕議，[3]號爲“八顧”。[4]詔書捕案黨人，表亡走得免。黨禁解，[5]辟大將軍何進掾。[6]

［1］【今注】山陽：郡名。治昌邑（今山東巨野縣東南）。高平：縣名。治所在今山東鄒城市西南。

［2］【李賢注】恭王，景帝子，名餘。

［3］【今注】訕（shàn）議：誹謗，非議。訕，誹謗，譏諷。《説文·言部》：“訕，謗也。”《玉篇·言部》：“訕，毁語也。”

［4］【今注】八顧：本書卷六七《黨錮傳》載：“竇武、劉淑、陳蕃爲‘三君’。君者，言一世之所宗也。李膺、荀翌、杜密、王暢、劉祐、魏朗、趙典、朱寓爲‘八俊’。俊者，言人之英也。郭林宗、宗慈、巴肅、夏馥、范滂、尹勳、蔡衍、羊陟爲‘八顧’。顧者，言能以德行引人者也。張儉、岑晊、劉表、陳翔、孔昱、苑

康、檀敷、翟超爲‘八及’。及者，言其能導人追宗者也。度尚、張邈、王考、劉儒、胡母班、秦周、蕃向、王章爲‘八厨’。厨者，言能以財救人者也。”其又載：“又張儉鄉人朱並，承望中常侍侯覽意旨，上書告儉與同鄉二十四人别相署號，共爲部黨，圖危社稷。以儉及檀彬、褚鳳、張肅、薛蘭、馮禧、魏玄、徐幹爲‘八俊’，田林、張隱、劉表、薛鬱、王訪、劉祇、宣靖、公緒恭爲‘八顧’，朱楷、田槃、疎耽、薛敦、宋布、唐龍、嬴咨、宣褒爲‘八及’，刻石立墠，共爲部黨，而儉爲之魁。”不僅“八顧”前後不一，“八俊”“八及”也有兩種記載，今存録。

［5］【今注】黨禁：黨錮事件中被定爲“黨人”者禁止任官。

［6］【今注】何進：字遂高，南陽宛（今河南南陽市卧龍區）人。東漢外戚。傳見本書卷六九。

初平元年，長沙太守孫堅殺荆州刺史王叡，[1]詔書以表爲荆州刺史。[2]時江南宗賊大盛，[3]又袁術阻兵屯魯陽，[4]表不能得至，乃單馬入宜城，[5]請南郡人蒯越、襄陽人蔡瑁與共謀畫。[6]表謂越曰：“宗賊雖盛而衆不附，若袁術因之，禍必至矣。吾欲徵兵，恐不能集，其策焉出？”對曰：“理平者先仁義，理亂者先權謀。兵不在多，貴乎得人。袁術驕而無謀，宗賊率多貪暴。越有所素養者，使人示之以利，必持衆來。使君誅其無道，[7]施其才用，威德既行，襁負而至矣。[8]兵集衆附，南據江陵，[9]北守襄陽，荆州八郡[10]可傳檄而定。公路雖至，無能爲也。”表曰：“善。”乃使越遣人誘宗賊帥，[11]至者十五人，[12]皆斬之而襲取其衆。唯江夏賊張虎、[13]陳坐擁兵據襄陽城，[14]表使越與龐季往譬之，乃降。江南悉平。諸守令聞表威名，多解印綬去。[15]表遂理兵襄陽，以觀時變。

[1]【李賢注】《王氏譜》曰：“叡字通曜，晉太保祥之伯父也。”《吴録》曰：“叡見執，驚曰：‘我何罪？’堅曰：‘坐無所知。’叡窮迫，刮金飲之而死。”【今注】長沙：郡名。治臨湘縣（今湖南長沙市嶽麓區）。　孫堅：字文臺，吴郡富春（今浙江杭州市富陽區）人。傳見《三國志》卷四六。

[2]【今注】案，王先謙《後漢書集解》引惠棟言：“《鎮南碑》云：‘辟大將軍府，遷北軍中候，在位十旬，以賢能特遷拜刺史。’”

[3]【李賢注】宗黨共爲賊。【今注】宗賊：王先謙《後漢書集解》引何焯言：“‘宗’當與‘巴賨’之‘賨’同義，南蠻號也。”惠棟言：“《吴志》注引《江表傳》云：‘鄱陽民帥別立宗部’，又云：‘海昏縣有五、六千家相結聚，作宗伍。’蓋漢末喪亂，人民結聚劫略郡縣，自下言之謂之‘宗部’‘宗伍’，自上言之謂之‘宗賊’，不必皆南蠻賊也。何説未審。”今案，惠棟之言可從。“宗”言其以宗族爲核心，“賊”爲統治者對起義民衆的蔑稱。

[4]【今注】袁術：字公路，汝南汝陽（今河南商水縣西北）人。傳見本書卷七五。　魯陽：縣名。治所在今河南魯山縣。

[5]【李賢注】宜城，縣，屬南郡，本鄢，惠帝三年改名宜城。【今注】宜城：縣名。治所在今湖北宜城市東南楚皇城之金城遺址（參見徐龍國《秦漢城邑考古學研究》，中國社會科學出版社2013年版，第126—127頁）。

[6]【李賢注】《傅子》曰：“越字異度，魏太祖平荆州，與荀彧書曰：‘不喜得荆州，喜得異度耳。’”【今注】南郡：治江陵縣（今湖北荆州市荆州城西北）。　蒯越：字異度，輔佐劉表平定荆州，劉表死後勸劉琮投降曹操，官至光禄勳，封侯。　襄陽：縣名。治所在今湖北襄陽市襄州區，建安十三年（208）設襄陽郡後

劃屬，爲襄陽郡郡治。　蔡瑁：字德珪，襄陽豪族，初爲劉表謀士，劉表去世後勸説劉琮投降曹操。

［7］【今注】使君：本指奉命出使的人，後也稱州郡長官爲“使君”。

［8］【今注】襁（qiǎng）負：用繈褓背負小孩，此形容百姓樂於歸附的景象。

［9］【今注】江陵：縣名。南郡郡治，治所在今湖北荆州市荆州城西北。

［10］【李賢注】《漢官儀》曰，荆州管長沙、零陵、桂陽、南陽、江陵、武陵、南郡、章陵等是也。

［11］【今注】案，大德本脱“賊”字。

［12］【今注】案，王先謙《後漢書集解》引惠棟言：“《戰略》云五十五人。”

［13］【今注】江夏：郡名。治西陵縣（今湖北武漢市新洲區西）。

［14］【今注】案，王先謙《後漢書集解》引《官本考證》言：“何焯校本‘坐’改‘生’。”又引惠棟言：“《戰略》作‘陳生’。”

［15］【今注】案，王先謙《後漢書集解》引惠棟言：“謂長沙太守蘇代、華容長貝羽等也，見《戰略》。”

袁術與其從兄紹有隙，[1]而紹與表相結，故術共孫堅合從襲表。[2]表敗，堅遂圍襄陽。會表將黄祖救至，堅爲流箭所中死，餘衆退走。[3]及李傕等入長安，[4]冬，表遣使奉貢。傕以表爲鎮南將軍、荆州牧，[5]封成武侯，[6]假節，[7]以爲己援。

［1］【今注】隙：怨恨。《正字通·阜部》：“隙，怨也，嫌恨也。”

［2］【今注】合從：即合縱。戰國時期南北聯盟爲“合縱”，後也稱因利益而結盟爲“合縱”。

［3］【李賢注】《典略》曰：“劉表夜遣將黄祖潛出兵，堅逆與戰，祖敗走，竄峴山中。堅乘勝夜追祖，祖部兵從竹木閒射堅，殺之。”《英雄記》：“劉表將吕介將兵緣山向堅，堅輕騎尋山討介，介下兵射中堅頭，應時物故。”與此不同。

［4］【今注】李傕：字稚然，北地郡（今寧夏吴忠市西南）人。董卓部將。董卓被誅後，與郭汜等人兵圍長安，後又相互攻伐，不久被曹操所殺。事見本書卷七二《董卓傳》。

［5］【今注】案，王先謙《後漢書集解》引惠棟言：“《鎮南碑》云：‘遣御史中丞鍾繇即拜鎮南將軍，錫鼓吹、大車，策命襃崇，謂之伯父，置長史、司馬、從事、中郎，開府辟召，儀如三公。復遣左中郎將祝融援節，以增威重，并督揚、交二州。’棟案：‘《鎮南表》先拜安南將軍也。’”

［6］【今注】成武：時爲侯國，治所在今山東成武縣。

［7］【今注】假節：節爲代表皇權的符節，持節者往往代表皇帝行事，權勢很大，其權力由高到低具體分爲使持節、持節和假節。

建安元年，驃騎將軍張濟自關中走南陽，[1]因攻穰城，[2]中飛矢而死。荆州官屬皆賀。表曰：“濟以窮來，主人無禮，至於交鋒，此非牧意，牧受弔不受賀也。”使人納其衆，衆聞之喜，遂皆服從。[3]三年，長沙太守張羡率零陵、桂陽三郡畔表，表遣兵攻圍，破羨，平之。[4]於是開土遂廣，南接五領，[5]北據漢川，[6]地方數千里，帶甲十餘萬。初，荆州人情好擾，加四方駭震，寇賊相扇，[7]處處麋沸。[8]表招誘有方，威懷兼洽，其姦猾宿賊更爲效用，萬里肅清，大小咸悦而服之。關西、兖、豫學士歸者蓋有千數，[9]表安慰賑贍，皆得資全。遂起立學校，[10]博求儒術，綦母闓、宋忠等[11]撰立《五經章句》，謂之《後定》。[12]愛民養士，從容自保。

[1]【今注】南陽：郡名。治宛縣（今河南南陽市卧龍區）。案，驃，殿本作"票"，不從。

[2]【今注】穰：縣名。治所在今河南鄧州市。

[3]【李賢注】《獻帝春秋》曰："濟引衆入荆州，賈詡隨之歸劉表。襄陽城守不受，濟因攻之，爲流矢所中。濟從子繡收衆而退。劉表自責，以爲己無賓主禮，遣使招繡，繡遂屯襄陽，爲表北藩。"（曹金華《後漢書稽疑》言"襄陽城"當爲"襄城"，《後漢紀》卷二九載賈詡在張濟死後歸附張繡，也與《獻帝春秋》不同）

[4]【李賢注】《英雄記》曰："張羨，南陽人。先作零陵、桂陽守，甚得江湘閒心。然性屈彊不順，表薄其爲人，不甚禮也。羨因是懷恨，遂畔表。"【今注】長沙太守張羨率零陵桂陽三郡畔表：零陵，郡名。治泉陵縣（今湖南永州市零陵區）。桂陽，郡名。治郴縣（今湖南郴州市北湖區）。案，王先謙《後漢書集解》引周壽昌言："案《魏志》云：'表圍之，連年不下。羨病死，長沙復立其子懌，表遂攻并懌。'是表未能破羨，至張懌時始能平之耳。與此傳異。"

[5]【李賢注】《裴氏廣州記》云："大庾、始安、臨賀、桂陽、揭陽，是謂五領。"鄧德明《南康記》曰："大庾一也，桂陽甲騎二也（桂陽甲騎，曹金華《後漢書稽疑》言或作'桂陽騎田'），九真都龐三也，臨賀萌渚四也，始安越城五也。"【今注】五領：山名。即今南嶺山脈，因山有五峰（嶺）而得名，主要地處

湘、桂、粤三省交界地。

［6］【今注】漢川：地域名。指漢水流域，在今陝西漢中市一帶。

［7］【今注】扇：同“煽”。煽動，蠱惑。

［8］【今注】麋沸：形容沸騰混亂的局勢。

［9］【今注】關西：東漢函谷關（今河南澠池縣東）以西的地區。

［10］【今注】案，王先謙《後漢書集解》引惠棟言：“王粲《荆州文學記》云：‘荆州牧劉君命五等從事宋衷所作文學，延朋徒焉，宣德音以贊之，降嘉禮以勸之，五載之間，道化大行，耆德故老綦毋闓等負書荷器，自遠而至者三百有餘人。’《鎮南碑》云：‘武功既亢，廣開雍泮，設俎豆，陳罍彝，親行鄉射，躋彼公堂，篤志好學，吏民子弟、受禄之徒蓋以千數。洪生巨儒朝夕講論，誾誾如也。’”

［11］【李賢注】闓音開。【今注】案，王先謙《後漢書集解》引惠棟言：“《經典序録》云：‘宋衷字仲子，南陽章陵人，荆州五等從事。’衷與忠通。”毋，殿本作“毌”。

［12］【今注】撰立五經章句謂之後定：五經，即《詩》《書》《禮》《易》《春秋》這五部儒家經典。章句，通過對儒家經典進行傳注和闡釋來解説經義。案，王先謙《後漢書集解》引惠棟言：“《鎮南碑》云：‘君深愍末學遠本離直，乃令諸儒改定《五經章句》，删剗浮辭，芟除煩重，贊之者用日少，而探微知機者多。又求遺書，寫還新者，留其本故，於是古典畢集，充於州閭。’《經籍志》云：‘劉表《周易章句》五卷，梁有《宋忠注周易》十卷。’”今案，據文意，“五經章句”“後定”當爲書名，加書名號。

及曹操與袁紹相持於官度，紹遣人求助，表許之，不至，亦不援曹操，且欲觀天下之變。從事中郎南陽韓嵩、[1]別駕劉先説表[2]曰："今豪桀並争，兩雄相持，天子之重在於將軍。若欲有爲，起乘其敝可也；如其不然，固將擇所宜從。豈可擁甲十萬，坐觀成敗，求援而不能助，見賢而不肯歸！此兩怨必集於將軍，恐不得中立矣。曹操善用兵，且賢俊多歸之，其埶必舉袁紹，[3]然後移兵以向江漢，恐將軍不能禦也。今之勝計，莫若舉荆州以附曹操，操必重德將軍，長享福祚，垂之後嗣，此萬全之策也。"蒯越亦勸之。表狐疑不斷，[4]乃遣嵩詣操，觀望虚實。謂嵩曰："今天下未知所定，而曹操擁天子都許，君爲我觀其釁。"嵩對曰："嵩觀曹公之明，必得志於天下。將軍若欲歸之，使嵩可也；如其猶豫，嵩至京師，天子假嵩一職，不獲辭命，[5]則成天子之臣，將軍之故吏耳。[6]在君爲君，不復爲將軍死也。惟加重思。"表以爲憚使，强之。至許，果拜嵩侍中、零陵太守。[7]及還，盛稱朝廷曹操之德，勸遣子入侍。表大怒，以爲懷貳，[8]陳兵詬嵩，將斬之。[9]嵩不爲動容，徐陳臨行之言。表妻蔡氏知嵩賢，諫止之。表猶怒，乃考殺從行者。[10]知無它意，但囚嵩而已。[11]

[1]【李賢注】《先賢行狀》曰："嵩字德高，義陽人，少好學，貧不改操。"【今注】從事中郎：官名。大將軍、車騎將軍幕府有設，掌參謀軍事。本書《百官志一》載："從事中郎二人，六百石。本注曰：職參謀議。"

[2]【李賢注】《零陵先賢傳》曰："先字始宗。博學强記，尤好黄老，明習漢家典故。"

［3］【今注】舉：攻占，打敗。

［4］【今注】狐疑不斷：猶豫不决。

［5］【今注】案，王先謙《後漢書集解》校補言當爲“辭不獲命”，曹金華《後漢書稽疑》據《魏志·劉表傳》注引《傅子》無此句，懷疑爲衍文（第1002頁）。

［6］【今注】故吏：原來的下屬官吏，也指曾經爲官之人。

［7］【今注】果拜嵩侍中零陵太守：侍中，官名。名義上屬少府。掌侍從、顧問。本書《百官志三》：“侍中，比二千石。本注曰：無員。掌侍左右，贊導衆事，顧問應對。法駕出，則多識者一人參乘，餘皆騎在乘輿車後。本有僕射一人，中興轉爲祭酒，或置或否。”案，曹金華《後漢書稽疑》據《魏志·劉表傳》注引《傅子》言“零陵太守”前脱“遷”字（第1002頁）。

［8］【今注】懷貳：心懷貳心，不忠誠。

［9］【李賢注】詬，罵也。【今注】詬：怒罵。《玉篇·言部》：“詬，罵也。”

［10］【今注】考：漢代司法用語。調查，審訊。長沙五一廣場東漢簡木兩行2010CWJ1③：202—7有“不詣考所”〔長沙市文物考古研究所等編：《長沙五一廣場東漢簡牘（貳）》，中西書局2018年版，第176頁〕，東漢時期“考”有專門的場所。

［11］【李賢注】《傅子》曰：“表妻蔡氏諫之曰：‘韓嵩，楚國之望，且其言直，誅之無辭。’表乃不誅而囚之。”

六年，劉備自袁紹奔荆州，表厚相待結而不能用也。十三年，曹操自將征表，未至。八月，表疽發背卒。[1]在荆州幾二十年，[2]家無餘積。

［1］【李賢注】《代語》曰“表死後八十餘年，晉太康中，冢見發，表及妻身形如生，芬香聞數里”也（《代語》即晉代郭頒

所著《世語》，李賢避李世民之諱而改）。【今注】疽（jū）：結成塊狀的惡瘡，浮淺的爲癰，深陷的爲疽。《説文·疒部》“疽，癰也。”

［2］【今注】幾：將近，差不多。《爾雅·釋詁下》：“幾，近也。”

二子：琦、琮。[1]表初以琦貌類於己，甚愛之，後爲琮娶其後妻蔡氏之姪，蔡氏遂愛琮而惡琦，毁譽之言日聞於表。[2]表寵耽後妻，[3]每信受焉。又妻弟蔡瑁及外甥張允並得幸於表，又睦於琮。[4]而琦不自寧，嘗與琅邪人諸葛亮謀自安之術。[5]亮初不對。後乃共升高樓，因令去梯，謂亮曰：“今日上不至天，下不至地，言出子口而入吾耳，可以言未？”亮曰：“君不見申生在内而危，重耳居外而安乎？”[6]琦意感悟，陰規出計。[7]會表將江夏太守黄祖爲孫權所殺，琦遂求代其任。

［1］【今注】案，曹金華《後漢書稽疑》據《魏志·陳思王傳》注引摯虞《文章志》言劉表還有子脩，字季緒，官至東安太守（第1003頁）。

［2］【今注】毁譽之言：詆毁劉琦、稱贊劉琮的言論。

［3］【今注】寵耽：非常寵愛。耽，沉迷，迷戀。

［4］【今注】案，王先謙《後漢書集解》引惠棟言：“魏文帝《典略》云：‘蔡氏稱美於内，允、瑁嘆德於外，日月以之，而琦益疏。’”

［5］【今注】琅邪：時爲王國。治開陽縣（今山東臨沂市北）。

［6］【李賢注】申生，晉獻公之太子。爲麗姬所譖，自縊死。

重耳，申生之弟。懼麗姬之譖，出奔。獻公卒，重耳入，是爲文公，遂爲霸主。見《左氏傳》。

[7]【今注】陰規：私下謀劃。

及表病甚，琦歸省疾，素慈孝，允等恐其見表而父子相感，更有託後之意，乃謂琦曰："將軍命君撫臨江夏，其任至重。今釋衆擅來，必見譴怒。傷親之歡，重增其疾，非孝敬之道也。"遂遏于户外，[1]使不得見。琦流涕而去，人衆聞而傷焉。[2]遂以琮爲嗣。琮以侯印授琦。琦怒，投之地，將因奔喪作難。會曹操軍至新野，[3]琦走江南。[4]蒯越、韓嵩及東曹掾傅巽等説琮歸降。[5]琮曰："今與諸君據全楚之地，守先君之業，以觀天下，何爲不可？"巽曰："逆順有大體，强弱有定埶。[6]以人臣而拒人主，[7]逆道也；以新造之楚而禦中國，必危也；以劉備而敵曹公，不當也。三者皆短，欲以抗王師之鋒，必亡之道也。將軍自料何與劉備？"琮曰："不若也。"巽曰："誠以劉備不足禦曹公，則雖全楚不能以自存也。誠以劉備足禦曹公，則備不爲將軍下也。願將軍勿疑。"

[1]【今注】遏（è）：阻止。《爾雅·釋詁下》："遏，止也。"

[2]【今注】案，人，大德本、殿本作"之"，屬上讀。

[3]【今注】新野：縣名。治所在今河南新野縣。

[4]【今注】案，王先謙《後漢書集解》引《資治通鑑》胡三省注言："案，先主敗於當陽，濟沔，與琦會，然後俱到夏口，琦奔江南在劉琮降後。史究其終，言之。"

［5］【李賢注】《傅子》曰："巽字公悌，瓌瑋博達，有知人鑒識。"【今注】案，王先謙《後漢書集解》引劉攽言："正文'蒯越、韓嵩及東曹掾傅巽'下文云'釋嵩之囚'，則此時嵩方見囚，何得有説？明多'韓嵩'二字。若嵩有説，亦當見封也。"又引《官本考證》曰："《日知録》云：'是表卒之後，琮已赦嵩而出之矣。下文云操至乃釋嵩之囚，此史家欲歸美於操，而不顧上下文之相戾也。'"又引何焯曰："《魏志》云：'知嵩無他意，乃止。'是則嵩未嘗見囚，實勸琮降也。封者十五人，焉知嵩不在其中？范書兼采《傅子》'弗誅而囚'之説，後又補'釋嵩之囚'一語，而仍陳氏'越、嵩及東曹掾'云，乃不覺違反也。'韓嵩'二字，宜存而論之。"案，諸説多異，今存録。

［6］【今注】定埶：確定的態勢，猶如定數。

［7］【今注】人主：即皇帝。

及操軍到襄陽，琮舉州請降，劉備奔夏口。[1]操以琮爲青州刺史，封列侯。[2]蒯越等侯者十五人。乃釋嵩之囚，[3]以其名重，甚加禮待，使條品州人優劣，[4]皆擢而用之。以嵩爲大鴻臚，[5]以交友禮待之。蒯越光禄勳，[6]劉光尚書令。[7]初，表之結袁紹也，侍中從事鄧義諫不聽。[8]義以疾退，終表世不仕，操以爲侍中。其餘多至大官。

［1］【李賢注】夏口，城，今之鄂州也。《左傳》："吴伐楚，楚沈尹戌奔命於夏汭（曹金華《後漢書稽疑》言'戌'當爲'戍'）。"杜預注曰："漢水入江，今夏口也。"【今注】夏口：古地名。因夏水（漢水）入長江處而得名，三國時期孫權在其對面築城，也稱夏口城。在今湖北武漢市。

［2］【今注】列侯：秦漢二十等爵制的最高爵位。西漢列侯衹有縣侯一等，東漢分爲縣侯、鄉侯、亭侯三等。學界曾認爲因避漢武帝劉徹名諱而改“徹侯”爲“列侯”，但里耶秦簡461《更名方》載：“徹侯爲列侯。”〔湖南省文物考古研究所編：《里耶秦簡（壹）》，文物出版社2012年版，“釋文”部分第33頁〕可知秦始皇時期已經改稱“列侯”。

［3］【今注】案，王先謙《後漢書集解》引劉攽言：“案韓嵩事在上，去此甚遠，不可少‘韓’字也。”又引周壽昌曰：“此因嵩與蒯越牽連書之，故不書姓。益證傳前本有韓嵩在内，不可去。”曹金華《後漢書稽疑》言本傳前文有“蒯越韓嵩及東曹掾傅巽等説琮歸降”，韓嵩早已被釋（第1003頁）。

［4］【今注】條品：評價，品評。

［5］【今注】大鴻臚：官名。九卿之一，掌歸降少數民族及諸侯的禮儀事務。本書《百官志二》載：“大鴻臚，卿一人，中二千石。本注曰：掌諸侯及四方歸義蠻夷。其郊廟行禮，贊導，請行事，既可，以命群司。諸王入朝，當郊迎，典其禮儀。及郡國上計，匡四方來，亦屬焉。皇子拜王，贊授印綬。及拜諸侯、諸侯嗣子及四方夷狄封者，臺下鴻臚召拜之。王薨則使弔之，及拜王嗣。”

［6］【今注】光禄勳：官名。九卿之一，掌宿衛宫廷。本書《百官志二》載：“光禄勳，卿一人，中二千石。本注曰：掌宿衛宫殿門户，典謁署郎更直執戟，宿衛門户，考其德行而進退之。郊祀之事，掌三獻。”

［7］【今注】尚書令：官名。名義上屬少府。尚書臺的長官。本書《百官志三》載：“尚書令一人，千石。本注曰：承秦所置，武帝用宦者，更爲中書謁者令，成帝用士人，復故。掌凡選署及奏下尚書曹文書衆事。”

［8］【今注】案，王先謙《後漢書集解》引惠棟言：“《魏志》作‘羲’。裴松之云：‘羲，章陵人。’”又引陳景云言：“‘侍中’當作‘治中’，因下有‘侍中’之文而誤。”引錢大昕曰：“章懷諱

'治'爲'持'，此'治中'改'持中'，校書者妄易爲'侍'耳。"案，今存録。

操後敗於赤壁，[1]劉備表琦爲荆州刺史。明年卒。

[1]【李賢注】赤壁，山名也，在今鄂州蒲圻縣。【今注】赤壁：地名。故址在今湖北赤壁市西北。

論曰：袁紹初以豪俠得衆，遂懷雄霸之圖，天下勝兵舉旗者，[1]莫不假以爲名。及臨場決敵，則悍夫争命；[2]深籌高議，則智士傾心。盛哉乎，其所資也！韓非曰："佷剛而不和，愎過而好勝，嫡子輕而庶子重，斯之謂亡徵。"[3]劉表道不相越，而欲卧收天運，擬蹤三分，[4]其猶木禺之於人也。[5]

[1]【今注】勝兵：本指士兵，此泛指軍隊。　舉旗：舉反對董卓專權的義旗。

[2]【李賢注】捍（紹興本、大德本、殿本皆作"悍"，可從），勇也。【今注】悍夫争命：勇猛之人争於效命。

[3]【李賢注】《韓非·亡徵篇》曰："佷剛而不和，愎諫而好勝，不顧社稷而輕爲信者，可亡也。"又曰："太子輕，庶子伉，可亡也。"又曰："太子卑而庶子尊，可亡也。"（曹金華《後漢書稽疑》言《韓非子·亡徵》與注引文字多有差異）【今注】佷（hěn）剛：剛愎自用，不從人言。　愎過：固執己見，不肯認錯。　亡徵：衰亡的徵兆。

[4]【今注】擬蹤：期望。

[5]【李賢注】言其如刻木爲人，無所知也。《前書》："有木

禺龍一。”《音義》曰：“禺，寄也。寄龍形於木。”【今注】木禺：即木偶，木刻的人偶，比喻無知之人。

贊曰：紹姿弘雅，表亦長者。稱雄河外，擅强南夏。[1]魚儷漢舳，雲屯冀馬。[2]闚圖訊鼎，禋天類社。[3]既云天工，亦資人亮。[4]矜彊少成，坐談奚望。[5]回皇冢嬖，身穨業喪。[6]

［1］【今注】南夏：中國南部，此代指荆州。

［2］【李賢注】魚儷猶相次比也。《左傳》曰：“奉公爲魚麗之陳。”《前書音義》曰：“舳，船後持柂處也（柂，紹興本作‘拖’）。”《左傳》曰：“冀之北土，馬之所生。”【今注】魚儷：像魚群一樣排列。　冀馬：指冀州之北所産的馬。

［3］【李賢注】闚圖謂若劉歆圖書改名秀。訊鼎謂楚子問王孫滿鼎輕重也。《國語》曰：“精意以享謂之禋。”《爾雅》曰：“是類是禡，師祭也。”社者陰類，將興師，故祭之。【今注】闚圖：比喻暗中察看形勢，圖謀不軌。　禋（yīn）天類社：指祭祀天地，此爲劉表所爲。禋，祭名。升煙以祭天，先燒柴升煙，再把牲體及玉帛等放在柴上焚燒，因煙氣上達以致精誠。《周禮·春官·大宗伯》：“以禋祀祀昊天上帝。”也泛指虔誠的祭祀。

［4］【李賢注】工者，官也。亮，信也。《尚書》曰：“天工人其代之。”又曰：“惟時亮天工。”【今注】天工：天（自然）的職責。

［5］【李賢注】《九州春秋》曰：“曹公征烏桓，諸將曰：‘今深入遠征，萬一劉表使備襲許，悔無及也。’郭嘉曰：‘劉表坐談客耳，自知才不足以御備，重任之則恐不能制，輕之則備不爲用。雖違國遠征（違國遠征，曹金華《後漢書稽疑》言《魏志·郭嘉傳》作“虛國遠征”），無憂矣。’公遂征之。”【今注】矜彊：自恃强大。

少成：些許的、小小的成功。 坐談：坐着談論，没有實際行動。 奚望：怎麽還能期望？奚，表疑問，相當於“怎麽”。

［6］【李賢注】冢，嫡也。嬖（大德本作“安”，不從），愛也。【今注】回皇：即回遑，彷徨不定。 冢嬖：即嫡長子與寵愛之子。 案，王先謙《後漢書集解》引王補言：“蔚宗列袁術於劉焉、吕布之間，而以劉表與袁紹合傳，蓋以紹雄幽、冀，表據荆、湘，謂可齮齕曹瞞、摧其逆謀也。此與嵩、儁合傳同，爲史法所在。而皆以偏愛喪業，覆轍相循，贊未數語，垂戒深矣。”

後漢書　卷七五

列傳第六十五

劉焉　袁術　呂布

劉焉字君郎，[1]江夏竟陵人也，[2]魯恭王後也。[3]肅宗時，[4]徙竟陵。焉少任州郡，以宗室拜郎中。[5]去官居陽城山，[6]精學教授。舉賢良方正，[7]稍遷南陽太守、宗正、太常。[8]

[1]【今注】案，君郎，王先謙《後漢書集解》校補引柳從辰言《華陽國志》作“君朗”。

[2]【李賢注】竟陵今復州縣。【今注】江夏：郡名。治西陵縣（今湖北武漢市新洲區西）。　竟陵：縣名。治所在今湖北潛江市西北。

[3]【李賢注】恭王，景帝子，名餘。

[4]【今注】肅宗：東漢章帝劉炟，公元75年至88年在位。紀見本書卷三。

[5]【今注】郎中：官名。屬光禄勳，比三百石，宿衛宫廷，出充車騎。

［6］【今注】去官居陽城山：陽城山，《漢書·地理志》潁川郡陽城縣下載：“陽城山，洧水所出。”在今河南登封市東南告成鎮。案，王先謙《後漢書集解》引惠棟言：“《蜀志》云：‘以師祝公喪去官。’裴松之云：‘司徒祝恬。’”

［7］【今注】舉：察舉。漢代選官制度之一，即地方郡國向中央舉薦人才，常科有孝廉、茂才等，特科有賢良、方正、文學、明經等。

［8］【今注】南陽：郡名。治宛縣（今河南南陽市卧龍區）。　宗正：官名。九卿之一，掌宗室事務。本書《百官志三》載：“宗正，卿一人，中二千石。本注曰：掌序録王國嫡庶之次，及諸宗室親屬遠近，郡國歲因計上宗室名籍。若有犯法當髡以上，先上諸宗正，宗正以聞，乃報決。”　太常：官名。九卿之一，掌宗廟禮儀，兼管教育。本書《百官志二》載：“太常，卿一人，中二千石。本注曰：掌禮儀祭祀，每祭祀，先奏其禮儀；及行事，常贊天子。每選試博士，奏其能否。大射、養老、大喪，皆奏其禮儀。每月前晦，察行陵廟。”

時靈帝政化衰缺，[1]四方兵寇，焉以爲刺史威輕，[2]既不能禁，且用非其人，輒增暴亂，乃建議改置牧伯，[3]鎮安方夏，[4]清選重臣，以居其任。焉乃陰求爲交阯，[5]以避時難。議未即行，會益州刺史郤儉在政煩擾，謡言遠聞，而并州刺史張懿、涼州刺史耿鄙並爲寇賊所害，故焉議得用。出焉爲監軍使者，領益州牧，[6]太僕黄琬爲豫州牧，[7]宗正劉虞爲幽州牧，[8]皆以本秩居職。州任之重，自此而始。

［1］【今注】靈帝：東漢靈帝劉宏，公元168年至189年在位。

紀見本書卷八。

［2］【今注】刺史：官名。西漢武帝時始置，秩六百石，監察郡國二千石官員，東漢後期發展爲一州最高長官，詳見本書《百官志五》。

［3］【今注】牧伯：對州牧與方伯的合稱。州牧本爲九州之長，東漢末期設置州牧，取代職權較輕的刺史，掌握一州民政、軍政、財政、司法等大權。方伯爲一方諸侯之長。牧伯爲對州郡長官的尊稱，後也代指封疆大吏。

［4］【今注】鎮安：鎮守安撫。　方夏：中國四方。

［5］【今注】交阯：即交阯部，下轄南海、蒼梧、鬱林、合浦、交阯、九真、日南七郡，相當於今中國廣東、廣西的大部及越南承天以北的北部、中部地區，後也泛指嶺南以南的地區。

［6］【李賢注】《前書》任安爲監北軍使者。【今注】州牧：官名。由刺史演變而來，掌一州軍政大權，鎮撫一方，詳見本書《百官志五》。

［7］【今注】太僕：官名。九卿之一，掌馬政等。本書《百官志二》載："太僕，卿一人，中二千石。本注曰：掌車馬。天子每出，奏駕上鹵簿用；大駕則執馭。"　黄琬：字子琰，江夏安陸（今湖北雲夢縣）人。傳見本書卷六一。

［8］【今注】劉虞：字伯安，東海郯（今山東郯城縣西北）人。傳見本書卷七三。

是時益州賊馬相亦自號"黄巾"，[1]合聚疲役之民數千人，[2]先殺綿竹令，[3]進攻雒縣，[4]殺郗儉，[5]又擊蜀郡、犍爲，[6]旬月之閒，破壞三郡。[7]馬相自稱"天子"，衆至十餘萬人，遣兵破巴郡，[8]殺郡守趙部。州從事賈龍，[9]先領兵數百人在犍爲，[10]遂糾合吏人攻相，[11]破之，龍乃選吏卒迎焉。焉到，以龍爲校尉，徙居綿竹。龍撫納離叛，務行寬惠，而陰圖異計。

［1］【今注】黄巾：指黄巾農民起義，因其頭裹黄巾而得名。

［2］【今注】疲役之民：疲於應對賦税徭役的民衆。

［3］【李賢注】綿竹故城在今益州綿竹縣東。【今注】綿竹令：綿竹，縣名。治所在今四川德陽市北。令，大縣的長官。《漢書・百官公卿表上》載："縣令、長，皆秦官，掌治其縣。萬户以上爲令……減萬户爲長。"東漢沿用其制。本書《百官志五》載："每縣、邑、道，大者置令一人，千石；其次置長，四百石；小者置長，三百石。"　案，王先謙《後漢書集解》引惠棟言："《華陽國志》云'縣令李升'。"

［4］【李賢注】今益州雒縣。【今注】雒縣：廣漢郡治，治所在今四川廣漢市北。

［5］【今注】案，王先謙《後漢書集解》引惠棟言："《華陽國志》云：'中元二年，涼州黄巾逆賊馬相、趙祗等聚衆綿竹，募疲役之民，一二日得數千人。遣王饒、趙播等進攻雒城，殺刺史儉。儉從事史燕邠、宋元侯使在葭萌，與從事董馥、張胤同行，聞故哀慟，説馥、胤赴難。二子不可，邠嘆曰：'使君已死，用生何爲！'獨死之。焉嘉之，爲之圖象學宫，誅馥等。'"今案，今本《華陽國志》卷五無"儉從事史燕邠……誅馥等"。又，劉琳校注"中元二年"當爲"中平五年"，"涼州"當爲"益州"〔劉琳校注：《華陽國志校注（修訂本）》，時代出版社2007年版，第257頁〕。

［6］【今注】蜀郡：治成都縣（今四川成都市武侯區）。　犍爲：郡名。時治武陽縣（今四川眉山市彭山區東）。

［7］【李賢注】綿竹及雒屬廣漢郡，并蜀郡（并，大德本作"及"）、犍爲郡。

［8］【今注】巴郡：治江州縣（今重慶市北）。

［9］【今注】州從事：官名。秩百石。本書《百官志五》載：

"皆有從事史、假佐。本注曰：員職略與司隸同，無都官從事，其功曹從事爲治中從事。"

［10］【今注】案，曹金華《後漢書稽疑》據《華陽國志》卷五言"兵"當作"家兵"（中華書局2014年版，第1006頁）。中華本校勘記引李慈銘言案《三國志》作"在犍爲東界"。

［11］【今注】案，人，當爲唐人避李世民諱改"民"爲"人"，三國時期多稱"吏民"。

沛人張魯，[1]母有恣色，[2]兼挾鬼道，[3]往來焉家，遂任魯以爲督義司馬，[4]遂與别部司馬張脩將兵掩殺漢中太守蘇固，[5]斷絶斜谷，[6]殺使者。魯既得漢中，遂復殺張脩而并其衆。

［1］【今注】沛：時爲王國，治相縣（今安徽濉溪縣西北）。張魯：字公祺。傳見《三國志》卷八。

［2］【今注】恣：通"姿"，即貌美。

［3］【今注】鬼道：信奉鬼神的宗教，此指五斗米教。

［4］【今注】案，王先謙《後漢書集解》引惠棟言："洪适云：'劉焉在蜀創置督義司馬，助義、褒金校尉，劉表在荆亦置綏民校尉。漢衰，諸侯擅命，率意各置官署。'"今案，督義司馬爲劉焉所設特殊官職，非漢代制度常設官職。

［5］【今注】案，王先謙《後漢書集解》引惠棟言："《華陽國志》云固扶風人，'張脩攻固。成固人陳調素遊俠，學兵法，固以爲門下掾，説固守扞禦寇之術，固不能用。踰墻走，投南鄭趙嵩。嵩將俱逃，賊盛。固遣嵩求隱避處。嵩未還，固又令鈴下偵賊。賊得鈴下，遂殺固。嵩痛憤，杖劍直入，調亦聚其賓客百餘人攻脩，戰死。魯遂有漢中，數害漢使。''調字元化，仲卿孫'，'嵩字伯高'。"今案，劉琳校注本《華陽國志》卷二《漢中志》與注引略

異，陳調、趙嵩見《華陽國志》卷一〇《先賢士女總贊·漢中士女》，該卷所記趙嵩之事又異，今存録。　漢中：郡名。治南鄭縣（今陝西漢中市漢臺區）。

［6］【今注】斜谷：地名。褒斜道的東口，也爲褒斜道的總稱，故址在今陝西眉縣西南。本書《郡國志一》右扶風武功縣下有斜谷。

焉欲立威刑以自尊大，乃託以佗事，殺州中豪彊十餘人，[1]士民皆怨。初平二年，[2]犍爲太守任岐及賈龍並反，[3]攻焉。焉擊破，皆殺之。自此意氣漸盛，遂造作乘輿車重千餘乘。[4]焉四子，範爲左中郎將，[5]誕治書御史，[6]璋奉車都尉，[7]並從獻帝在長安，[8]唯别部司馬瑁隨焉在益州。[9]朝廷使璋曉譬焉，[10]焉留璋不復遣。興平元年，[11]征西將軍馬騰與範謀誅李傕，[12]焉遣叟兵五千助之，戰敗，[13]範及誕並見殺。焉既痛二子，又遇天火燒其城府車重，延及民家，館邑無餘，[14]於是徙居成都，[15]遂發背疽卒。[16]

［1］【李賢注】《蜀志》曰，殺王咸、李權等。【今注】案，佗，大德本、殿本作"它"。

［2］【今注】初平：東漢獻帝劉協年號（190—193）。

［3］【今注】案，王先謙《後漢書集解》引惠棟言："《英雄記》云，岐、龍皆蜀人。"

［4］【李賢注】重，輜重也。【今注】乘輿：指皇帝所用的車輿。　車重：輜重車輛。

［5］【今注】左中郎將：官名。屬光禄勳，掌宿衛宫廷。本書《百官志二》載："左中郎將，比二千石。本注曰：主左署郎。"

[6]【今注】治書御史：官名。即治書侍御史，御史中丞屬官，負責解釋法律。本書《百官志三》載："治書侍御史二人，六百石。本注曰：掌選明法律者爲之。凡天下諸讞疑事，掌以法律當其是非。"

[7]【李賢注】《蜀志》曰：璋字季玉。【今注】奉車都尉：官名。名義上屬光禄勳。本書《百官志二》載："奉車都尉，比二千石。本注曰：無員。掌御乘輿車。"

[8]【今注】獻帝：東漢獻帝劉協，公元189年至220年在位。紀見本書卷九。

[9]【今注】案，王先謙《後漢書集解》引惠棟言："《華陽國志》云：'焉聞相者相陳留吴懿妹當大貴，爲瑁聘之。'故陳壽《劉焉傳》評云'聽相者之言則求婚吴氏'，是也。"

[10]【今注】曉譬：開導，勸導。

[11]【今注】興平：東漢獻帝劉協年號（194—195）。

[12]【今注】馬騰：字壽成，右扶風茂陵（今陝西興平市東北）人。三國名將馬超之父，曾封槐里侯，入京師任衛尉，其子馬超起兵反曹後，他被曹操殺害。　李傕：字稚然，北地郡（今寧夏吴忠市西南）人。董卓部將，董卓被誅後，與郭汜等人兵圍長安，後又相互攻伐，不久被曹操所殺。事見本書卷七二《董卓傳》。

[13]【李賢注】漢世謂蜀爲叟。孔安國注《尚書》云："蜀，叟也。"【今注】叟兵：西南少數民族叟人當兵者。出土璽印中有"漢歸義叟邑長""漢叟仟長""漢歸義叟佰長"。其中"歸義"是對歸降少數民族的稱謂，可知"叟"爲少數民族。

[14]【今注】案，館，大德本、殿本作"舘"，不從。

[15]【今注】成都：縣名。蜀郡郡治，治所在今四川成都市武侯區。

[16]【李賢注】《説文》曰："疽，久癰。"【今注】案，發背疽，殿本作"疽發背"。疽（jū），結成塊狀的惡瘡，浮淺的爲癰，

深陷的爲疽。《説文·疒部》："疽，癰也。"

州大吏趙韙等貪璋温仁，[1]立爲刺史。詔書因以璋爲監軍使者，領益州牧，以韙爲征東中郎將。先是荆州牧劉表表焉僭擬乘輿器服，[2]韙以此遂屯兵朐䏰備表。[3]

［1］【今注】案，王先謙《後漢書集解》引惠棟言："案《華陽國志》，韙及治中從事王商也。《蜀志》韙，巴西人。"

［2］【今注】案，王先謙《後漢書集解》引惠棟言："《蜀志》云'劉表上焉有似子夏在西河、疑聖人之論'。"　劉表：字景升，山陽高平（今山東鄒城市西南）人。傳見本書卷七四下。　僭：僭越。　擬：比擬。　乘輿器服：皇帝御用器物，代指皇權。

［3］【李賢注】朐音蠢。䏰音如尹反。屬巴郡（巴，大德本、殿本作"蜀"，不從），故城在今夔州雲安縣西也。【今注】朐（qú）䏰：縣名。先屬巴郡，東漢獻帝興平二年（195）劃歸固陵郡（後改名巴東郡），治所在今重慶市雲陽縣西南。

初，南陽、三輔民數萬户流入益州，[1]焉悉收以爲衆，名曰"東州兵"。璋性柔寬無威略，東州人侵暴爲民患，不能禁制，舊士頗有離怨。趙韙之在巴中，[2]甚得衆心，璋委之以權。韙因人情不輯，[3]乃陰結州中大姓。建安五年，[4]還共擊璋，蜀郡、廣漢、犍爲皆反應。[5]東州人畏見誅滅，乃同心并力，爲璋死戰，遂破反者，進攻韙於江州，斬之。[6]

［1］【今注】三輔：指京兆尹、左馮翊、右扶風三個行政區。

[2]【今注】巴中：地區名。東漢泛指巴蜀中部地區，即今四川東部一帶。

[3]【李賢注】輯，和也。【今注】輯：和睦，安定，《正字通·車部》："輯，睦也。"

[4]【今注】建安：東漢獻帝劉協年號（196—220）。

[5]【今注】廣漢：郡名。時治雒縣（今四川廣漢市北）。

[6]【李賢注】江州，縣名，屬巴郡，今渝州巴縣（渝，大德本作"俞"，不從）。【今注】江州：縣名。巴郡郡治，治所在今重慶市北。

張魯以璋闇懦，[1]不復承順。璋怒，殺魯母及弟，[2]而遣其將龐羲等攻魯，數爲所破。[3]魯部曲多在巴土，[4]故以羲爲巴郡太守。魯因襲取之，遂雄於巴、漢。

[1]【今注】闇懦：愚昧懦弱。

[2]【今注】案，《華陽國志》卷二《漢中志》載："至劉焉子璋爲牧時，魯益驕恣，璋怒。建安五年，殺魯母、弟。魯説巴夷杜濩、朴胡、袁約等叛爲讎敵。"

[3]【今注】案，王先謙《後漢書集解》引惠棟言："《蜀志》云：'議郎河南龐羲與焉通家。' 《華陽國志》云'龐羲、李思等'。"今案，劉琳言此"李思"當爲"李異"之誤〔劉琳校注：《華陽國志校注（修訂本）》，第56頁〕。

[4]【今注】部曲：漢代軍隊編制。本書《百官志一》載："大將軍營五部，部校尉一人，比二千石；軍司馬一人，比千石。部下有曲，曲有軍候一人，比六百石。曲下有屯，屯長一人，比二百石。"後私人家兵也稱部曲。

十三年，曹操自將征荆州，璋乃遣使致敬。[1]操加璋振威將軍，兄瑁平寇將軍。璋因遣别駕從事張松詣操，[2]而操不相接禮。松懷恨而還，勸璋絶曹氏，而結好劉備。璋從之。

[1]【今注】案，《華陽國志》卷五《公孫述劉二牧志·劉璋》載："〔建安〕十年，璋聞曹公將征荆州，遣中郎將河内陰溥致敬。"

[2]【今注】别駕從事：官名。州所置，秩百石。本書《百官志四》載："别駕從事，校尉行部則奉引，録衆事。"　詣：前往。《玉篇·言部》："詣，往也，到也。"

十六年，璋聞曹操當遣兵向漢中討張魯，内懷恐懼，松復説璋迎劉備以拒操。璋即遣法正將兵迎備。[1]璋主簿巴西黄權諫曰：[2]"劉備有梟名，[3]今以部曲遇之，則不滿其心，以賓客待之，則一國不容二主，此非自安之道。"從事廣漢王累自倒懸於州門以諫。璋一無所納。

[1]【李賢注】《蜀志》曰："法正字孝直，扶風郿人也。祖真，字喬卿。父衍，字季謀。"【今注】法正：傳見《三國志》卷三七。

[2]【李賢注】《蜀志》曰："權字公衡，閬中人也。先主取益州，諸縣望風景附，權閉城堅守。須璋稽服，乃詣先主。主稱尊號，將東伐吴，權諫，先主不從，以權爲鎮北將軍，督江北軍，先主自在江南。吴將陸義乘虚斷圍，南軍敗績，先主引退，而道隔，權不得還，故率所領降于魏。有司執法白收權妻子。先主曰：'孤負黄權，權不負孤也。'待之如初。魏文帝謂權曰：'君舍逆效

順（效，大德本、殿本作“効”，二字通用），欲追蹤陳、韓邪？’權對曰：‘臣過受劉氏厚遇，降吴不可，還蜀無路，是以歸命。且敗軍之將，免死爲幸，何古人之可慕？’”（曹金華《後漢書稽疑》據《蜀志·黄權傳》言“諸縣”作“郡縣”，“陸義”當作“陸議”，“而道隔”後脱“絶”字，“舍逆”當作“捨逆”）【今注】主簿：官名。漢代中央機構及地方郡縣均有設置，大將軍出征亦設，掌管文書簿記、印鑒事務。　巴西：郡名。治閬中縣（今四川閬中市）。　黄權：傳見《三國志》卷四三。

［3］【李賢注】梟即驍也。【今注】梟：豪雄，不馴順。《字彙·木部》：“梟，勇也。”

備自江陵馳至涪城，[1]璋率步騎數萬與備會。[2]張松勸備於會襲璋，備不忍。明年，出屯葭萌。[3]松兄廣漢太守肅懼禍及己，乃以松謀白璋，收松斬之，[4]勑諸關戍勿復通。[5]備大怒，還兵擊璋，所在戰剋。十九年，進圍成都，數十日，城中有精兵三萬人，穀支一年，[6]吏民咸欲拒戰。璋言：“父子在州二十餘歲，無恩德以加百姓，而攻戰三載，肌膏草野者，[7]以璋故也。何心能安！”遂開城出降，群下莫不流涕。備遷璋於公安，[8]歸其財寶，後以病卒。[9]

［1］【李賢注】涪城故城今綿州城。【今注】江陵：縣名。南郡郡治，治所在今湖北荆州市荆州城西北。　涪：縣名。治所在今四川綿陽市東北。

［2］【李賢注】《蜀志》曰：“是歲建安十六年。”

［3］【今注】葭萌：縣名。治所在今四川廣元市西南。

［4］【李賢注】《益郡耆舊傳》曰：“張肅有威儀，容貌甚偉。

松爲人短小放蕩，不持節操，然識理精果，有才幹。劉璋遣詣曹公，公不甚禮。楊脩深器之，白公辟松，不納。脩以公所撰兵書示松，飲宴之間，一省即便闇誦，以此異之。”（曹金華《後漢書稽疑》言無《益郡耆舊傳》，此當爲《蜀志·先主傳》注引《益部耆舊雜記》，且引文有異）

［5］【今注】勑：同“敕”。告誡，勉勵。

［6］【今注】案，穀支一年，王先謙《後漢書集解》引惠棟言《蜀志》作“穀帛支二年”。

［7］【今注】肌膏草野：陣亡者的肌肉成了田野的肥料。

［8］【李賢注】公安，今荆州縣。【今注】公安：縣名。治所在今湖北公安縣西北。

［9］【李賢注】《蜀志》曰：“先主遷璋于公安南，猶佩振威將軍印綬。孫權破關羽，取荆州，以璋爲益州牧，留住秭歸。”【今注】案，曹金華《後漢書稽疑》據《蜀志·劉二牧傳》、《華陽國志》卷五等認爲遷劉璋於南郡公安，非“公安南”(第1009頁)。

明年，曹操破張魯，定漢中。

魯字公旗。[1]初，祖父陵，[2]順帝時客於蜀，[3]學道鶴鳴山中，[4]造作符書，[5]以惑百姓。受其道者輒出米五斗，故謂之“米賊”。陵傳子衡，衡傳於魯，魯遂自號“師君”。其來學者，初名爲“鬼卒”，後號“祭酒”。祭酒各領部衆，衆多者名曰“理頭”。[6]皆校以誠信，[7]不聽欺妄，有病但令首過而已。[8]諸祭酒各起義舍於路，同之亭傳，[9]縣置米肉以給行旅。食者量腹取足，過多則鬼能病之。犯法者先加三原，[10]然後行刑。不置長吏，[11]以祭酒爲理，民夷信向。[12]朝廷不能討，遂就拜魯鎮夷中郎將，[13]領漢寧太守，[14]通其貢獻。

［1］【今注】案，公旗，《三國志》卷八《魏書·張魯傳》作“公祺”，字異。

［2］【今注】祖父陵：即張陵，創立五斗米道。

［3］【今注】順帝：東漢順帝劉保，公元125年至144年在位。紀見本書卷六。

［4］【李賢注】山在今益州晉原縣西（西，大德本、殿本作“南”，可從）。

［5］【今注】符書：即符篆，用篆文寫的符咒。

［6］【今注】案，王先謙《後漢書集解》引何焯言：“‘理’本‘治’字，避高宗名。”今案，此李賢避唐高宗李治之諱而改。

［7］【今注】案，校，曹金華《後漢書稽疑》言當爲“教”字（第1010頁），可從。

［8］【李賢注】《魏志》曰：“大抵與黄巾相似。”首音式救反。【今注】首過：即自己坦白所犯的罪行。

［9］【李賢注】傳音陟戀反。【今注】義舍：不收費的食宿住所。　亭：秦漢時期設置的專門負責治安的機構，爲縣的派出機構，大致十里一亭，設有亭長、亭卒等。　傳：驛站，驛舍。

［10］【李賢注】原，免也。【今注】原：原宥，赦免。

［11］【今注】長吏：泛指中央和地方州郡縣官署的行政長官。

［12］【李賢注】《典略》曰：“初，熹平中，妖賊大起，漢中有張脩爲太平道，張角爲五斗米道。太平道師持九節杖（杖，大德本作‘枤’，不從），爲符祝，教病人叩頭思過，因以符水飲之。病或自愈者，則云此人信道，其或不愈，則云不信道。脩法略與角同，加施浄室，使病人處其中思過。又使人爲姦令祭酒，主以《老子》五千文，使都習，號‘姦令’。爲鬼吏，主爲病者。

請禱之法，書病人姓字，説服罪之意。作三通，其一上之天，著山上，其一埋之地，其一沈之水，謂之‘三官手書’。使病者家出米五斗以爲常，故號‘五斗米師’也（也，殿本無‘也’字）。實無益於療病，小人昏愚，競共事之（共，殿本作‘供’）。後角被誅，脩亦亡。及魯自在漢中，因其人信行脩業，遂增飾之。教使起義舍，以米置其中，以止行人。又使自隱，有小過者（有，大德本、殿本作‘其’），當循道百步，則罪除。又依月令，春夏禁殺。又禁酒。流移寄在其地者，不敢不奉也。”【今注】案，王先謙《後漢書集解》引何焯言：“注中‘張脩’，裴松之云應是‘張衡’，非《典略》之失，則傳寫之誤”，“‘循’本‘治’字，亦避御名。”

［13］【今注】案，夷，中華本校勘記言《魏志》作“民”。

［14］【李賢注】《袁山松書》，建安二十年置漢寧郡。【今注】漢寧：郡名。漢中郡改置，治南鄭縣（今陝西漢中市漢臺區），建安二十年（215），曹操平定張魯之後復爲漢中郡。案，王先謙《後漢書集解》引錢大昕、沈濤注言，建安二十年是改漢寧郡爲漢中，漢寧郡之設當早於此。

韓遂、馬超之亂，[1]關西民奔魯者數萬家。[2]時人有地中得玉印者，群下欲尊魯爲漢寧王。魯功曹閻圃諫曰：[3]“漢川之民，户出十萬，四面險固，財富土沃，上匡天子，則爲桓文，次方竇融，[4]不失富貴。今承制署置，埶足斬斷。遽稱王號，[5]必爲禍先。”魯從之。

［1］【今注】韓遂：金城郡（今甘肅永靖縣西北）人，本名韓約，因造反被朝廷通緝而改名韓遂，曾殺涼州刺史郡守，涼州叛軍

首領之一，割據涼州三十餘年，依附曹操後又反叛，被夏侯淵所敗，病死，一説被殺。　馬超：字孟起，右扶風茂陵（今陝西興平市東北）人。傳見《三國志》卷三六。

［2］【今注】關西：東漢函谷關（今河南澠池縣東）以西的地區。

［3］【今注】功曹：官名。漢代郡縣屬吏之首，掌官吏選舉、獎罰等，有功曹掾、功曹史等，簡稱"功曹"。　案，王先謙《後漢書集解》引惠棟言："案《華陽國志》，圃巴西人。"

［4］【今注】方：同"放（倣）"。《集韻·養韻》："放，效也。或從人，亦作方。"　竇融：字周公，右扶風平陵（今陝西咸陽市西北）人。傳見本書卷二三。

［5］【今注】遽（jù）：急速。

魯自在漢川垂三十年，聞曹操征之，至陽平，[1]欲舉漢中降。其弟衛不聽，率衆數萬，拒關固守。[2]操破衛，斬之。魯聞陽平已陷，將稽顙歸降。[3]閻圃説曰："今以急往，其功爲輕，不如且依巴中，然後委質，功必多也。"於是乃奔南山。[4]左右欲悉焚寶貨倉庫。魯曰："本欲歸命國家，其意未遂。今日之走，以避鋒鋭，非有惡意。"遂封藏而去。操入南鄭，[5]甚嘉之。又以魯本有善意，遣人慰安之。魯即與家屬出逆，[6]拜鎮南將軍，封閬中侯，邑萬户，[7]將還中國，[8]待以客禮。封魯五子及閻圃等皆爲列侯。[9]

［1］【李賢注】《周地圖記》曰："褒谷西北有古陽平關。"其地在今梁州褒城縣西北也。【今注】陽平：關隘名。即陽平關，故址在今陝西勉縣西白馬河入漢水處，爲漢中盆地西邊門户，處川、

陜交通咽喉。

［2］【李賢注】《魏志》曰："太祖征魯至陽平關，衛拒關堅守。"

［3］【今注】稽顙（sǎng）：一種跪拜禮，屈膝下跪，以額觸地，居喪答拜賓客時行之，也用以請罪或歸降。

［4］【今注】案，王先謙《後漢書集解》引惠棟言："《華陽國志》云：'魯走巴中，先主將迎之，而閻圃説魯北降歸魏武：'不然西結劉備以歸之。'魯勃然曰：'寧爲曹公作奴，不爲劉備上客。'遂委質魏武。'棟案：'魯本漢賊，安肯附漢！同惡相濟，亦其甘心爲曹公奴也。'"

［5］【今注】南鄭：縣名。時爲漢寧郡郡治，治所在今陜西漢中市漢臺區。

［6］【今注】案，逆，殿本作"迎"。

［7］【李賢注】閬中屬巴郡，今隆州縣。【今注】閬中：縣名。治所在今四川閬中市。

［8］【今注】將：統帥，率領。

［9］【今注】列侯：秦漢二十等爵制的最高爵位。西漢列侯祇有縣侯一等，東漢分爲縣侯、鄉侯、亭侯三等。學界曾認爲因避漢武帝劉徹名諱而改"徹侯"爲"列侯"，但里耶秦簡461《更名方》載："徹侯爲列侯。"〔湖南省文物考古研究所編：《里耶秦簡（壹）》，文物出版社2012年版，"釋文"部分第33頁〕可知秦始皇時期已經改稱"列侯"。

魯卒，謚曰原侯。子富嗣。

論曰：劉焉覩時方艱，[1]先求後亡之所，[2]庶乎見幾而作。[3]夫地廣則驕尊之心生，財衍則僭奢之情用，[4]固亦恒人必至之期也。璋能閉隘養力，守案先圖，尚可與歲時推移，而遽輸利器，静受流斥，[5]所謂羊質虎皮，見豺則恐，吁哉！[6]

[1]【今注】覩：同“睹”。看見。《説文·目部》：“覩，見也。”

[2]【李賢注】《左傳》曰，鄭公孫黑肱有疾，歸邑于公，曰：“吾聞之，生於亂代，貴而能貧，人無求焉，可以後亡。”（李賢避李世民之諱而改“民”爲“人”）

[3]【李賢注】《易》曰：“君子見幾而作，不俟終日。”又曰：“幾者動之微，吉之先見。”【今注】庶：希冀。《爾雅·釋言》：“庶，幸也。”《玉篇·廣部》：“庶，幸也，冀也。” 見幾而作：視時機變化而決定如何行事。

[4]【李賢注】衍，饒也。【今注】衍：豐富，富足。

[5]【李賢注】《老子》曰：“國之利器，不可以示人。”【今注】利器：代指國家權力。

[6]【李賢注】揚子《法言》曰：“羊質虎皮，見草而悦，見豺而戰。”

袁術字公路，汝南汝陽人，[1]司空逢之子也。[2]少以俠氣聞，[3]數與諸公子飛鷹走狗，後頗折節。[4]舉孝廉，累遷至河南尹、虎賁中郎將。[5]

[1]【今注】汝南：郡名。治平輿縣（今河南平輿縣北）。汝陽：縣名。治所在今河南商水縣西北。

[2]【今注】司空：官名。東漢三公之一，掌工程、祭祀等，地位尊崇。本書《百官志一》：“司空，公一人。本注曰：掌水土事。凡營城起邑、浚溝洫、修墳防之事，則議其利，建其功。凡四方水土功課，歲盡則奏其殿最而行賞罰。凡郊祀之事，掌掃除樂器，大喪則掌將校復土。凡國有大造大疑，諫爭，與太尉同。世祖

即位，爲大司空，建武二十七年，去‘大’。”

［3］【今注】案，王先謙《後漢書集解》引惠棟言：“《北堂書鈔》引《魏志》云：‘術爲長水校尉，好奢綺，盛車馬，以氣高人。謡曰：‘路中捍鬼袁長水。’今《魏志》不載。’”

［4］【今注】折節：屈己下人。

［5］【今注】案，曹金華《後漢書稽疑》言諸書不見袁術任河南尹（第1011頁）。　河南尹：此爲官名。行政區河南尹的最高長官。本書《百官志四》：“河南尹一人，主京都，特奉朝請。其京兆尹、左馮翊、右扶風三人，漢初都長安，皆秩中二千石，謂之三輔。中興都雒陽，更以河南郡爲尹，以三輔陵廟所在，不改其號，但減其秩。”其屬京畿，故不稱郡，地位高於郡守。　虎賁中郎將：官名。屬光禄勳，掌宿衛宫廷，本書《百官志二》載：“虎賁中郎將，比二千石。本注曰：主虎賁宿衛。”

時董卓將欲廢立，［1］以術爲後將軍。術畏卓之禍，出奔南陽。會長沙太守孫堅殺南陽太守張咨，［2］引兵從術。劉表上術爲南陽太守，術又表堅領豫州刺史，使率荆、豫之卒，擊破董卓於陽人。［3］

［1］【今注】董卓：字仲穎，隴西臨洮（今甘肅岷縣）人。傳見本書卷七二。

［2］【李賢注】《英雄記》曰：“咨字子議，潁川人。”《吴曆》曰：“孫堅至南陽，咨不給軍糧，又不肯見。堅欲進兵，恐爲後害，乃詐得急疾，舉軍震惶，迎呼巫醫，禱祀山川，遣所親人説咨，言病困欲以兵付咨。咨聞之，心利其兵，即將步騎五六百人入營看堅。堅與相見，無何，卒然而起，案劍罵咨，遂執斬之。”【今注】長沙：郡名。治臨湘縣（今湖南長沙市嶽麓區）。　孫堅：字文臺，吴郡富春（今浙江杭州市富陽區）人。傳見《三國志》

卷四六。

[3]【今注】陽人：即陽人聚，聚邑名。在今河南臨汝市臨汝鎮西北。

術從兄紹因堅討卓未反，[1]遠，遣其將會稽周昕奪堅豫州。[2]術怒，擊昕走之。紹議欲立劉虞爲帝，術好放縱，憚立長君，託以公義不肯同，積此釁隙遂成。乃各外交黨援，以相圖謀，術結公孫瓚，[3]而紹連劉表。豪桀多附於紹，術怒曰："群豎不吾從，而從吾家奴乎！"[4]又與公孫瓚書，云紹非袁氏子，紹聞大怒。[5]初平三年，術遣孫堅擊劉表於襄陽，[6]堅戰死。公孫瓚使劉備與術合謀共逼紹，[7]紹與曹操會擊，皆破之。四年，術引軍入陳留，[8]屯封丘。[9]黑山餘賊及匈奴於扶羅等佐術，與曹操戰於匡亭，[10]大敗。術退保雍丘，[11]又將其餘衆奔九江，[12]殺楊州刺史陳溫而自領之，[13]又兼稱徐州伯。[14]李傕入長安，欲結術爲援，乃授以左將軍，假節，[15]封楊翟侯。[16]

[1]【今注】反：同"返"。返回。

[2]【今注】會稽：郡名。治山陰縣（今浙江紹興市越城區）。　案，王先謙《後漢書集解》引惠棟言："《會稽典録》云：'昕字大明。'"

[3]【今注】公孫瓚：字伯珪，遼西令支（今河北遷安市西）人。傳見本書卷七三。

[4]【今注】案，王先謙《後漢書集解》引《資治通鑑》胡三省注曰："據《袁山松書》，紹司空逢之孽子，出後伯父成，故術云然。"　案，從吾，大德本、殿本作"吾從"。

［5］【今注】案，王先謙《後漢書集解》引惠棟言："《典略》云：'公孫瓚表紹罪云："紹母親爲婢使，紹實微賤，不可以爲人後"，"損辱袁宗"，"每得將軍袁術書，云紹非術類也"。'棟案：'類，族類也。'"

［6］【今注】襄陽：縣名。時屬南郡，治所在今湖北襄陽市襄州區，建安十三年（208）設襄陽郡後劃屬，爲襄陽郡郡治。

［7］【今注】案，大德本脱"與術"二字。

［8］【今注】陳留：郡名。治陳留縣（今河南開封市祥符區東南陳留鎮）。

［9］【今注】封丘：縣名。治所在今河南封丘縣西南。

［10］【今注】匡亭：聚邑名。故址在今河南長垣市西南一帶。本書《郡國志》陳留郡平丘縣下有"匡"，劉昭注曰："匡人之亭，曹公破袁術處。"

［11］【今注】雍丘：縣名。治所在今河南杞縣。案，曹金華《後漢書稽疑》據《魏志·武帝紀》等懷疑"雍丘"當爲"封丘"（第1012頁）。

［12］【今注】九江：郡名。時治陰陵縣（今安徽定遠縣西北）。

［13］【今注】案，王先謙《後漢書集解》引惠棟言："《魏志》裴注引《英雄記》云：'陳温字元悌，汝南人。爲揚州刺史，自病死。'似不爲術所殺。"

［14］【今注】案，王先謙《後漢書集解》引蘇與言："時刺史改稱牧伯，故術又兼伯稱。"

［15］【今注】假節：節爲象徵皇權的符節，持節者往往代表皇帝行事，權勢很大，其權力由高到低具體分爲使持節、持節和假節。

［16］【今注】楊翟：時爲侯國。潁川郡治，治所在今河南禹州市。案，楊，大德本、殿本作"陽"，可從。

初，術在南陽，户口尚數十百萬，[1]而不修法度，以鈔掠爲資，奢恣無猒，[2]百姓患之。又少見讖書，言"代漢者當塗高"，自云名字應之。[3]又以袁氏出陳爲舜後，以黄代赤，德運之次，[4]遂有僭逆之謀。又聞孫堅得傳國璽，[5]遂拘堅妻奪之。興平二年冬，天子播越，[6]敗於曹陽。[7]術大會群下，因謂曰："今海内鼎沸，劉氏微弱。吾家四世公輔，[8]百姓所歸，欲應天順民，於諸君何如？"衆莫敢對。主簿閻象進曰："昔周自后稷至于文王，積德累功，參分天下，猶服事殷。[9]明公雖弈世克昌，[10]孰若有周之盛？漢室雖微，[11]未至殷紂之敝也。"術嘿然，使召張範。[12]範辭疾，遣弟承往應之。術問曰："昔周室陵遲，[13]則有桓文之霸；秦失其政，漢接而用之。今孤以土地之廣，士人之衆，欲徼福於齊桓，[14]擬迹於高祖，[15]可乎？"承對曰："在德不在衆。苟能用德以同天下之欲，雖云匹夫，霸王可也。若陵僭無度，干時而動，[16]衆之所弃，誰能興之！"[17]術不説。[18]

［1］【今注】案，曹金華《後漢書稽疑》言《魏志·袁術傳》、《後漢紀》卷二七皆作"南陽户口數百萬"（第1013頁）。

［2］【今注】恣：放縱。《説文·心部》："恣，縱也。"　猒：同"厭"。滿足。《説文·甘部》："猒，飽也。"

［3］【李賢注】當塗高者，魏也。然術自以"術"及"路"皆是"塗"，故云應之。

［4］【李賢注】陳大夫轅濤塗，袁氏其後也。五行火生土，故云以黄代赤。【今注】案，曹金華《後漢書稽疑》言"德運"疑

爲“得運”（第 1013 頁）。今案，據文意，當爲“德運”。

［5］【李賢注】韋昭《吳書》曰：“漢室大亂，天子北詣河上，六璽不自隨，掌璽者以投井中。孫堅北討董卓，頓軍城南，甄官署有井，每旦有五色氣從井中出，使人浚井，得漢傳國玉璽，其文曰‘受命于天，既壽永昌’。”

［6］【今注】播越：流亡在外。

［7］【今注】曹陽：澗名。俗稱七里澗，在今河南靈寶市東北。

［8］【李賢注】袁安爲司空，子敞及京，京子湯，湯子逢並爲司空。

［9］【李賢注】《國語》曰：“后稷勤周，十五代而王。”《詩·國風序》曰：“國君積行累功，以致爵位。”《論語》孔子曰：“三分天下有二，猶服事殷（猶，大德本、殿本作‘以’，可從）。”【今注】案，曹金華《後漢書稽疑》言“參分天下”後脱“有其二”，李賢所引《論語》亦脱“其”字（第 1013—1014 頁）。

［10］【李賢注】弈猶重也。《詩》云：“丕顯弈代（丕，紹興本、大德本、殿本皆作‘不’，二字通）。”又曰：“克昌厥後。”【今注】奕世：累世，歷代。　克昌：子孫昌大。

［11］【今注】案，雖，大德本、殿本作“衰”。

［12］【今注】張範：字公儀，河内脩武（今河南獲嘉縣）人。傳見《三國志》卷一一。

［13］【李賢注】王肅注《家語》曰：“言若丘陵之漸逶遲。”【今注】陵遲：衰落。

［14］【今注】徼（yāo）：同“邀”。謀求。《玉篇·彳部》：“徼，要也，求也。”

［15］【今注】擬迹：仿效。　高祖：西漢高祖劉邦，公元前 206 年至前 195 年在位。紀見《史記》卷八、《漢書》卷一。

［16］【今注】干時：違背時勢。

［17］【李賢注】《魏志》曰，範字公儀。承字公先，河内人，司徒歆之孫也。

［18］【今注】案，說，大德本、殿本作“悦”。

自孫堅死，子策復領其部曲，術遣擊楊州刺史劉繇，[1]破之，策因據江東。策聞術將欲僭號，與書諫曰：[2]“董卓無道，陵虐王室，禍加太后，暴及弘農，天子播越，[3]宫廟焚毁，是以豪桀發憤，沛然俱起。[4]元惡既斃，[5]幼主東顧，[6]乃使王人奉命，宣明朝恩，偃武修文，與之更始。然而河北異謀於黑山，[7]曹操毒被於東徐，劉表僭亂於南荆，公孫叛逆於朔北，正禮阻兵，[8]玄德争盟，[9]是以未獲從命，櫜弓戢戈。[10]當謂使君與國同規，而舍是弗恤，[11]完然有自取之志，[12]懼非海内企望之意也。成湯討桀，稱‘有夏多罪’；[13]武王伐紂，曰‘殷有重罰’。[14]此二王者，雖有聖德，假使時無失道之過，無由逼而取也。今主上非有惡於天下，徒以幼子脅於彊臣，異於湯武之時也。又聞幼主明智聰敏，有夙成之德，[15]天下雖未被其恩，咸歸心焉。若輔而興之，則旦、奭之美，[16]率土所望也。使君五世相承，[17]爲漢宰輔，榮寵之盛，莫與爲比，宜効忠守節，以報王室。時人多惑圖緯之言，[18]妄牽非類之文，苟以悦主爲美，不顧成敗之計，古今所慎，可不孰慮！忠言逆耳，駮議致憎，[19]苟有益於尊明，無所敢辭。”術不納，[20]策遂絶之。

［1］【今注】劉繇：字正禮，東萊牟平（今山東烟臺市西北）

人。傳見《三國志》卷四九。

［2］【今注】案，王先謙《後漢書集解》引惠棟言："《典略》云張昭之辭，《吴録》以爲張紘也。"

［3］【李賢注】《左傳》曰，王子朝云"兹不穀震蕩播越"。播，遷也。越，逸也。言失其所居。

［4］【李賢注】沛然，自恣縱皃也（皃，大德本、殿本作"貌"，二字通，本卷下文不再出注）。沛音片害反。【今注】沛然：自恣放縱的樣子。

［5］【今注】斃：斃命。《廣韻·祭韻》："斃，死也。"

［6］【今注】幼主東顧：即漢獻帝從長安返回東都洛陽。

［7］【李賢注】謂袁紹爲冀州牧，與黑山賊相連。

［8］【李賢注】劉繇也。【今注】正禮：劉繇字正禮。

［9］【李賢注】劉備也。【今注】玄德：劉備字玄德。

［10］【今注】未獲從命櫜（gāo）弓戢（jí）戈：櫜弓戢戈比喻收藏武器，停止戰争。櫜，裝弓箭的袋子。戢，收藏。案，從命，曹金華《後漢書稽疑》言《後漢紀》卷二九、《三國志》卷四六《吴志·孫破虜討逆傳》注引《吴録》作"承命"（第1014—1015頁）。

［11］【今注】弗恤：不體恤、不操心（朝廷的危難）。

［12］【李賢注】完然，自得皃。

［13］【李賢注】《尚書·湯誓》曰："有夏多罪，天命殛之。"

［14］【李賢注】《史記》曰："武王徧告諸侯曰：'殷有重罰，不可不伐。'"

［15］【李賢注】夙，早也。

［16］【今注】旦：周公姬旦，周文王子，周武王弟，封於魯，子代爲就國，成王年幼時代攝國政，平定三監之亂，制定禮樂制度，爲儒家所尊崇。世家見《史記》卷三三。　奭：即召公（也寫作"邵公"）姬奭，周王朝宗室，因封於召，故稱召公，滅商後

封於燕。世家見《史記》卷三四。

[17]【李賢注】安生京，京生湯，湯生逢，逢生術（術，紹興本、大德本作"衍"，不從），凡五代。

[18]【今注】時人多惑圖緯之言：圖緯之言，圖指圖録，緯與經相對，指讖緯，託名孔子以詭辭解釋儒家經典的預言書，多爲虚妄、荒誕不經的言論。案，時人，曹金華《後漢書稽疑》言《後漢紀》卷二九、《吴志·孫破虜討逆傳》皆作"世人"，李賢避李世民之諱改作"時人"（第1015頁）。

[19]【李賢注】駮，雜也，議不同也。《前書》張良曰："忠言逆耳利於行，良藥苦口利於病。"【今注】駮議：異議。

[20]【今注】案，術，殿本作"行"，不從。

建安二年，因河内張炯符命，[1]遂果僭號，自稱"仲家"。[2]以九江太守爲淮南尹，[3]置公卿百官，郊祀天地。[4]乃遣使以竊號告吕布，并爲子娉布女。[5]布執術使送許。[6]術大怒，遣其將張勳、橋蕤攻布，大敗而還。術又率兵擊陳國，[7]誘殺其王寵及相駱俊，曹操乃自征之。術聞大駭，即走度淮，[8]留張勳、橋蕤於蘄陽，[9]以拒操。操擊破斬蕤，而勳退走。術兵弱，大將死，衆情離叛。加天旱歲荒，士民凍餒，江、淮間相食殆盡。時舒仲應爲術沛相，[10]術以米十萬斛與爲軍糧，仲應悉散以給飢民。術聞怒，陳兵將斬之。仲應曰："知當必死，故爲之耳。寧可以一人之命，救百姓於塗炭。"術下馬牽之曰："仲應，足下獨欲享天下重名，不與吾共之邪？"

[1]【今注】河内：郡名。治懷縣（今河南武陟縣西南）。

符命：上天預示帝王受命的符兆。

［2］【李賢注】“仲”或作“沖”。【今注】案，王先謙《後漢書集解》引惠棟言：“《典略》作‘仲氏’。”錢大昕言：“沖家猶沖人、沖子也，當以‘沖’爲是。”沈濤言：“‘仲’乃術所僭國號，其稱曰‘家’，猶漢氏之稱‘漢家’耳。《公孫述傳》：‘遂自立爲天子，號“成家”。’亦是僭國號曰‘成’也。又《魏志·術傳》注引《典略》曰：‘乃建號稱“仲氏”。’則‘或作沖’者，非。”今案，當爲“仲”，從本傳。

［3］【今注】淮南尹：漢代將京師所在郡稱爲“尹”，如長安所在的京兆尹和洛陽所在的河南尹。袁術效仿而置。

［4］【今注】郊祀天地：《禮記·曲禮下》載：“天子祭天地，祭四方，祭山川，祭五祀，歲徧。諸侯方祀，祭山川，祭五祀，歲徧。大夫祭五祀，歲徧。士祭其先。”按禮制規定，祭祀天地爲天子獨有的權力。

［5］【今注】娉：娶。《玉篇·女部》：“娉，娶也。”殿本作“聘”。

［6］【李賢注】時獻帝在許。【今注】許：縣名。東漢末期都城，治所在今河南許昌市建安區東。

［7］【今注】陳國：王國名。治陳縣（今河南淮陽縣）。

［8］【今注】案，度，大德本、殿本作“渡”。

［9］【李賢注】《水經》曰：“蘄水出江夏蘄春縣北山。”酈元注云：“即蘄山也。西南流經蘄山，又南對蘄陽，注于大江，亦謂之蘄陽口。”【今注】案，王先謙《後漢書集解》引《資治通鑑》胡三省注，言此“蘄陽”當爲沛國蘄縣，衍“陽”字。曹金華《後漢書稽疑》懷疑蘄陽在陳國（第1015頁）。

［10］【今注】沛：王國名。治相縣（今安徽濉溪縣西北）。相：當時王國和侯國都設有相，主治民，此爲王國相，二千石，職掌如太守。

術雖矜名尚奇，而天性驕肆，尊己陵物。及竊僞號，淫侈滋甚，媵御數百，無不兼羅紈，厭粱肉，[1]自下飢困，莫之簡卹。於是資實空盡，不能自立。四年夏，乃燒宫室，奔其部曲陳簡、雷薄於灊山。[2]復爲簡等所拒，遂大困窮，士卒散走。憂懣不知所爲，遂歸帝號於紹，曰："禄去漢室久矣，天下提挈，[3]政在家門。豪雄角逐，分割疆宇。此與周末七國無異，唯彊者兼之耳。袁氏受命當王，符瑞炳然。今君擁有四州，[4]人户百萬，以彊則莫與争大，以位則無所比高。曹操雖欲扶衰獎微，[5]安能續絶運，起已滅乎！謹歸大命，君其興之。"紹陰然其計。

[1]【李賢注】《九州春秋》曰："司隸馮方女，國色也，避亂楊州。袁術登城，見而悦之，遂納焉，甚愛幸。諸婦害其寵（害，大德本、殿本作'妬'），紿之曰：'將軍貴人有志節，當時時涕泣憂愁，必長見敬重。'馮氏以爲然，後見術輒垂涕，術果以有心志，益哀之。諸婦因是共絞殺之，懸之廁梁，術誠以爲不得志而死也，厚加殯斂焉。"【今注】媵（yìng）御：姬妾。

[2]【李賢注】灊縣之山也。灊，今壽州霍山縣也。灊音潛。【今注】案，陳簡，王先謙《後漢書集解》引惠棟言："《魏志》作'陳蘭'。"今存録。　灊山：即潛縣之山，故址在今安徽霍山縣東南。

[3]【今注】天下提挈：提挈，主宰，支配。案，曹金華《後漢書稽疑》言《魏志·袁術傳》注引《魏書》"天下"作"天子"（第1016頁）。

[4]【李賢注】青、冀、幽、并。【今注】案，大德本無"有"字。

[5]【今注】奬：輔助。

術因欲北至青州從袁譚，[1]曹操使劉備徼之，[2]不得過，復走還壽春。[3]六月，至江亭。[4]坐簀牀而歎曰：[5]"袁術乃至是乎！"因憤慨結病，歐血死。妻子依故吏廬江太守劉勳。[6]孫策破勳，復見收視，術女入孫權宫，子曜仕吴爲郎中。

[1]【今注】袁譚：字顯思，汝南汝陽（今河南商水縣西北）人。袁紹長子。傳見本書卷七四下。

[2]【今注】徼（yāo）：同"邀"。阻擋，攔截。《集韻·宵韻》："邀，遮也。或從彳"

[3]【今注】壽春：縣名。治所在今安徽壽縣壽春鎮。

[4]【今注】江亭：聚落名。時屬汝南郡安陽縣，故址在今河南正陽縣南。

[5]【李賢注】簀，笫也，謂無茵席也。【今注】簀（zé）牀：用竹子或木條編成的牀墊。

[6]【李賢注】《魏志》曰"勳字子臺，琅邪人，與太祖有舊，爲孫策破後，自歸太祖，封列侯。勳自恃與太祖有宿，日驕慢，數犯法，又誹謗，遂免其官"也。（曹金華《後漢書稽疑》言注引出自《三國志》卷一二《魏志·司馬芝傳》注引《魏略》，且有删改）【今注】故吏：原來的下屬官吏，也指曾經爲官之人。廬江：郡名。治舒縣（今安徽廬江縣西南）。

論曰：天命符驗，可得而見，未可得而言也。然大致受大福者，歸於信順乎！[1]夫事不以順，雖彊力廣謀，不能得也。謀不可得之事，日失忠信，變詐妄生矣。況復苟肆行之，[2]其以欺天乎！雖假符僭稱，歸將安所容哉！

[1]【李賢注】《易》曰："天之所助者，順也；人之所助者，信也。履信思順，自天祐之。"

[2]【今注】肆行：恣意妄爲。

吕布字奉先，五原九原人也。[1]以弓馬驍武給并州。[2]刺史丁原爲騎都尉，[3]屯河内，以布爲主簿，甚見親待。靈帝崩，原受何進召，[4]將兵詣洛陽，爲執金吾。[5]會進敗，董卓誘布殺原而并其兵。

[1]【今注】五原：郡名。治九原縣（今内蒙古包頭市西）。

[2]【今注】給：即給役，可以給事中央，也可以給事州郡縣。長沙走馬樓三國吴簡中有"給"吏，或是"給州吏""給郡吏""給縣吏""給軍吏""給縣卒""給州卒""給卒"，或是"給驛兵""給鹽兵""給習射""給子弟佃客""給子弟""給私學""給關父"等。學界一般認爲孫吴的給役制度繼承自漢代，給吏本身不是吏，但可以轉變成正式的吏。

[3]【今注】騎都尉：官名。名義上屬光禄勳。掌羽林騎兵。本書《百官志二》載："騎都尉，比二千石。本注曰：無員。本監羽林騎。"

[4]【今注】何進：字遂高，南陽宛（今河南南陽市卧龍區）人。東漢外戚。傳見本書卷六九。

[5]【今注】執金吾：官名。西漢武帝時改秦代中尉而來，主要負責皇宫之外、京師之中的警衛工作，皇帝出行充任儀仗。本書《百官志四》載："執金吾一人，中二千石。本注曰：掌宫外戒司非

常水火之事。月三繞行宮外，及主兵器。吾猶禦也。”

卓以布爲騎都尉，誓爲父子，甚愛信之。稍遷至中郎將，封都亭侯。[1]卓自知凶恣，每懷猜畏，行止常以布自衛。嘗小失卓意，卓拔手戟擲之。[2]布拳捷得免，[3]而改容顧謝，卓意亦解。布由是陰怨於卓。卓又使布守中閤，[4]而私與傅婢情通，[5]益不自安。因往見司徒王允，[6]自陳卓幾見殺之狀。[7]時允與尚書僕射士孫瑞密謀誅卓，[8]因以告布，使爲内應。布曰："如父子何？"曰："君自姓吕，本非骨肉。今憂死不暇，何謂父子？擲戟之時，豈有父子情也？"布遂許之，乃於門刺殺卓，事已見《卓傳》。允以布爲奮威將軍，假節，儀同三司，[9]封温侯。[10]

[1]【今注】都亭侯：列侯之一。東漢列侯分爲縣侯、鄉侯、亭侯三等，都亭侯即設在都亭的亭侯。

[2]【今注】案，王先謙《後漢書集解》引惠棟言："《釋名》云：'手戟，手所持擿之戟也。'"

[3]【今注】拳捷：身手敏捷。案，王先謙《後漢書集解》引惠棟言："裴松之云：'《詩》曰："無拳無勇。"注：拳，力也。'胡注：'勇力爲拳，迅疾爲捷。'"

[4]【今注】中閤：宫中的小門。

[5]【今注】傅婢：親近的侍婢，此指貂蟬。

[6]【今注】司徒：官名。東漢三公之一，西漢元壽二年（前1）改丞相爲大司徒，掌教化、刑罰。本書《百官志一》載："司徒，公一人。本注曰：掌人民事。凡教民孝悌、遜順、謙儉，養生送死之事，則議其制，建其度。凡四方民事功課，歲盡則奏其殿最

而行賞罰。凡郊祀之事，掌省牲視濯，大喪則掌奉安梓宫。凡國有大疑大事，與太尉同。世祖即位，爲大司徒，建武二十七年，去‘大’。”　王允：字子師，太原祁（今山西祁縣）人。傳見本書卷六六。

［7］【李賢注】幾音祈。【今注】幾：幾乎，差不多。《爾雅·釋詁下》：“幾，近也。”

［8］【今注】尚書僕射：官名。名義上屬少府。尚書臺長官，位在尚書令之下。本書《百官志三》載：“尚書僕射一人，六百石。本注曰：署尚書事，令不在則奏下衆事。”

［9］【今注】三司：即太尉、司徒、司空。

［10］【今注】温：時爲侯國，治所在今河南温縣西南。

允既不赦涼州人，由是卓將李傕等遂相結，[1]還攻長安。布與傕戰，敗，乃將數百騎，以卓頭繫馬鞍，走出武關，[2]奔南陽。袁術待之甚厚。[3]布自恃殺卓，有德袁氏，遂恣兵鈔掠。術患之。布不安，復去從張楊於河内。[4]時李傕等購募求布急，[5]楊下諸將皆欲圖之。布懼，謂楊曰：“與卿州里，[6]今見殺，其功未必多。[7]不如生賣布，可大得傕等爵寵。”楊以爲然。[8]有頃，布得走投袁紹，紹與布擊張燕於常山。[9]燕精兵萬餘，騎數千匹。布常御良馬，號曰赤菟，能馳城飛塹，[10]與其健將成廉、魏越等數十騎馳突燕陣，一日或至三四，皆斬首而出。連戰十餘日，遂破燕軍。布既恃其功，更請兵於紹，紹不許，而將士多暴横，紹患之。布不自安，因求還洛陽。紹聽之，承制使領司隸校尉，[11]遣壯士送布而陰使殺之。[12]布疑其圖己，乃使人鼓箏於帳中，潛自遁出。夜中兵起，而布已亡。

紹聞，懼爲患，募遣追之，皆莫敢逼，遂歸張楊。道經陳留，太守張邈遣使迎之，相待甚厚，臨别把臂言誓。

［1］【今注】案，傕，紹興本、大德本、殿本皆作“傕”，可從。本段下同，不復出校。

［2］【今注】武關：秦漢時期著名關隘之一，位於今陝西丹鳳縣東武關河的北岸，與函谷關、崤關、大散關號稱“秦之四塞”，是關中地區南部的要塞。劉邦曾從武關進入關中，滅亡秦朝。

［3］【今注】案，王先謙《後漢書集解》引何焯言：“《魏志》云：‘術惡其反覆，拒而不受。’與此互異。”

［4］【今注】張楊：字稚叔，雲中郡（今内蒙古托克托縣古城村）人。以武勇任并州從事，因平定黄巾起義有功而任河内太守，因輔翼皇室任安國將軍、大司馬，後爲其部將所殺。

［5］【今注】購募：即懸賞募求。秦漢法律規定，對抓捕犯人按罪犯所犯罪行輕重給予數額不等的賞金。秦代購金既可以是“錢”，也可以是“金”，漢代購金多按兩計算。

［6］【今注】州里：此指同鄉。

［7］【今注】案，王先謙《後漢書集解》引惠棟言：“《國語》云：‘戰功曰多。’”今案，吕布所言之“功”當非戰功，而是“功勞”之意，言殺之功勞少，不如生擒功勞多。

［8］【今注】案，王先謙《後漢書集解》引惠棟言：“《英雄記》云：‘楊於是外許汜、傕，内實保護。汜、傕患之，更下大封詔書，以布爲潁川太守。’與此異也。”

［9］【今注】常山：王國名。治元氏縣（今河北元氏縣西北）。

［10］【李賢注】《曹瞞傳》曰：“時人語曰：‘人中有吕布，馬中有赤菟。’”【今注】案，赤菟，曹金華《後漢書稽疑》言“菟”當爲“兔”（第1018頁）。

[11]【今注】司隸校尉：官名。監察三公以下百官，且爲司隸州部的長官。本書《百官志四》載："司隸校尉一人，比二千石。本注曰：孝武帝初置，持節，掌察舉百官以下，及京師近郡犯法者。元帝去節，成帝省，建武中復置，并領一州。"

[12]【今注】案，王先謙《後漢書集解》引惠棟言："《英雄記》云：'紹遣甲士三千人，辭以送布。'"

邈字孟卓，東平人，[1]少以俠聞。初辟公府，稍遷陳留太守。董卓之亂，與曹操共舉義兵。及袁紹爲盟主，有驕色，邈正義責之。紹既怨邈，且聞與布厚，乃令曹操殺邈。操不聽，然邈心不自安。[2]興平元年，曹操東擊陶謙，[3]令其將武陽人陳宫屯東郡。[4]宫因説邈曰："今天下分崩，雄桀並起，君擁十萬之衆，當四戰之地，[5]撫劍顧眄，[6]亦足以爲人豪，而反受制，不以鄙乎！今州軍東征，其處空虚，吕布壯士，善戰無前，迎之共據兖州，觀天下形埶，俟時事變通，此亦從横一時也。"邈從之，遂與弟超及宫等迎布爲兖州牧，據濮陽，[7]郡縣皆應之。

[1]【今注】東平：王國名。治無鹽縣（今山東東平縣南）。

[2]【今注】案，《三國志》卷七《魏書·吕布傳》載："紹使太祖殺邈，太祖不聽，責紹曰：'孟卓，親友也，是非當容之。今天下未定，不宜自相危也。'邈知之，益德太祖。"與此有異。

[3]【今注】陶謙：字恭祖，丹陽郡（今安徽宣城市宣州區）人。傳見本書卷七三、《三國志》卷八。

[4]【李賢注】《典略》曰："陳宫字公臺，東郡人也。剛直列壯（壯，殿本作'烈'），少與海内知名之士皆連結。及天下

亂，始隨太祖。後自疑，乃從吕布。爲布畫策，布每不從。”【今注】案，曹金華《後漢書稽疑》言武陽前當脱“東”字（第1018頁）。東武陽，縣名。治所在今山東莘縣南。　陳宫：字公臺，東郡東武陽人，曾爲曹操心腹，因曹操殺害名士邊讓等人而叛降吕布，吕布戰敗後被殺。　東郡：治濮陽縣（今河南濮陽市華龍區西南）。

［5］【李賢注】陳留地平，四面受敵，故謂之“四戰之地”也。

［6］【今注】顧眄（miàn）：轉眼而視。

［7］【今注】濮陽：縣名。治所在今河南濮陽市華龍區西南。

曹操聞而引軍擊布，累戰，相持百餘日。是時旱蝗少穀，百姓相食，布移屯山陽。[1]二年間，操復盡收諸城，破布於鉅野，[2]布東奔劉備。邈詣袁術求救，留超將家屬屯雍丘。操圍超數月，屠之，滅其三族。[3]邈未至壽春，爲其兵所害。時劉備領徐州，居下邳，[4]與袁術相拒於淮上。術欲引布擊備，乃與布書曰：“術舉兵詣闕，未能屠裂董卓。將軍誅卓，爲術報耻，功一也。[5]昔金元休南至封丘，爲曹操所敗。[6]將軍伐之，令術復明目於遐邇，功二也。術生年以來，不聞天下有劉備，備乃舉兵與術對戰。憑將軍威靈，得以破備，功三也。將軍有三大功在術，術雖不敏，奉以死生。將軍連年攻戰，軍糧苦少，今送米二十萬斛。非唯此止，當駱驛復致。凡所短長亦唯命。”布得書大悦，即勒兵襲下邳，獲備妻子。備敗走海西，[7]飢困，請降於布。布又恚術運糧不復至，乃具車馬迎備，以爲豫州刺史，遣屯小沛。[8]布自號徐州牧。術懼布爲己害，爲子求婚，布復許之。

[1]【今注】山陽：郡名。治昌邑縣（今山東巨野縣東南）。

[2]【今注】鉅野：縣名。治所在今山東巨野縣東北。

[3]【今注】三族：《史記》卷五《秦本紀》載：“法初有三族之罪。”裴駰《集解》云：“張晏曰：‘父母、兄弟、妻子也。’如淳曰：‘父族、母族、妻族也。’”關於“三族”的理解，古人注解已有分歧。

[4]【今注】下邳：縣名。治所在今江蘇邳州市南。

[5]【李賢注】董卓殺隗及術兄基等男女二十餘人（二十，曹金華《後漢書稽疑》據《袁安傳》言或爲“五十”）。

[6]【李賢注】《典略》曰“元休名尚，京兆人。同郡韋休甫、第五文休俱著名，號爲‘三休’。尚，獻帝初爲兗州刺史，東之郡，而太祖已臨兗州。尚依袁術，術僭號，欲以尚爲太尉，不敢顯言，私使諷之，術亦不敢强也。建安初，尚逃還，爲術所害”也。（王先謙《後漢書集解》引劉攽言：“注‘刺史東之郡’，案刺史不當言‘郡’，蓋是‘部’字。”又引惠棟言：“案《魏志》注亦作‘郡’。《續志》兗州刺史治山陽昌邑，所云‘之郡’謂‘之山陽郡’也。”）

[7]【李賢注】海西，縣，屬廣陵郡，故屬東海。【今注】海西：縣名。治所在今江蘇灌南縣東南。

[8]【李賢注】高祖本泗水郡沛縣人。及得天下，改泗水爲沛郡，小沛即沛縣。【今注】小沛：沛縣，時人稱“小沛”，以别於沛國。治所在今江蘇沛縣。

術遣將紀靈等步騎三萬以攻備，備求救於布。諸將謂布曰：“將軍常欲殺劉備，今可假手於術。”布曰：

“不然。術若破備，則北連太山，[1]吾爲在術圍中，不得不救也。”便率步騎千餘，馳往赴之。靈等聞布至，皆斂兵而止。布屯沛城外，遣人招備，并請靈等與共饗飲。布謂靈曰：“玄德，布弟也，爲諸君所困，故來救之。布性不喜合鬬，[2]但喜解鬬耳。”乃令軍候植戟於營門，[3]布彎弓顧曰：“諸君觀布射戟小支，[4]中者當各解兵，不中可留決鬬。”布即一發，正中戟支。靈等皆驚，言“將軍天威也”。明日復歡會，然後各罷。

［1］【今注】太山：郡名。即泰山，范曄避其父泰諱而寫作“太”，治奉高縣（今山東泰安市東）。

［2］【今注】案，合，大德本作“令”。

［3］【今注】軍候：官名。本書《百官志一》載：“大將軍營五部，部校尉一人，比二千石；軍司馬一人，比千石。部下有曲，曲有軍候一人，比六百石。”

［4］【李賢注】《周禮·考工記》曰：“爲戟博二寸，内倍之，胡參之，援四之。”鄭注云：“援，直刃；胡，其孑也。”小支謂胡也。即今之戟傍曲支。【今注】案，紹興本無“戟”字。

術遣韓胤以僭號事告布，因求迎婦，布遣女隨之。沛相陳珪恐術報布成姻，[1]則徐楊合從，[2]爲難未已。於是往説布曰：“曹公奉迎天子，輔贊國政，將軍宜與協同策謀，共存大計。今與袁術結姻，必受不義之名，將有累卵之危矣。”[3]布亦素怨術，而女已在塗，乃追還絶婚，執胤送許，曹操殺之。

[1]【今注】案，姻，中華本校勘記言汲本、《魏志》皆作“婚”。

[2]【今注】案，曹金華《後漢書稽疑》言《鴻臚陳君碑》載游説吕布破其合縱之事爲陳元芳所爲，陳元芳即陳紀，非陳珪（第1020頁）。　合從：即合縱，戰國時期南北聯盟爲“合縱”，後將因爲利益而結盟稱爲“合縱”。

[3]【李賢注】《説苑》曰：“晉靈公造九層臺，費用千億，謂左右曰：‘敢有諫者斬。’孫息求見。靈公張弩持矢見之，謂之曰：‘子欲諫邪？’孫息曰：‘臣不敢諫也。臣能累十二博棊，加九雞子於其上。’公曰：‘吾未嘗見也，子爲寡人作之。’孫息即正顔色，定志意，以棊子置下，加雞子其上。左右慴息。靈公曰：‘危哉！’孫息曰：‘復有危於此者。’公曰：‘願復見之。’息曰：‘九層之臺，三年不成，男不得耕，女不得織，國用空虚，户口減少，吏人叛亡，鄰國謀議將興兵。’公乃壞臺。”（曹金華《後漢書稽疑》言，今本《説苑·佚文輯補》作“鄰國謀議，將欲興兵”，向宗魯《説苑校證》言原脱“欲”字，據《魏都賦注》等補）

陳珪欲使子登詣曹操，布固不許，會使至，拜布爲左將軍，布大喜，即聽登行，并令奉章謝恩。登見曹操，因陳布勇而無謀，輕於去就，宜早圖之。操曰：[1]“布狼子野心，誠難久養，[2]非卿莫究其情僞。”即增珪秩中二千石，[3]拜登廣陵太守。[4]臨别，操執登手曰：“東方之事，便以相付。”令陰合部衆，以爲内應。始布因登求徐州牧，不得。登還，布怒，拔戟斫机曰：[5]“卿父勸吾協同曹操，絶婚公路。今吾所求無獲，而卿父子並顯重，但爲卿所賣耳。”登不爲動容，徐對之曰：“登見曹公，言養將軍譬如養虎，當飽其肉，不飽則將噬人。公曰：‘不如卿言。譬如養鷹，飢即爲用，飽則颺去。’[6]其言如此。”布意乃解。

［1］【今注】案，口，紹興本、大德本、殿本皆作“曰”，可從。

［2］【李賢注】《左傳》曰：“伯石之生也，叔向之母視之，曰：‘是豺狼之聲也，狼子野心。’”

［3］【今注】中二千石：官秩名。《漢書》卷八《宣帝紀》顔師古注：“漢制，秩二千石者，一歲得一千四百四十石，實不滿二千石也。其云中二千石者，一歲得二千一百六十石，舉成數言之，故曰中二千石。中者，滿也。”漢制九卿秩皆中二千石，故多以代稱九卿。

［4］【今注】廣陵：郡名。治廣陵縣（今江蘇揚州市西北）。

［5］【今注】案，扷，紹興本、大德本、殿本皆作“拔”，可從。　斫（zhuó）：用刀斧砍削。　机：通“几”。用來放置物件或倚靠的小桌子。

［6］【今注】颺（yáng）：高飛。

袁術怒布殺韓胤，遣其大將張勳、橋蕤等與韓暹、楊奉連埶，[1]步騎數萬，七道攻布。布時兵有三千，馬四百匹，懼其不敵，謂陳珪曰：“今致術軍，卿之由也，爲之奈何？”珪曰：“暹、奉與術，卒合之師耳。[2]謀無素定，[3]不能相維。子登策之，比於連雞，埶不俱棲，[4]立可離也。”布用珪策，與暹、奉書曰：“二將軍親扷大駕，[5]而布手殺董卓，俱立功名，當垂竹帛。[6]今袁術造逆，宜共誅討，奈何與賊還來伐布？可因今者同力破術，爲國除害，建功天下，此時不可失也。”

又許破術兵，悉以軍資與之。暹、奉大喜，遂共擊勳等於下邳，大破之，生禽橋蕤，餘衆潰走，其所殺傷、墯水死者殆盡。

[1]【今注】韓暹：原爲黄巾軍餘部白波軍將領，被招降後因護送獻帝東歸洛陽有功，任大將軍，曹操掌權後逐漸失勢，先後投奔袁術、吕布，死於戰敗逃亡途中。　楊奉：原爲黄巾軍餘部白波軍將領，被招降後因護送獻帝東歸洛陽有功，任車騎將軍，曹操掌權後逐漸失勢，先後投奔袁術、吕布，受命進攻劉備，反被劉備誘殺。

[2]【李賢注】卒音七忽反（七，紹興本、大德本作“千”）。【今注】卒合之師：倉促之間聚合的軍隊。

[3]【李賢注】素，舊也。【今注】謀無素定：言其没有預先制定的謀略。

[4]【李賢注】《戰國策》曰：“秦惠王謂寒泉子曰：‘蘇秦欺弊邑，欲以一人之知，反覆山東之君（山東，大德本作“東山”，不從）。夫諸侯之不可一，猶連雞之不能俱上於棲。’”【今注】比於連雞埶不俱棲：此比喻韓暹、楊奉、張勳、橋蕤之間相互牽制，勢必不能一致行動。

[5]【今注】案，扷，紹興本作“扳”，大德本作“拔”，殿本作“扶”，當從“拔”。

[6]【今注】竹帛：本指竹簡和絹帛，秦漢三國時期曾是主要書寫材料，此代指史書。

時太山臧霸等攻破莒城，[1]許布財幣以相結，而未及送，布乃自往求之。其督將高順諫止[2]曰：“將軍威名宣播，遠近所畏，何求不得，而自行求賂。萬一不剋，豈不損邪？”布不從。既至莒，霸等不測往意，固守拒之，無獲而還。[3]順爲人清白有威嚴，少言辭，將衆整齊，每戰必剋。布性決易，[4]所爲無常。順每諫曰：“將軍舉動，不肯詳思，忽有失得，動輒言誤。誤事豈可數乎？”布知其忠而不能從。

[1]【今注】太山臧霸等攻破莒城：臧霸，字宣高，泰山華縣（今山東費縣東北）人。傳見《三國志》卷一八。莒，縣名。治所在今山東莒縣。案，王先謙《後漢書集解》引惠棟言：“《英雄記》云：‘霸襲破琅邪相蕭建，得其資實也。’”

[2]【李賢注】《英雄記》曰“順爲人不飲酒，不受饋。所將七百餘兵，號爲千人，名‘陷陣營’。布後疏順，奪順所將兵，亦無恨意”也。

[3]【今注】案，王先謙《後漢書集解》引惠棟言：“《英雄記》云：‘霸後復與布和。’”

[4]【今注】決易：決策輕率。

建安三年，[1]布遂復從袁術，遣順攻劉備於沛，破之。曹操遣夏侯惇救備。[2]爲順所敗。操乃自將擊布，至下邳城下。遺布書，爲陳禍福。布欲降，而陳宫等自以負罪於操，深沮其計，[3]而謂布曰：“曹公遠來，埶不能久。將軍若以步騎出屯於外，宫將餘衆閉守於內。若向將軍，宫引兵而攻其背；若但攻城，則將軍救於外。不過旬月，軍食畢盡，擊之可破也。”布然之。布妻曰：“昔曹氏待公臺如赤子，猶舍而歸我。今將軍厚公臺不過於曹氏，而欲委全城，捐妻子，孤軍遠出乎？若一旦有變，妾豈得爲將軍妻哉！”布乃止。而潛遣人求救於袁術，[4]自將千餘騎出。戰敗走還，保城不敢出。術亦不能救。

[1]【今注】案，三，紹興本、大德本作“二”，不從。

[2]【李賢注】《魏志》曰：“夏侯惇字元讓，沛國譙人。年二十四，就師學，人有辱其師者，惇殺之。後從征吕布，爲流矢傷左目。領陳留、濟陰太守，加建武將軍。太祖常同輿載，特見親重，出入卧内，諸將莫之比。”【今注】夏侯惇：字元讓，沛國譙（今安徽亳州市譙城區）人。曹操手下名將，官至大將軍。傳見《三國志》卷九。

[3]【今注】沮：阻止。《廣韻·語韻》：“沮，止也。”

[4]【今注】案，王先謙《後漢書集解》引惠棟言：“《英雄記》云：‘布遣許汜、王楷告急於術。’”

曹操壍圍之，壅沂、泗以灌其城，[1]三月，上下離心。其將侯成使客牧其名馬，而客策之以叛。成追客得馬，諸將合禮以賀成。成分酒肉，先入詣布而言曰：“蒙將軍威靈，得所亡馬，諸將齊賀，未敢嘗也，故先以奉貢。”布怒曰：“布禁酒而卿等醖釀，爲欲因酒共謀布邪？”成忿懼，乃與諸將共執陳宫、高順，[2]率其衆降。布與麾下登白門樓。[3]兵圍之急，令左右取其首詣操。左右不忍，乃下降。布見操曰：“今日已往，天下定矣。”操曰：“何以言之？”布曰：“明公之所患不過於布，今已服矣。令布將騎，明公將步，天下不足定也。”顧謂劉備曰：“玄德，卿爲坐上客，我爲降虜，繩縛我急，獨不可一言邪？”操笑曰：“縛虎不得不急。”乃命緩布縛。劉備曰：“不可。明公不見呂布事丁建陽、董太師乎？”[4]操頷之。[5]布目備曰：“大耳兒最叵信！”[6]操謂陳宫曰：“公臺平生自謂智有餘，今意何如？”宫指布曰：“是子不用宫言，以至於此。若見從，未可量也。”操又曰：“奈卿老母何？”宫曰：“老母在公，不在宫也。夫以孝理天下者，不害人之親。”操復曰：“奈卿妻子何？”宫曰：“宫聞霸王之主，不絶人之祀。”[7]固請就刑，遂出不顧，操爲之泣涕。布及宫、順皆縊殺之，[8]傳首許市。

［1］【今注】壅：阻隔，堵塞。《廣雅·釋詁一》：“壅，隔也。”　沂：即沂水。古沂水源出今山東沂源縣魯山，南流經臨沂、郯城，至江蘇邳州合泗水，又東南至淮陰入淮水。　泗：即泗水，在今山東中部，源出今山東泗水縣蒙山南麓，四源並發，故名泗水。經今江蘇徐州流入淮河。

［2］【今注】諸將：王先謙《後漢書集解》引惠棟言：“宋憲、魏續等。”

［3］【李賢注】宋武《北征記》曰：“下邳城有三重，大城周四里，呂布所守也。魏武禽布於白門。白門，大城之門也。”酈元《水經注》曰：“南門謂之白門，魏武禽陳宫於此。”

［4］【今注】丁建陽董太師：即丁原、董卓。丁原字建陽。董卓曾任太師。二人曾爲呂布義父，後皆爲呂布所殺。太師，官名。位在三公之上，地位尊崇，多無實權，不常置。

［5］【李賢注】杜預注《左傳》曰：“頷，摇頭也。”音五感反。（曹金華《後漢書稽疑》言，據文意“頷”當爲點頭之意）

［6］【李賢注】《蜀志》曰：“備顧自見其耳。”【今注】大耳

兒最叵（pǒ）信：叵信，不可信。案，王先謙《後漢書集解》引周壽昌言："案《英雄記》云：'主簿王必趨進曰：'布，勍虜也。其衆近在外，不可寬也。'太祖曰：'本欲相緩，主簿復不聽，如之何？'據此，當時勸殺布者不止一昭烈也。"今案，"昭烈"爲劉備死後謚號。

[7]【李賢注】《左傳》曰："齊桓公存三亡國。"【今注】祀：本指祭祀，此代指祭祀之人。

[8]【今注】縊：吊死。《説文·絲部》："縊，經也。"

贊曰：焉作庸牧，以希後福。[1]曷云負荷？[2]地墮身逐。[3]術既叨貪，[4]布亦翻覆。[5]

[1]【李賢注】王莽改益州曰庸部。【今注】庸牧：益州牧。希：希求，冀望。

[2]【今注】負荷：承受，承擔。

[3]【今注】地墮身逐：逐即放逐。劉璋投降劉備之後，被遷徙到公安縣（今湖北公安縣西）。

[4]【今注】叨貪：貪婪。

[5]【今注】翻（fān）覆：反復無常。

後漢書　卷七六

列傳第六十六

循吏

衛颯　任延　王景　秦彭　王渙　許荆　孟嘗　第五訪
劉矩　劉寵　仇覽　童恢

初，光武長於民間，頗達情僞，[1]見稼穡艱難，百姓病害，至天下已定，務用安静，解王莽之繁密，還漢世之輕法。[2]身衣大練，[3]色無重綵，耳不聽鄭衛之音，[4]手不持珠玉之玩，宫房無私愛，左右無偏恩。建武十三年，[5]異國有獻名馬者，日行千里，又進寶劍，賈兼百金，詔以馬駕鼓車，劍賜騎士。損上林池籞之官，[6]廢騁望弋獵之事。[7]其以手迹賜方國者，皆一札十行，細書成文。[8]勤約之風，行于上下。數引公卿郎將，列于禁坐。[9]廣求民瘼，[10]觀納風謡。故能内外匪懈，百姓寬息。自臨宰邦邑者，競能其官。若杜詩守南陽，號爲“杜母”，任延、錫光移變邊俗，斯其績用之最章章者也。[11]又第五倫、宋均之徒，亦足有可稱談。然建武、永平之間，[12]吏事刻深，亟以謡言單辭，轉易守長。故朱浮數上諫書，[13]箴切峻政，鍾離意等亦規諷殷勤，[14]以長者爲言，而不能得也。[15]所以中興之美，蓋未盡焉。自章、和以後，其有善績者，往往不絕。如魯恭、吴祐、劉寬及潁川四長，[16]並以仁信篤誠，使人不欺；王堂、陳寵委任賢良，而職事自理：[17]斯皆可以感物而行化也。邊鳳、延篤先後爲京兆尹，[18]時人以輩前世趙、張。[19]又王涣、任峻之爲洛陽令，明發姦伏，吏端禁止，然導德齊禮，有所未充，亦一時之良能也。今綴集殊聞顯迹，以爲《循吏篇》云。

[1]【李賢注】《左傳》楚子曰：“晉侯在外十九年矣，人之情僞盡知之矣。”【今注】情僞：虚實。

[2]【李賢注】《前書》曰：“莽春夏斬人於市，一家鑄錢，保伍人没入爲官奴婢（没入，殿本作‘入没’），男子檻車，女子步，鐵鎖琅鐺其頸，愁苦死者十七八。”輕法謂高祖約法三章，孝文除肉刑也。

[3]【今注】大練：粗帛。

[4]【今注】鄭衛之音：春秋時鄭國、衛國俗樂，不同於雅樂，故被貶斥爲淫靡之音。《禮記·樂記》：“鄭衛之音，亂世之音也。”

[5]【今注】建武：東漢光武帝劉秀年號（25—56）。

[6]【今注】籞（yù）：苑囿的墻垣，轉指帝王的禁苑。

[7]【今注】騁望：馳騁游覽。　弋獵：射獵。

［8］【李賢注】《説文》曰："札，牒也。"

［9］【李賢注】禁坐猶御坐也。

［10］【今注】民瘼（mò）：人民疾苦。瘼，病，疾苦。

［11］【李賢注】章章，明也。《前書》班固曰："章章尤著者也。"

［12］【今注】永平：東漢明帝劉莊年號（58—75）。

［13］【今注】朱浮：字叔元，沛國蕭（今安徽蕭縣西北）人。東漢光武帝、明帝時大臣。傳見本書卷三三。

［14］【今注】鍾離意：字子阿，會稽山陰（今浙江紹興市）人。東漢光武帝、明帝時大臣。傳見本書卷四一。

［15］【李賢注】時明帝性褊察，好以耳目隱發爲明，又引杖撞郎，朝廷竦慓（慓，殿本作"慄"，是），争爲苛刻，唯意獨敢諫争，數封還詔書。見《意傳》也。

［16］【李賢注】謂荀淑爲當塗長，韓韶爲嬴長，陳寔爲太丘長，鍾皓爲林慮長。淑等皆潁川人也。【今注】魯恭：字仲康，扶風平陵（今陝西咸陽市西北）人。東漢章帝、和帝時名臣。傳見本書卷二五。　吴祐：字季英，陳留長垣（今河南長垣縣東北）人。東漢中後期名臣。傳見本書卷六四。　劉寬：字文饒，弘農華陰（今陝西華陰市東）人。東漢靈帝時名臣。傳見本書卷二五。　潁川：郡名。治陽翟縣（今河南禹州市）。以潁水得名。

［17］【李賢注】王堂任陳蕃、應嗣，陳寵任王涣、鐔顯也。【今注】王堂：字敬伯，廣漢郪（今四川三臺縣南）人。東漢安帝、順帝時名臣。傳見本書卷三一。　陳寵：字昭公，沛國洨（今安徽固鎮縣）人。東漢章帝、和帝時名臣。傳見本書卷四六。

［18］【今注】邊鳳：東漢爲京兆尹，有能名，時人稱賢。《萬姓統譜·先韻》："漢邊鳳，字子章。陳留人，爲京兆尹。"　延篤：字叔堅，南陽犨（今河南魯山縣東南）人。東漢桓帝時名臣。傳見本書卷六四。

［19］【李賢注】輩，類也。趙謂趙廣漢，張謂張敞者也。

衛颯字子產，[1]河内脩武人也。[2]家貧好學問，隨師無糧，常傭以自給。王莽時，仕郡歷州宰。[3]

［1］【李賢注】颯音立。

［2］【今注】河内：郡名。治懷縣（今河南武陟縣西南）。脩武：縣名。治所在今河南脩武縣東北。

［3］【今注】州宰：一般指州刺史。王莽稱帝時，州刺史改稱州牧，由監察官變爲地方軍事行政長官，授予州牧爵位，“封牧爲男”。

建武二年，辟大司徒鄧禹府。[1]舉能案劇，除侍御史，[2]襄城令。[3]政有名迹，遷桂陽太守。[4]郡與交州接境，[5]頗染其俗，不知禮則。颯下車，修庠序之教，設婚姻之禮。期年間，邦俗從化。先是含洭、湞陽、曲江三縣，越之故地，[6]武帝平之，内屬桂陽。民居深山，濱溪谷，習其風土，不出田租。去郡遠者，或且千里。吏事往來，輒發民乘船，名曰“傳役”。每一吏出，傜及數家，百姓苦之。颯乃鑿山通道五百餘里，列亭傳，[7]置郵驛。[8]於是役省勞息，姦吏杜絶。流民稍還，漸成聚邑，使輸租賦，同之平民。又耒陽縣山鐵石，[9]佗郡民庶常依因聚會，私爲冶鑄，遂招來亡命，多致姦盜。颯乃上起鐵官，罷斥私鑄，歲所增入五百餘萬。颯理恤民事，居官如家，其所施政，莫不合於物宜。視事十年，郡内清理。

[1]【今注】大司徒：官名。《周禮》有大司徒，掌國家之土地與人民。西漢哀帝時罷丞相之職，置大司徒，與大司馬、大司空並稱三公。東漢建武二十七年（51）去“大”字，改名司徒，歷朝因之。　鄧禹：字仲華，南陽新野（今河南新野縣）人。東漢開國名將，雲臺二十八將之首。傳見本書卷一六。

[2]【今注】侍御史：官名。或簡稱“御史”“侍御”。爲御史大夫屬官，由御史中丞統領，給事殿中，故名。掌受公卿奏事，舉劾按章。秩六百石。

[3]【今注】襄城：縣名。治所在今河南襄城縣城。

[4]【今注】桂陽：郡名。治郴縣（今湖南郴州市）。

[5]【今注】交州：此時應爲交趾刺史部。東漢獻帝建安八年（203）改交趾刺史部爲交州。治廣信縣（今廣西梧州市），旋移治番禺縣（今廣東廣州市）。

[6]【李賢注】含洭故城在今廣州含洭縣東。湞陽，今廣州縣也。曲江，韶州縣也。【今注】含洭：縣名。西漢置。治所在今廣東英德市西北浛洸鎮。　湞陽：縣名。西漢置。治所在今廣東英德市東翁水北。　曲江：縣名。西漢置。治所在今廣東韶關市東南。

[7]【今注】亭傳：古時供旅客與公差途中歇宿之處。

[8]【今注】郵驛：漢時傳送文書的機構。五里設一郵，三十里設一驛，均有專人負責。

[9]【李賢注】《續漢志》耒陽縣有鐵官也。【今注】案，山，殿本作“出”，是。

二十五年，徵還。光武欲以爲少府，[1]會颯被疾，不能拜起，[2]勑以桂陽太守歸家，須後詔書。[3]居二歲，載病詣闕，自陳困篤，乃收印綬，賜錢十萬，後卒于家。

［1］【今注】少府：官名。九卿之一，掌皇室財政與生活事務。秩中二千石。

［2］【李賢注】《東觀記》曰“颯到即引見，賜食於前。從吏二人，賜冠幘，錢人五千”也。

［3］【李賢注】須，待也。

南陽茨充代颯爲桂陽。[1]亦善其政，教民種殖桑柘麻紵之屬，[2]勸令養蠶織屨，民得利益焉。[3]

［1］【李賢注】《東觀記》曰“充字子河，宛人也。初舉孝廉，之京師，同侶馬死，充到前亭，輒舍車持馬還相迎，鄉里號之曰‘一馬兩車茨子河’”也（一，殿本誤作“二”）。【今注】南陽：郡名。治宛縣（今河南南陽市卧龍區）。

［2］【李賢注】《禮記》曰：“禁人無伐桑柘。”鄭玄注云：“愛蠶食也。”

［3］【李賢注】《東觀記》曰：“元和中，荆州刺史上言：臣行部入長沙界，觀者皆徒跣。臣問御佐曰：‘人無履亦苦之否？’御佐對曰：‘十二月盛寒時並多剖裂血出，燃火燎之，春温或膿潰。建武中，桂陽太守茨充教人種桑蠶，人得其利，至今江南頗知桑蠶織履，皆充之化也。’”

任延字長孫，南陽宛人也。[1]年十二，爲諸生，學於長安，明《詩》《易》《春秋》，顯名太學，[2]學中號爲“任聖童”。值倉卒，[3]避兵之隴西。[4]時隗囂已據四郡，[5]遣使請延，延不應。

［1］【今注】宛：縣名。治所在今河南南陽市卧龍區。

［2］【今注】太學：古代大學，始置於西漢武帝時。東漢光武帝稱帝後，起營太學，訪雅儒，采求經典闕文，四方學士雲會京師洛陽（參見史錫平《漢代的太學制度》，《史學月刊》1988 年第 3 期）。

［3］【今注】倉卒：匆忙急迫。

［4］【今注】隴西：郡名。治狄道縣（今甘肅臨洮縣）。

［5］【今注】隗囂：字季孟，天水成紀（今甘肅静寧縣西南）人。傳見本書卷一三。

更始元年，[1]以延爲大司馬屬，拜會稽都尉，[2]時年十九，迎官驚其壯。[3]及到，静泊無爲，唯先遣饋禮祠延陵季子。[4]時天下新定，道路未通，避亂江南者皆未還中土，會稽頗稱多士。延到，皆聘請高行如董子儀、嚴子陵等，[5]敬待以師友之禮。掾吏貧者，輒分奉禄以賑給之。省諸卒，令耕公田，以周窮急。每時行縣，[6]輒使慰勉孝子，就餐飯之。[7]

［1］【今注】更始：更始帝劉玄年號（23—25）。

［2］【今注】會稽都尉：會稽郡軍事主官。會稽，郡名。治吴縣（今江蘇蘇州市）。東漢中期，分會稽郡北部諸縣置吴郡。會稽郡治所移至山陰縣（今浙江紹興市）。都尉，武官名。秦與漢初，郡有郡尉，秩比二千石，主管軍事。景帝改名爲都尉。

［3］【李賢注】壯，少也。

［4］【李賢注】季子，吴王壽夢之少子札也，封於延陵也。【今注】延陵季子：姬姓，名札，又稱“公子札”“季子”。春秋時吴王壽夢第四子，傳爲避王位“棄其室而耕”，墓葬於江陰申浦，墓前有傳説爲孔子所書的十字篆文碑，碑文是：“嗚呼有吴延陵季

子之墓”，史稱十字碑。事迹見《史記》卷三一《吴太伯世家》。

［5］【今注】董子儀：會稽郡高士。事迹不詳。　嚴子陵：名光，字子陵，會稽餘姚（今浙江餘姚市）人。東漢著名隱士。少有高名，與光武帝劉秀同學，亦爲好友。傳見本書卷八三。

［6］【今注】行縣：巡行所主之縣。

［7］【李賢注】飯音符晚反。

吴有龍丘萇者，[1]隱居太末，[2]志不降辱。王莽時，四輔三公連辟，不到。[3]掾史白請召之。[4]延曰：“龍丘先生躬德履義，有原憲、伯夷之節。[5]都尉埽洒其門，猶懼辱焉，召之不可。”遣功曹奉謁，修書記，致醫藥，吏使相望於道。積一歲，萇乃乘輦詣府門，願得光死備録。[6]延辭讓再三，遂署議曹祭酒。萇尋病卒，延自臨殯，不朝三日。是以郡中賢士大夫争往宦焉。[7]

［1］【今注】吴：地域名。指以太湖流域爲核心的吴國故地。

［2］【李賢注】太末，縣，屬會稽郡，今婺州龍丘縣也。《東陽記》云（陽，殿本誤作“觀”）：“秦時改爲太末，有龍丘山在東，有九石特秀，色丹，遠望如蓮華。萇之隱處有一巖穴如窗牖，中有石牀，可寢處。”

［3］【李賢注】四輔爲太師、太傅、國師、國將（爲，大德本、殿本作“謂”），三公謂大司馬、司徒、司空也，並莽時官。見《前書》也。

［4］【今注】掾史：三公、將軍府及郡縣皆置。諸曹長官稱“掾”，其副稱“屬”或“史”。

［5］【李賢注】原憲，孔子弟子，魯人也。子貢結駟連騎，排藜藿過謝，原憲攝敝衣冠見子貢。伯夷，孤竹君之子，讓其國，

餓死於首陽山也。

[6]【李賢注】請編名録於郡職也。【今注】案，光，紹興本、大德本、殿本作“先”，是。

[7]【今注】案，宧，大德本作“官”。

建武初，延上書願乞骸骨，歸拜王庭。詔徵爲九真太守。[1]光武引見，賜馬雜繒，令妻子留洛陽。九真俗以射獵爲業，不知牛耕，[2]民常告糴交阯，[3]每致困乏。延乃令鑄作田器，教之墾闢。田疇歲歲開廣，百姓充給。又駱越之民無嫁娶禮法，[4]各因淫好，無適對匹，[5]不識父子之性，夫婦之道。延乃移書屬縣，各使男年二十至五十，女年十五至四十，皆以年齒相配。其貧無禮娉，[6]令長吏以下各省奉禄以賑助之。同時相娶者二千餘人。是歲風雨順節，穀稼豐衍。其産子者，始知種姓。咸曰：“使我有是子者，任君也。”多名子爲“任”。於是徼外蠻夷夜郎等慕義保塞，[7]延遂止罷偵候戍卒。[8]

[1]【今注】九真：郡名。治胥浦縣（今越南清化省清化市西北）。西漢武帝元鼎六年（前111）置。

[2]【李賢注】《東觀漢記》曰：“九真俗燒草種田。”《前書》曰“搜粟都尉趙過教人牛耕”也。

[3]【今注】告糴：請求買糧。　交阯：郡名。治交趾縣（今越南河内市）。

[4]【今注】駱越：古種族名。居於今越南及中國雲貴之地。是先秦嶺南和南海的開發者（參見梁庭望《駱越方國研究》，民族出版社2017年版）。

［5］【李賢注】適音丁歷反。

［6］【今注】案，娉，殿本作“聘”。

［7］【今注】徼：激發，激勵。　夜郎：古國名。漢時居住於西南地區。　保塞：居邊守塞。《漢書》卷九《元帝紀》：“虖韓邪單于不忘恩德，鄉慕禮義，復修朝賀之禮，願保塞傳之無窮，邊垂長無兵革之事。”

［8］【李賢注】偵，伺也，音丑政反。

初，平帝時，漢中錫光爲交阯太守，[1]教導民夷，漸以禮義，化聲侔於延。[2]王莽末，閉境拒守。建武初，遣使貢獻，封鹽水侯。領南華風，始於二守焉。

［1］【今注】漢中：郡名。治南鄭縣（今陝西漢中市）。秦置，因在漢水中游得名。

［2］【李賢注】侔，等也。

延視事四年，徵詣洛陽，以病稽留，左轉睢陽令，[1]九真吏人生爲立祠。拜武威太守，[2]帝親見，戒之曰：“善事上官，無失名譽。”延對曰：“臣聞忠臣不私，私臣不忠。履正奉公，臣子之節。上下雷同，非陛下之福。善事上官，臣不敢奉詔。”帝歎息曰：“卿言是也。”

［1］【今注】睢陽：縣名。治所在今河南商丘市南。爲碭郡治，以在睢水之陽得名。

［2］【今注】武威：郡名。治姑臧縣（今甘肅武威市涼州區）。

既之武威，時將兵長史田紺，[1]郡之大姓，其子弟賓客爲人暴害。延收紺繫之，父子賓客伏法者五六人。紺少子尚乃聚會輕薄數百人，自號將軍，夜來攻郡。延即發兵破之。自是威行境内，吏民累息。[2]郡北當匈奴，南接種羌，[3]民畏寇抄，多廢田業。延到，選集武略之士千人，明其賞罰，令將雜種胡騎休屠黄石屯據要害，[4]其有警急，逆擊追討。虜恒多殘傷，遂絶不敢出。河西舊少雨澤，乃爲置水官吏，修理溝渠，皆蒙其利。又造立校官，[5]自掾吏子孫，皆令詣學受業，復其傜役。章句既通，悉顯拔榮進之。郡遂有儒雅之士。

[1]【今注】將兵長史：官名。諸王國、邊郡、屬國不置丞，置長史。邊郡、屬國長史常稱將兵長史，掌兵馬。

[2]【李賢注】累息，累氣。【今注】累息：屏氣，因恐懼而不敢喘息。

[3]【今注】種羌：漢代對羌人部落的統稱。東漢有燒當、燒何、當煎、勒姐等八部種羌。

[4]【李賢注】黄石，雜種號也。【今注】雜種胡騎：或指西漢武帝時歸漢的匈奴休屠王部衆及其後裔（參見陳勇《屠各稱謂的變化與部落遷移》，《文史》2007年第1輯）。 休屠：地名。本匈奴屬王之號。漢置休屠縣，故城在今甘肅武威市北。

[5]【李賢注】校，學也。

後坐擅誅羌不先上，左轉召陵令。[1]顯宗即位，[2]拜潁川太守。永平二年，徵會辟雍，[3]因以爲河内太守。視事九年，病卒。少子愷，官至太常。[4]

［1］【今注】召陵：縣名。治所在今河南漯河市郾城區東。

［2］【今注】顯宗：漢明帝劉莊的廟號。明帝，公元 58 年至 76 年在位。紀見本書卷二。

［3］【今注】辟雍：傳爲周代所立大學，校址圓形，圍以水池，前門外有便橋。漢之辟雍爲漢光武年立，尋其基構，上圓下方，九室重隅十二堂。《白虎通·辟雍》："天子立辟雍何？所以行禮樂宣德化也。辟者，璧也，象璧圓，又以法天。雍者壅之以水，象教化流行也。"蔡邕《月令章句》同之，故引水於其下，爲辟雍也。

［4］【今注】太常：官名。掌禮樂郊廟社稷事宜，兼掌選試博士。位列漢朝九卿之首。

王景字仲通，樂浪詽邯人也。[1]八世祖仲，本琅邪不其人。[2]好道術，明天文。諸吕作亂，齊哀王襄謀發兵，而數問於仲。及濟北王興居反，[3]欲委兵師仲，[4]仲懼禍及，乃浮海東奔樂浪山中，因而家焉。父閎，爲郡三老。[5]更始敗，土人王調殺郡守劉憲，自稱大將軍、樂浪太守。建武六年，光武遣太守王遵將兵擊之。[6]至遼東，[7]閎與郡決曹史楊邑等共殺調迎遵，皆封爲列侯，閎獨讓爵。帝奇而徵之，道病卒。

［1］【李賢注】詽音諾甘反，邯音下甘反，縣名。【今注】樂浪：郡名。治王儉城（今朝鮮平壤市大同江南岸）。西漢武帝時置。　詽邯：縣名。治所在今朝鮮平安南道順安以西。

［2］【今注】琅邪：郡名。西漢移治東武縣（今山東諸城市）。東漢改爲國，移治開陽縣（今山東臨沂市北）。　不其：縣名。治所在今山東青島市即墨區。西漢置，因山名。

［3］【今注】濟北：王國名。治博陽縣（今山東泰安市岱岳區）。

［4］【李賢注】襄及興居並高祖孫，齊悼惠王肥之子也。

［5］【今注】郡三老：官名。由縣三老推選，不常置。掌教化。三老有鄉三老、縣三老、郡三老、國三老（參見萬義廣《近八十年以來漢代三老問題研究綜述》，《秦漢研究》第8輯，2014年）。

［6］【今注】王遵：新莽末人。爲人豪俠，有辯才。更始元年（23），與隗囂同時起兵，後投歸更始帝劉玄。事見本書卷一三《隗囂傳》。

［7］【今注】遼東：郡名。治襄平縣（今遼寧遼陽市）。

景少學《易》，遂廣闚衆書，[1]又好天文術數之事，沈深多伎藝。辟司空伏恭府。[2]時有薦景能理水者，顯宗詔與將作謁者王吴共修作浚儀渠。[3]吴用景墕流法，[4]水乃不復爲害。

［1］【今注】闚：同“窺”。

［2］【今注】司空：官名。西漢成帝更名御史大夫爲大司空。東漢光武帝建武二十七年（51），去“大”字改爲“司空”，掌水土事。凡四方水土功課，歲盡則奏其殿最而行賞罰。與太尉、司徒合稱三公。　伏恭：字叔齊，琅邪東武（今山東諸城市）人。東漢初年名臣。傳見本書卷七九下。

［3］【今注】將作謁者：官名。朝廷派往地方主管工程的官員。　浚儀渠：狼湯渠分黄河水東流至浚儀縣（今河南開封市）境一段的别稱。《水經注·濟水》：“渠流東注，浚儀故復，謂之浚儀渠也。”

［4］【今注】墕流法：墕，同“堰”。或認爲在堤岸一側設分流堰，用來分洪泄水。

初，平帝時，河、汴決壞，未及得修。建武十年，陽武令張汜上言：[1]“河決積久，日月侵毁，濟渠所漂數十許縣。[2]脩理之費，其功不難。宜改脩堤防，以安百姓。”書奏，光武即爲發卒。方營河功，而浚儀令樂俊復上言：[3]“昔元光之間，[4]人庶熾盛，緣隄墾殖，[5]而瓠子河決，[6]尚二十餘年，不即擁塞。[7]今居家稀少，田地饒廣，雖未脩理，其患猶可。且新被兵革，方興役力，[8]勞怨既多，民不堪命。宜須平静，更議其事。”光武得此遂止。後汴渠東侵，日月彌廣，而水門故處，皆在河中，兖、豫百姓怨歎，以爲縣官恒興佗役，不先民急。永平十二年，議修汴渠，乃引見景，問以理水形便。景陳其利害，應對敏給，帝善之。又以嘗修浚儀，功業有成，乃賜景《山海經》《河渠書》[9]《禹貢圖》，[10]及錢帛衣物。夏，遂發卒數十萬，遣景與王吴脩渠築隄，自滎陽東至千乘海口千餘里。[11]景乃商度地埶，鑿山阜，破砥績，[12]直截溝澗，防遏衝要，疏決壅積，十里立一水門，令更相洄注，[13]無復潰漏之患。景雖簡省役費，然猶以百億計。[14]明年夏，渠成。帝親自巡行，詔濱河郡國置河堤員吏，[15]如西京舊制。[16]景由是知名。王吴及諸從事掾史皆增秩一等。景三遷爲侍御史。十五年，從駕東巡狩，至無鹽，[17]帝美其功績，拜河堤謁者，[18]賜車馬縑錢。

[1]【今注】陽武：縣名。治所在今河南原陽縣東南。秦置。西漢時被拆分成多個縣，縣城多次遷移。《水經注·渠水》記載：

"渠水左徑陽武縣故城南，東爲官渡水。"

［2］【李賢注】濟水出今洛州濟源縣西北，東流經温縣入河，度河東南入鄭州，又東入滑、曹、鄆、濟、齊、青等州入海，即此渠也。王莽末，旱，因枯涸，但入河内而已。

［3］【今注】浚儀：縣名。治所在今河南開封市。

［4］【李賢注】武帝年。【今注】元光：西漢武帝劉徹年號（前134—前129）。

［5］【今注】案，懇，大德本、殿本作"墾"，是。

［6］【今注】瓠子：地名。亦稱瓠子口，在今河南濮陽縣西南。西漢武帝元光三年（前132），黄河瓠子口決堤。治理二十多年未見成效，至元封二年（前109），漢武帝發卒數萬，負薪填決口，築成瓠子堰。漢武帝親臨，作《瓠子歌》。

［7］【李賢注】瓠子堤在今滑州白馬縣。武帝元光中，河決於瓠子，東南注鉅野，通於淮、泗，至元封二年塞之也。

［8］【今注】案，役力，大德本、殿本作"力役"。

［9］【李賢注】《山海經》，禹所作。《河渠書》，太史公《史記》也。

［10］【今注】禹貢圖：《禹貢》爲《尚書》一篇，是託名大禹的區域地理著作。《禹貢圖》當是《禹貢》圖册。

［11］【今注】滎陽：縣名。治所在今河南鄭州市西北古滎鎮。千乘：縣名。治所在今山東高青縣東南。

［12］【李賢注】《尚書》曰："原隰底績。"注："底，致也。績，功也。"言破禹所致功之處也。或云砥磧，山名也。

［13］【李賢注】《爾雅》曰："逆流而上曰洄。"郭璞注云："旋流也。"【今注】案，關於"十里立一水門"，古今學界有三種解讀，即以顧柔謙、魏源爲代表的黄河遥堤與縷堤水門互通方案，以李儀祉爲代表的河、汴水門互通方案，以武同舉爲代表的黄河右岸開二水口入汴方案（參見李昊林《王景治河"十里立一水門"

新解》,《中國歷史地理論叢》2020 年第 4 輯)。

[14]【李賢注】十萬曰億也(殿本無此注)。

[15]【今注】案,吏,殿本作“史”。

[16]【李賢注】《十三州志》曰:“成帝時河堤大壞,汎濫青、徐、兖、豫四州略徧,乃以校尉王延代領河堤謁者,秩千石,或名其官爲護都水使者(殿本無‘護’字)。中興,以三府掾屬爲之。”

[17]【今注】無鹽:縣名。治所在今山東東平縣。

[18]【今注】河堤謁者:官名。掌治河,西漢始置,東漢沿之,不常置。

建初七年,[1]遷徐州刺史。[2]先是杜陵杜篤奏上《論都》,[3]欲令車駕遷還長安。耆老聞者,皆動懷土之心,莫不眷然佇立西望。景以宫廟已立,恐人情疑惑,會時有神雀諸瑞,[4]乃作《金人論》,[5]頌洛邑之美,天人之符,文有可採。

[1]【今注】建初:東漢章帝劉炟年號(76—84)。

[2]【今注】徐州:漢朝所設十三州部之一。東漢前期,徐州刺史部治東海郡郯縣(今山東郯城縣)。

[3]【今注】杜陵:縣名。治所在今陝西西安市長安區東。杜篤:字季雅,京兆杜陵人。東漢大臣、學者。傳見本書卷八〇上。　論都:《論都賦》,載於本書卷八〇上《文苑傳上》。案,論都,大德本、殿本作“論遷都”。如此,則不加書名號。

[4]【李賢注】章帝時有神雀、鳳皇、白鹿、白烏等瑞也(皇,殿本作“凰”)。

[5]【今注】案,王景《金人論》今不見。金人究爲何物,難以定論。或爲立於廟堂前銅鑄的人像。《孔子家語·觀周》:“孔子

觀周，遂入太祖後稷之廟，堂右階之前，有金人焉。”秦統一後銷毀兵器所鑄銅人亦稱金人。《史記》卷六《秦始皇本紀》：“收天下兵，聚之咸陽，銷以爲鐘鐻，金人十二，重各千石，置廷宫中。”司馬貞《索隱》引《三輔舊事》：“銅人十二，各重三十四萬斤。漢代在長樂宫門前。”抑或指佛像。本書卷八八《西域傳》：“世傳明帝夢見金人，長大，頂有光明，以問群臣。或曰：‘西方有神，名曰佛，其形長丈六尺而黄金色。’”

明年，遷廬江太守。[1]先是百姓不知牛耕，致地力有餘而食常不足。郡界有楚相孫叔敖所起芍陂稻田。[2]景乃驅率吏民，修起蕪廢，教用犁耕，由是墾闢倍多，境内豐給。遂銘石刻誓，令民知常禁。又訓令蠶織，爲作法制，皆著于鄉亭，[3]廬江傳其文辭。卒於官。

[1]【今注】廬江：郡名。治廬江縣（今安徽廬江縣西南）。

[2]【李賢注】陂在今壽州安豐縣東。陂徑百里，灌田萬頃。芍音鵲。【今注】孫叔敖：春秋時期楚國令尹。春秋楚莊王時，淮河洪灾頻發，孫叔敖傾盡家資。歷時三載，修築芍陂，借淮河古道洩洪。芍陂至今仍在發揮着作用。後孫叔敖爲楚令尹，協助莊王治理國家。

[3]【今注】鄉亭：漢鄉村之公舍。漢制，百户爲一里，十里一亭，十亭一鄉，每亭設公舍一間，供行人止息（參見沈頌金《漢代鄉亭里研究概述》，《中國史研究動態》1999第10期）。

初，景以爲《六經》所載，皆有卜筮，作事舉止，質於蓍龜，而衆書錯糅，吉凶相反，乃參紀衆家數術文書，冢宅禁忌，[1]堪輿日相之屬，[2]適於事用者，集爲《大衍玄基》云。[3]

［1］【李賢注】葬送造宅之法，若黄帝、青烏之書也。

［2］【李賢注】《前書·蓺文志》，《堪輿金匱》十四卷。許慎云：“堪，天道也。輿，地道也。”日相謂日辰王相之法也。

［3］【李賢注】《易》曰“大衍之數五十，其用四十有九”也。【今注】案，爲，大德本作“於”。　大衍：此詞源自《周易·繫辭上》。《周易正義》載京房注解大衍之數時説：“五十者謂十日，十二辰，二十八宿也。凡五十其一不用者，天之生氣，將欲以虚來實，故用四十九焉。”

秦彭字伯平，扶風茂陵人也。[1]自漢興之後，世位相承。六世祖襲，爲潁川太守，與群從同時爲二千石者五人，故三輔號曰“萬石秦氏”。彭同産女弟，[2]顯宗時入掖庭爲貴人，[3]有寵。永平七年，以彭貴人兄，隨四姓小侯擢爲開陽城門候。[4]十五年，拜騎都尉，[5]副駙馬都尉耿秉北征匈奴。[6]

［1］【今注】扶風：政區名。即右扶風。西漢武帝太初元年（前104）改主爵都尉置，相當於郡，三輔之一。東漢治槐里縣（今陝西興平市東南）。　茂陵：縣名。治所在今陝西興平市東北。因武帝茂陵得名。

［2］【今注】同産女弟：同母所生之妹。

［3］【今注】貴人：皇帝妃嬪封號。東漢光武帝時始置，爲最高位妃嬪稱號，僅次於皇后。

［4］【李賢注】《續漢志》：“城門候一人，六百石。”城南面東頭第一門也。《漢官儀》云“開陽門始成，未有名，夜有一柱

來止樓上。琅邪開陽縣上言南門一柱飛去，因以名門”也。【今注】四姓小侯：指明帝時期外戚樊、郭、陰、馬四姓的子弟。本書卷二《明帝紀》：“爲四姓小侯開立學校，置五經師。”

［5］【今注】騎都尉：武官名。漢武帝時始置。掌監羽林騎，無定員。屬光禄勳，秩比二千石。

［6］【今注】耿秉：字伯初，扶風茂陵（今陝西興平市東北）人。東漢將領。傳見本書卷一九。

建初元年，遷山陽太守。[1]以禮訓人，不任刑罰。崇好儒雅，敦明庠序。每春秋饗射，[2]輒修升降揖讓之儀。乃爲人設四誡，以定六親長幼之禮。[3]有遵奉教化者，擢爲鄉三老，[4]常以八月致酒肉以勸勉之。吏有過咎，罷遣而已，不加恥辱。百姓懷愛，莫有欺犯。興起稻田數千頃，每於農月，親度頃畝，分别肥塉，差爲三品，各立文簿，藏之鄉縣。於是姦吏跼蹐，[5]無所容詐。彭乃上言，宜令天下齊同其制。詔書以其所立條式，班令三府，[6]並下州郡。

［1］【今注】山陽：郡名。治昌邑縣（今山東巨野縣東南）。西漢始置。

［2］【今注】饗射：宴飲賓客並舉行射箭之禮。《周禮·春官·司服》：“享先公、饗射，則鷩冕。”鄭玄注：“饗射，饗食賓客與諸侯射也。”

［3］【李賢注】六親謂父子兄弟夫婦也。

［4］【今注】鄉三老：官名。西漢高祖時，令各鄉置三老一人，稱鄉三老。需由年五十以上，有德行，能帥衆爲善者擔任。西漢、東漢鄉三老或稍有别（參見萬義廣《漢代“鄉三老”身份再

探討》,《南昌大學學報》2008 年第 5 期)。

[5]【今注】跼蹐：畏縮不安。

[6]【今注】三府：漢制，太尉、司徒、司空三公皆可開府，因稱三公爲“三府”。

在職六年，轉潁川太守，仍有鳳皇、騏驎、嘉禾、甘露之瑞，集其郡境。肅宗巡行，[1]再幸潁川，輒賞賜錢穀，恩寵甚異。章和二年卒。[2]彭弟惇、褒，並爲射聲校尉。[3]

[1]【今注】肅宗：東漢章帝劉炟，公元 75 年至 88 年在位。紀見本書卷三。

[2]【今注】章和：東漢章帝劉炟年號（87—88）。

[3]【今注】射聲校尉：官名。西漢武帝時置八校尉之一，掌待詔射聲，秩比二千石。東漢沿置。射聲，指善射，聞聲即能射中。待詔，等待詔命，漢以才技召士，隨時聽候皇帝詔令，謂之“待詔”。

王渙字稚子，廣漢郪人也。[1]父順，安定太守。[2]渙少好俠，尚氣力，數通剽輕少年。[3]晚而改節，敦儒學，習《尚書》，讀律令，略舉大義。爲太守陳寵功曹，[4]當職割斷，不避豪右。寵風聲大行，入爲大司農。和帝問曰："在郡何以爲理?" 寵頓首謝曰："臣任功曹王渙以簡賢選能，主簿鐔顯拾遺補闕，[5]臣奉宣詔書而已。" 帝大悦。渙由此顯名。

[1]【李賢注】郪，縣，故城在今梓州郪縣西南也。【今注】

廣漢：郡名。治梓潼縣（今四川梓潼縣）。兩漢時郡治多移。

［2］【今注】安定：郡名。治臨涇縣（今甘肅鎮原縣南）。

［3］【李賢注】剽，刧奪也。

［4］【今注】功曹：官名。亦稱功曹史。郡守、縣令的主要佐史。主管考察記録業績。

［5］【今注】主簿：官名。主管文書事務。

州舉茂才，[1]除温令。[2]縣多姦猾，積爲人患。涣以方略討擊，悉誅之。境内清夷，商人露宿於道。其有放牛者，輒云以屬稚子，終無侵犯。在温三年，遷兖州刺史，[3]繩正部郡，[4]風威大行。後坐考妖言不實論。[5]歲餘，徵拜侍御史。

［1］【今注】茂才：漢代與孝廉並爲舉士的科目，東漢避光武帝劉秀諱改稱“茂才”。

［2］【今注】温：縣名。治所在今河南温縣西南古温城。

［3］【今注】兖州：即兖州刺史部，東漢治昌邑縣（今山東巨野縣東南）。

［4］【李賢注】繩，直也。

［5］【今注】妖言：罪名。《史記》卷一〇《孝文本紀》：“今法有誹謗妖言之罪，是使衆臣不敢盡情，而上無由聞過失也。”（參見吕宗力《漢代“妖言”探討》，《中國史研究》2006年第4期）

永元十五年，[1]從駕南巡，還爲洛陽令。[2]以平正居身，得寬猛之宜。其冤嫌久訟，歷政所不斷，法理所難平者，莫不曲盡情詐，壓塞群疑。又能以譎數發擿姦伏。[3]京師稱歎，以爲涣有神筭。[4]元興元年，[5]

病卒。百姓市道莫不咨嗟。[6]男女老壯皆相與賦斂，致奠醊以千數。[7]

［1］【今注】永元：東漢和帝劉肇年號（89—105）。

［2］【今注】洛陽令：洛陽縣令。案，洛陽縣，秦莊襄王元年（前249）置，爲三川郡治。治所在今河南洛陽市東北漢魏故城。西漢爲河南郡治。東漢建都於此，並爲河南尹治。

［3］【李賢注】譎，詐；數，術也。【今注】發擿：揭發，舉發。亦作“發摘”。

［4］【李賢注】智筭若神也。

［5］【今注】元興：東漢和帝劉肇年號（105），約用八個月。

［6］【今注】案，市，殿本作“帀”。

［7］【李賢注】醊音張芮反。《説文》曰：“祭酹也。”

涣喪西歸，道經弘農，[1]民庶皆設槃桉於路。[2]吏問其故，咸言平常持米到洛，爲卒司所鈔，[3]恒亡其半。自王君在事，不見侵枉，故來報恩。其政化懷物如此。民思其德，爲立祠安陽亭西，每食輒弦歌而薦之。[4]

［1］【今注】弘農：郡名。治弘農縣（今河南靈寶市南）。

［2］【今注】槃桉：木盤與几案。亦指代祭品。《資治通鑑》卷四八《漢紀》漢和帝元興元年胡三省注：“槃以盛祭物，案以陳槃，今野人之祭猶然。”

［3］【李賢注】鈔，掠也。

［4］【李賢注】《古樂府歌》曰“孝和帝在時，洛陽令王君，本自益州廣漢蜀人，少行官學，通五經論。明知法令，歷代衣冠，

從温補洛陽令，化行致賢（化，大德本作‘他’）。外行猛政，内懷慈仁，移惡子姓名五，篇著里端。無妄發賦，念在理冤。清身苦體，宿夜勞勤，化有能名，遠近所聞。天年不遂，早就奄昏，爲君作祠安陽亭西，欲令後代莫不稱傳”也。

永初二年，[1]鄧太后詔曰：[2]“夫忠良之吏，國家所以爲理也。求之甚勤，得之至寡。故孔子曰：‘才難，不其然乎！’[3]昔大司農朱邑、[4]右扶風尹翁歸，[5]政迹茂異，令名顯聞，孝宣皇帝嘉歎愍惜，而以黄金百斤策賜其子。故洛陽令王渙，秉清脩之節，蹈羔羊之義，[6]盡心奉公，務在惠民，功業未遂，不幸早世，百姓追思，爲之立祠。自非忠愛之至，孰能若斯者乎！今以渙子石爲郎中，[7]以勸勞勤。”延熹中，[8]桓帝事黄老道，悉毁諸房祀，唯特詔密縣存故太傅卓茂廟，[9]洛陽留王渙祠焉。

[1]【今注】永初：東漢安帝劉祜年號（107—113）。

[2]【今注】鄧太后：東漢和帝皇后，太傅鄧禹的孫女。漢安帝即位後，臨朝稱制。紀見本書卷一〇上。

[3]【今注】案，語出《論語·泰伯》。

[4]【李賢注】《前書》曰，邑字仲卿，廬江舒人。爲北海太守，以理行弟一（弟，紹興本、大德本、殿本作“第”），入爲大司農。性公正，不可交以私，天子器之，朝庭敬焉（庭，紹興本、大德本、殿本作“廷”）。神爵元年卒，宣帝下詔賜其子黄金百斤，奉其祭祀。

[5]【李賢注】《前書》云，翁歸字子況，河東平陽人。拜東海太守，以高弟入守右扶風（弟，紹興本、殿本作“第”）。元

康四年卒。宣帝制詔御史："右扶風翁歸，廉平鄉正，早夭不遂，朕甚憐之。其賜翁歸子黄金百斤，以奉其祭祀。"

[6]【李賢注】《韓詩·羔羊》曰："羔羊之皮，素絲五紽。"薛君章句曰："小者曰羔，大者曰羊。素喻潔白，絲喻屈柔。紽，數名也。詩人賢仕爲大夫者，言其德能，稱有潔白之性，屈柔之行，進退有度數也。"

[7]【今注】郎中：官名。掌管宫中門户、車騎等事，内充侍衛。另尚書臺設郎中司詔策文書。

[8]【今注】延熹：東漢桓帝劉志年號（158—167）。

[9]【今注】卓茂：字子康，南陽宛（今河南南陽市卧龍區）人。漢名臣。西漢末，曾任高密縣令，深得民心；東漢立國拜太傅。傳見本書卷二五。

鐔顯後亦知名，安帝時爲豫州刺史。[1]時天下飢荒，競爲盜賊，州界收捕且萬餘人。顯愍其困窮，自陷刑辟，輒擅赦之，因自劾奏。有詔勿理。後位至長樂衛尉。[2]

[1]【今注】豫州：即豫州刺史部。治譙縣（今安徽亳州市）。

[2]【今注】長樂衛尉：官名。西漢置，掌長樂宫衛士。東漢沿襲。《漢書·百官公卿表上》："長樂、建章、甘泉衛尉皆掌其宫，職略同，不常置。"

自涣卒後，連詔三公特選洛陽令，皆不稱職。永和中，[1]以劇令勃海任峻補之。[2]峻擢用文武吏，皆盡其能，糾剔姦盜，不得旋踵，[3]一歲斷獄，不過數十。威風猛於涣，而文理不及之。峻字叔高，終於太山太守。[4]

[1]【今注】永和：東漢順帝劉保年號（136—141）。案，和，大德本、殿本誤作“平”。

[2]【李賢注】劇，縣名，屬北海郡也。【今注】勃海：郡名。治南皮縣（今河北南皮縣東北）。

[3]【李賢注】《左傳》天王策命晉文侯曰：“糾逖王慝。”杜預注云：“逖，遠也。‘剔’與‘逖’通。”

[4]【今注】太山：即泰山郡。郡治奉高縣（今山東泰安市）。古“太”與“泰”通。

許荆字少張，[1]會稽陽羨人也。[2]祖父武，太守第五倫舉爲孝廉。[3]武以二弟晏、普未顯，欲令成名，乃請之曰：“禮有分異之義，家有别居之道。”[4]於是共割財産以爲三分，武自取肥田廣宅奴婢强者，二弟所得並悉劣少。鄉人皆稱弟克讓而鄙武貪婪，晏等以此並得選舉。武乃會宗親，泣曰：“吾爲兄不肖，盜聲竊位，二弟年長，未豫榮禄，所以求得分財，自取大譏。今理産所增，三倍於前，悉以推二弟，一無所留。”於是郡中翕然，遠近稱之。位至長樂少府。[5]

[1]【李賢注】《謝承書》曰：“荆字子張。家貧爲吏。無有船車，休假常單步荷擔上下。”

[2]【李賢注】陽羨故城在今常州義興縣南（南，紹興本、大德本作“也”）。【今注】陽羨：縣名。治所在今江蘇宜興縣南。

[3]【今注】孝廉：漢代察舉選士科目，孝廉即“孝順親長、廉能正直”。

[4]【李賢注】《儀禮》曰："父子一體也（體，底本闕，今據紹興本、大德本、殿本補），夫婦一體也，昆弟一體也（體，底本闕，今據紹興本、大德本、殿本補）。故父子手足也，夫婦牉合也，昆弟四體也。昆弟之義無分焉，而有分者，則避子之私也。子不私也，父則不成。爲子，故有東宫、有西宫、有南宫、有北宫。異居而同財，有餘則歸之宗，不足則資之宗也。"

[5]【今注】長樂少府：官名。西漢平帝時改長信少府置，秩二千石。掌皇太后宫中事務。東漢因之，不常置，皇太后卒即省，位在大長秋上，其職吏皆宦者。

荆少爲郡吏，兄子世嘗報讎殺人，怨者操兵攻之。荆聞，乃出門逆怨者，跪而言曰："世前無狀相犯，咎皆在荆不能訓導。兄既早没，一子爲嗣，如令死者傷其滅絶，願殺身代之。"怨家扶荆起，曰："許掾郡中稱賢，吾何敢相侵？"因遂委去。荆名譽益著。太守黄兢舉孝廉。

和帝時，稍遷桂陽太守。[1]郡濱南州，[2]風俗脆薄，[3]不識學義。荆爲設喪紀婚姻制度，使知禮禁。嘗行春到耒陽縣，[4]人有蔣均者，兄弟争財，互相言訟。荆對之歎曰："吾荷國重任，而教化不行，咎在太守。"乃顧使吏上書陳狀，乞詣廷尉。[5]均兄弟感悔，各求受罪。[6]在事十二年，父老稱歌。以病自上，徵拜諫議大夫，[7]卒於官。桂陽人爲立廟樹碑。

[1]【今注】桂陽：郡名。治郴縣（今湖南郴州市）。

[2]【今注】南州：漢代泛指南方地區。漢代有"西州""北州""東州""南州""中州"五州説，每一州所指區域多不確實。

［3］【李賢注】脆薄猶輕薄也。

［4］【今注】耒陽縣：秦始皇置耒縣。西漢高祖時，以其治位耒水之北，更名耒陽縣。新莽時改耒陽縣爲南平亭。東漢建武年間廢南平亭，復耒陽爲縣。隸桂陽郡。

［5］【今注】廷尉：官名。秦置漢沿，掌刑獄。九卿之一，秩中二千石。

［6］【李賢注】《謝承書》曰"郴人謝弘等不養父母，兄弟分析，因此皆還供養者千有餘人"也。

［7］【今注】諫議大夫：官名。西漢武帝置諫大夫，無定員，掌議論。東漢改稱諫議大夫，秩六百石。

荆孫觙，靈帝時爲太尉。[1]

［1］【今注】太尉：官名。掌天下軍政事務，東漢光武帝將大司馬改爲太尉。東漢時期，以太尉、司徒、司空爲三公（參見温樂平、黄今言《東漢太尉的若干變化述論》，《江漢論壇》2017 年第 8 期）。

孟嘗字伯周，會稽上虞人也。[1]其先三世爲郡吏，並伏節死難。嘗少脩操行，仕郡爲户曹史。[2]上虞有寡婦至孝養姑。[3]姑年老壽終，夫女弟先懷嫌忌，乃誣婦厭苦供養，加鴆其母，列訟縣庭。郡不加尋察，遂結竟其罪。嘗先知枉狀，備言之於太守，太守不爲理。嘗哀泣外門，因謝病去，婦竟冤死。自是郡中連旱二年，禱請無所獲。後太守殷丹到官，訪問其故，嘗詣府具陳寡婦冤誣之事。因曰："昔東海孝婦，感天致旱，于公一言，甘澤時降。[4]宜戮訟者，以謝冤魂，庶幽枉獲申，時雨可期。”丹從之，即刑訟女而祭婦墓，天應澍雨，穀稼以登。

［1］【今注】上虞：縣名。治所在今浙江上虞市百官鎮。

［2］【今注】户曹史：官名。漢郡縣佐吏，户曹副職，助户曹掾掌民户、禮俗、祠祀、農桑等事。

［3］【今注】姑：古稱丈夫的母親。

［4］【李賢注】解見《霍諝傳》也（殿本無此注）。【今注】案，本書卷四八《霍諝傳》提及東海孝婦事，此典源於《漢書》卷七一《于定國傳》。東海郡有位孝婦，年輕守寡，無子女，孝養公婆很恭謹。公婆讓她改嫁，她不答應。公婆對鄰人説：“媳婦侍奉我很勤苦，她年輕守寡，又没有孩子，非常可憐！我這麽老了，却去連累這年輕的媳婦，真不知該怎麽辦了。”後來公婆自縊，公婆的女兒到官府告狀，説公婆爲媳婦害死。官府嚴刑拷問，孝婦屈打成招。案卷送到郡府，負責刑獄的于公認爲孝婦奉養公婆十多年，是有名的孝婦，公婆定非其所殺，但太守却固執己見。于公争辯，但無濟於事，就抱着案卷在郡府大堂上痛哭，然後稱病辭職。太守竟判孝婦死刑，結果使東海郡連旱三年。

嘗後策孝廉，[1]舉茂才，[1]拜徐令。[3]州郡表其能，遷合浦太守。[4]郡不産穀實，而海出珠寶，與交阯比境，常通商販，貿糴糧食。[5]先時宰守並多貪穢，詭人採求，不知紀極，[6]珠遂漸徙於交阯郡界。[7]於是行旅不至，人物無資，貧者死餓於道。嘗到官，革易前敝，求民病利。[8]曾未踰歲，去珠復還，百姓皆反其業，商貨流通，稱爲神明。

［1］【今注】策：策命。以策書任命。

［2］【今注】舉：推薦。漢代茂才由州郡推舉。

［3］【今注】徐：縣名。治所在今江蘇泗洪縣東南半城鎮。

［4］【今注】合浦：郡名。西漢治徐聞縣（今廣東徐聞縣南），東漢移治合浦縣（今廣西浦北縣南舊州村）。

［5］【李賢注】貿，易也。

［6］【李賢注】詭，責也。【今注】紀極：限度。《左傳》文公十八年："聚斂積實，不知紀極。"

［7］【今注】案，阯，大德本作"趾"。

［8］【李賢注】人所病苦及利益之事也（事，紹興本、大德本作"甚"）。

以病自上，被徵當還，吏民攀車請之。嘗既不得進，乃載鄉民船夜遁去。隱處窮澤，身自耕傭。鄰縣士民慕其德，就居止者百餘家。桓帝時，尚書同郡楊喬上書薦嘗曰：[1]"臣前後七表，言故合浦太守孟嘗，而身輕言微，終不蒙察。區區破心，徒然而已。嘗安仁弘義，耽樂道德，清行出俗，能幹絶群。前更守宰，移風改政，去珠復還，飢民蒙活。且南海多珍，財産易積，掌握之内，價盈兼金，而嘗單身謝病，躬耕壟次，匿景藏采，不揚華藻。實羽翮之美用，非徒腹背之毛也。[2]而沈淪草莽，好爵莫及，[3]廊廟之寶，弃於溝渠。[4]且年歲有訖，桑榆行盡，[5]而忠貞之節，永謝聖時。臣誠傷心，私用流涕。夫物以遠至爲珍，[6]士以稀見爲貴。槃木朽株，爲萬乘用者，左右爲之容耳。[7]王者取士，宜拔衆之所貴。臣以斗筲之姿，趨走日月之側。[8]思立微節，不敢苟私鄉曲。竊感禽息，亡身進賢。"[9]嘗竟不見用。年七十，卒于家。

［1］【李賢注】《謝承書》曰"喬字聖達，烏傷人也。前後數上書陳政事"也。【今注】楊喬：會稽烏傷（今浙江義烏市）人。累官至尚書左丞。容儀偉麗，爲人耿介剛正。本書卷三八《楊旋傳》對其事迹略有記述。

［2］【李賢注】《説苑》曰："趙簡子游於西河而樂之，歎曰：'安得賢士而與處焉？'舟人古桑曰：'此是吾君不好之也。'簡子曰：'吾門左右客千人，朝食不足，暮收市征，暮食不足，朝收市征，吾可謂不好士乎？'古桑曰：'鴻鵠高飛遠翔，其所恃者六翮也。背上之毛，腹下之毳，無尺寸之數，加之滿把，飛不能爲之益高。不知門下左右客千人者，六翮之用乎？將盡毛毳也？'"《新序》云晉平公，餘並同也。【今注】羽翮（hé）：翅膀。翮，羽軸下段不生羽瓣而中空的部分。

［3］【李賢注】《易》曰："我有好爵，吾與爾縻之。"【今注】案，言我有美爵，與爾共之，即共飲此酒也。典出《周易·中孚卦》。

［4］【李賢注】《尚書·顧命》曰："赤刀、大訓、弘璧、琬琰在西序，大玉、夷玉、天球、河圖在東序。"《周禮·大宗伯》曰："天府掌祖廟之守藏，凡國之玉鎮大寶器藏焉。"

［5］【李賢注】謂日將夕，在桑榆間，言晚暮也。【今注】桑榆：桑樹與榆樹。日落時光照桑榆端，因以日暮喻人垂老之年。

［6］【李賢注】若珠翠之屬也。

［7］【李賢注】《前書》鄒陽曰："蟠木根柢，輪囷離奇，而爲萬乘器者，左右爲之先容耳。"

［8］【李賢注】日月喻人君也（李注或不當。日月當指皇帝與皇后。《禮記·昏義》："故天子之與后，猶日之與月"）。《易》

曰："縣象著明莫大乎日月，崇高莫大乎富貴。"【今注】案，大德本無"走"字。

［9］【李賢注】禽息，秦大夫，薦百里奚而不見納。繆公出，當車以頭擊闑（闑，大德本作"門"），腦乃播出，曰："臣生無補於國，不如死也。"繆公感寤（寤，大德本、殿本作"悟"），而用百里奚，秦以大化。見《韓詩外傳》。【今注】案，王蘧常《秦史》卷二〇《二老傳》附禽息傳，可參見（上海古籍出版社2000年版）。

第五訪字仲謀，京兆長陵人。[1]司空倫之族孫也。[2]少孤貧，常傭耕以養兄嫂。有閑暇，則以學文。[3]仕郡爲功曹，察孝廉，補新都令。[4]政平化行，三年之間，鄰縣歸之，户口十倍。

［1］【今注】京兆：政區名。西漢太初元年（前104）改右内史置，相當於郡，三輔之一。治所在長安縣（今陝西西安市西北）。長陵：縣名。治所在今陝西咸陽市東北。西漢五陵縣之一。漢高祖十二年（前195）築陵置縣。

［2］【今注】司空倫：即第五倫。字伯魚，京兆長陵（今陝西咸陽市）人。東漢永平年間曾擔任大司空。正直無畏，不懼權貴。傳見本書卷四一。

［3］【李賢注】文謂道藝者也。

［4］【李賢注】新都，縣，屬蜀郡，故城在今益州新都縣東。【今注】新都：縣名。治所在今四川成都市北部。

遷張掖太守。[1]歲飢，粟石數千，訪乃開倉賑給以救其敝。吏懼譴，[2]争欲上言。訪曰："若上須報，是弃民也。[3]太守樂以一身救百姓!”遂出穀賦人。順帝璽書嘉之。由是一郡得全。歲餘，官民並豐，界無姦盜。遷南陽太守，去官。拜護羌校尉，[4]邊境服其威信。卒於官。

［1］【今注】張掖：郡名。治觻得縣（今甘肅張掖市西北）。

［2］【李賢注】譴，責也。

［3］【李賢注】上音時掌反。須，待也。

［4］【今注】護羌校尉：官名。掌羌族事務。漢武帝因先零羌等與匈奴相結，攻擾邊郡，遣將軍李息等將兵十萬人擊平之。遂置護羌校尉，持節統領。東漢沿襲。秩比二千石。

劉矩字叔方，沛國蕭人也。[1]叔父光，順帝時爲司徒。矩少有高節，以叔父遼未得仕進，遂絶州郡之命。太尉朱寵、太傅桓焉嘉其志義，[2]故叔遼以此爲諸公所辟，拜議郎，[3]矩乃舉孝廉。

［1］【今注】沛國：封國名。治相縣（今安徽淮北市）。　蕭：縣名。治所在今安徽蕭縣西北。

［2］【今注】朱寵：東漢大臣、學者。順帝時爲太尉，與太傅桓焉共録尚書事，册封安鄉侯。事見本書卷三七《桓焉傳》。　桓焉：字叔元，沛郡龍亢（今安徽懷遠縣西北）人。東漢順帝即位後拜太傅，與朱寵共録尚書事，册封陽平侯。傳見本書卷三七。

［3］【今注】議郎：官名。爲光禄勳所屬郎官之一，掌顧問應對，無常事。漢秩比六百石。

稍遷雍丘令，[1]以禮讓化之。其無孝義者，皆感悟自革。民有争訟，矩常引之於前，提耳訓告，[2]以爲忿恚可忍，縣官不可入，使歸更尋思。訟者感之，輒各罷去。其有路得遺者，皆推尋其主。在縣四年，以母憂去官。[3]

[1]【今注】雍丘：縣名。治所在今河南杞縣。

[2]【李賢注】《毛詩》曰："匪面命之，言提其耳。"

[3]【今注】母憂：母親的喪事。

後太尉胡廣舉矩賢良方正，[1]四遷爲尚書令。[2]矩性亮直，不能諂附貴埶，以是失大將軍梁冀意，[3]出爲常山相，[4]以疾去官。時冀妻兄孫祉爲沛相，[5]矩懼爲所害，不敢還鄉里，乃投彭城友人家。[6]歲餘，冀意少悟，乃止。補從事中郎，[7]復爲尚書令，遷宗正、太常。[8]

[1]【今注】胡廣：字伯始，南郡華容（今湖北潛江市）人。東漢時期重臣。傳見本書卷四四。　賢良方正：漢代察舉特科。具體名稱不固定，一般稱賢良方正，或賢良文學。

[2]【今注】尚書令：官名。秦、西漢爲尚書署長官，掌收發文書，隸少府。東漢爲尚書臺長官，兼具宫官、朝官職能，掌決策出令、綜理政務，秩位雖低，實際上總領朝政，無所不統。如以公任其職，增秩至二千石。名義上仍隸少府。朝會時，與御史中丞、司隸校尉皆專席坐，時號"三獨坐"。

[3]【今注】梁冀：字伯卓，安定烏氏（今寧夏固原市東南）人。東漢外戚、權臣。兩妹分别爲順帝、桓帝皇后。傳見本書卷三四。

［4］【今注】常山：封國名。治元氏縣（今河北元氏縣）。

［5］【今注】案，祉，殿本作"社"。

［6］【今注】彭城：封國名。治彭城縣（今江蘇徐州市）。

［7］【今注】從事中郎：官名。東漢大將軍、車騎將軍屬官。職參謀議，大將軍府所屬員二人，秩六百石。

［8］【今注】宗正：官名。掌皇帝宗室親族事務。位列九卿，秩中二千石。

延熹四年，代黄瓊爲太尉。瓊復爲司空，矩與瓊及司徒种暠同心輔政，[1]號爲賢相。時連有災異，司隸校尉以劾三公。尚書朱穆上疏，稱矩等良輔，及言殷湯、高宗不罪臣下之義。[2]帝不省，竟以蠻夷反叛免。後復拜太中大夫。[3]

［1］【今注】种暠：字景伯，河南洛陽（今河南洛陽市東北）人。東漢時期名臣。傳見本書卷五六。

［2］【李賢注】《尚書·湯誥》曰（曰，大德本、殿本無）："余一人有罪，無以尒萬方（尒，紹興本誤作'今'，大德本、殿本作'爾'）。萬方有罪，在余一人。"《尚書》高宗誡傅説曰："一夫不獲，則曰時予之辜。"

［3］【今注】太中大夫：官名。又作"大中大夫"。西漢初位居諸大夫之首，秩比千石，無員額。侍從皇帝左右，掌顧問應對，奉詔出使，多以寵臣貴戚充任。東漢秩千石，後期權任漸輕。

靈帝初，代周景爲太尉。[1]矩再爲上公，[2]所辟召皆名儒宿德。不與州郡交通。[3]順辭默諫，[4]多見省用。復以日食免。因乞骸骨，卒於家。

[1]【今注】周景：字仲饗，廬江舒（今安徽廬江縣西南）人。東漢名臣。傳見本書卷四五。

[2]【今注】上公：三公之上爲上公。漢制，僅以太傅爲上公。

[3]【今注】案，州，大德本、殿本作“諸”。

[4]【李賢注】順辭，不忤旨。默諫，不顯楊也（楊，大德本、殿本作“揚”）。

劉寵字祖榮，東萊牟平人，[1]齊悼惠王之後也。[2]悼惠王子孝王將閭，將閭少子封牟平侯，子孫家焉。父丕，博學，號爲通儒。

[1]【今注】東萊：郡名。西漢治掖縣（今山東萊州市）。東漢移治黄縣（今山東龍口市東南）。　牟平：縣名。治所在今山東烟臺市西北。

[2]【李賢注】悼惠王肥，高祖子也。

寵少受父業，以明經舉孝廉，[1]除東平陵令，[2]以仁惠爲吏民所愛。母疾，弃官去。百姓將送塞道，車不得進，乃輕服遁歸。

[1]【今注】明經：漢代選舉官員的科目，明經即通曉經書。

[2]【李賢注】東平陵，縣名，屬濟南郡也。【今注】東平陵：縣名。治所在今山東濟南市章丘區。

後四遷爲豫章太守，[1]又三遷拜會稽太守。山民愿朴，乃有白首不入市井者，[2]頗爲官吏所擾。寵簡除煩苛，禁察非法，郡中大化。徵爲將作大匠。山陰縣有五六老叟，尨眉皓髮，[3]自若邪山谷間出，[4]人齎百錢以送寵。寵勞之曰："父老何自苦？"對曰："山谷鄙生，未嘗識郡朝。它守時吏發求民間，至夜不絶，或狗吠竟夕，民不得安。自明府下車以來，狗不夜吠，民不見吏。年老遭值聖明，今聞當見弃去，故自扶奉送。"寵曰："吾政何能及公言邪？勤苦父老！"爲人選一大錢受之。

[1]【今注】豫章：郡名。治南昌縣（今江西南昌市）。

[2]【李賢注】愿，謹也。《風俗通》曰"俗説市井者，言至市當有所鬻賣，當於井上先濯，乃到市也。謹案《春秋井田記》，人年三十，受田百畝，以食五口。五口爲一户，父母妻子也。公田十畝，廬舍五畝，成田一頃十五畝。八家而九頃二十畝，共爲一井。廬舍在内，貴人也。公田次之，重公也。私田在外，賤私也。井田之義，一曰無洩地氣，二曰無費一家，三曰同風俗，四曰合巧拙，五曰通財貨。因井爲市，交易而退，故稱市井"也。

[3]【李賢注】尨，雜也。老者眉雜白黑也。

[4]【李賢注】若邪，在今越州會稽縣東南也。

轉爲宗正、大鴻臚。[1]延熹四年，代黄瓊爲司空，以陰霧愆陽免。[2]頃之，拜將作大匠，復爲宗正。建寧元年，[3]代王暢爲司空，頻遷司徒、太尉。二年，以日食策免，[4]歸鄉里。

[1]【今注】大鴻臚：官名。秦稱典客，西漢景帝時改名大行令，武帝太初年間改爲大鴻臚，東漢沿用。秩中二千石。九卿之

一。掌禮賓事務。

［2］【今注】愆陽：亦作“愆暘”。陽氣過盛。本謂冬天温和，有悖節令，後亦指天旱或酷熱。《左傳》昭公四年：“夫冰以風壯，而以風出，其藏之也周，其用之也徧，則冬無愆陽，夏無伏陰。”杜預注：“愆，過也。謂冬温。”《逸周書·時訓》：“草木不黄落，是爲愆陽；蟄蟲不咸俯，民多流亡。”

［3］【今注】建寧：東漢靈帝劉宏年號（168—172）。

［4］【今注】策免：帝王以策書免官。

寵前後歷宰二郡，累登卿相，而清約省素，[1]家無貨積。嘗出京師，欲息亭舍，[2]亭吏止之，曰：“整頓洒埽，以待劉公，不可得也。”寵無言而去，時人稱其長者。以老病卒于家。弟方，官至山陽太守。方有二子：岱字公山，繇字正禮。兄弟齊名稱。[3]

［1］【今注】案，清，紹興本、大德本、殿本作“淮”。

［2］【今注】亭舍：驛亭的客舍。

［3］【李賢注】《吴志》曰：“平原陶丘洪薦繇，欲令舉茂才。刺史曰：‘前年舉公山，奈何復舉正禮？’洪曰：‘若使明君用公山於前，擢正禮於後，所謂御二龍於長塗，騁騏驥於千里，不亦可乎？’”

董卓入洛陽，岱從侍中出爲兖州刺史。虚己愛物，爲士人所附。初平三年，[1]青州黄巾賊入兖州，[2]殺任城相鄭遂，[3]轉入東平。岱擊之，戰死。

［1］【今注】初平：東漢獻帝劉協年號（190—193）。

［2］【今注】青州：青州刺史部。西漢武帝時所置十三刺史部之一。治廣縣（今山東青州市）。　黄巾賊：對黄巾軍的蔑稱。黄巾軍是東漢末年張角領導的大規模農民起義軍隊。由於起義軍頭裹黄巾，故稱黄巾軍。

［3］【今注】任城：封國名。治任城縣（今山東濟寧市東南）。

興平中，[1]繇爲楊州牧、振威將軍。[2]時袁術據淮南，[3]繇乃移居曲阿。[4]值中國喪亂，士友多南奔，繇攜接收養，與同優劇，甚得名稱。袁術遣孫策攻破繇，因奔豫章，病卒。

［1］【今注】興平：東漢獻帝劉協年號（194—195）。

［2］【今注】振威將軍：東漢初始置。五威將軍之一。

［3］【今注】袁術：字公路，汝南汝陽（今河南商水縣西北）人。傳見本書卷七五。　淮南：郡名。治所在今安徽鳳陽縣。東漢興平元年（194），袁術改九江郡爲淮南郡，淮南郡始置。

［4］【今注】曲阿：縣名。治所在今江蘇丹陽市。

仇覽字季智，一名香，陳留考城人也。[1]少爲書生淳默，鄉里無知者。年四十，縣召補吏，選爲蒲亭長。[2]勸人生業，爲制科令，至於果菜爲限，雞豕有數，農事既畢，乃令子弟群居，還就黌學。[3]其剽輕游恣者，皆役以田桑，嚴設科罰。躬助喪事，賑恤窮寡。期年稱大化。覽初到亭，人有陳元者，獨與母居，而母詣覽告元不孝。覽驚曰："吾近日過舍，廬落整頓，[4]耕耘以時。此非惡人，當是教化未及至耳。母守寡養孤，苦身投老，奈何肆忿於一朝，欲致子以不義乎?”母聞感悔,涕泣而去。覽乃親到元家,與其母子飲,因爲陳人倫孝行,譬以禍福之言。元卒成孝子。[5]鄉邑爲之諺曰:“父母何在在我庭,化我鳲梟哺所生。”[6]

[1]【李賢注】《續漢志》:“考城故菑。”《陳留風俗傳》曰:“章帝惡其名,改爲考城也。”【今注】陳留:郡名。治陳留縣(今河南開封市東南陳留城)。

[2]【今注】蒲亭長:蒲亭的行政長官。蒲亭,地名。在今河南民權縣東。亭長,秦漢時在鄉村每十里設一亭,置亭長,掌治安,捕盜賊,理民事,兼管停留旅客。

[3]【今注】黌學:學校。

[4]【李賢注】《廣雅》曰(廣,紹興本作“黄”):“落,居也。”案,今人謂院爲落也。

[5]【李賢注】《謝承書》曰“覽爲縣陽遂亭長,好行教化。人羊元凶惡不孝(羊,大德本、殿本作‘陳’,是),其母詣覽言元。覽呼元,誚責元以子道,與一卷《孝經》,使誦讀之。元深改悔,到母牀下,謝罪曰:‘元少孤,爲母所驕。諺曰:“孤犢觸乳,驕子罵母。”乞今自改。’母子更相向泣,於是元遂修孝道,後成佳士”也。

[6]【李賢注】鳲梟即鴟梟也。

時考城令河内王涣,政尚嚴猛,聞覽以德化人,署爲主簿。謂覽曰:“主簿聞陳元之過,不罪而化之,得無少鷹鸇之志邪?”[1]覽曰:“以爲鷹鸇,不若鸞鳳。”涣謝遣曰:“枳棘非鸞鳳所棲,[2]百里豈大賢之路?[3]今日太學曳長裾,飛名譽,皆主簿後耳。以一月奉爲資，勉卒景行。”[4]

［1］【李賢注】《左傳》季孫行父曰：“見無禮於君者誅之，如鷹鸇之逐鳥雀。”

［2］【今注】枳棘：枳木與棘木。因其多刺而稱惡木。

［3］【李賢注】時涣爲縣令，故自稱百里也。

［4］【李賢注】卒，終也。【今注】景行：平坦的大道。《毛詩·小雅·車舝》：“高山仰止，景行行止。”

覽入太學。時諸生同郡符融有高名，[1]與覽比宇，賓客盈室。覽常自守，不與融言。融觀其容止，心獨奇之，乃謂曰：“與先生同郡壤，鄰房牖。今京師英雄四集，志士交結之秋，雖務經學，守之何固？”覽乃正色曰：“天子脩設太學，豈但使人游談其中！”高揖而去，[2]不復與言。後融以告郭林宗，[3]林宗因與融齎刺就房謁之，[4]遂請留宿。林宗嗟歎，下牀爲拜。

［1］【今注】符融：字偉明，陳留浚儀（今河南開封市）人。東漢名士。傳見本書卷六八。

［2］【今注】高揖：雙手抱拳高舉過頭作揖。古代作爲辭别時的禮節。

［3］【今注】郭林宗：郭太，字林宗，太原界休（今山西介休市東南）人。東漢時期名士，與許劭並稱“許郭”。傳見本書卷六八。

［4］【今注】齎刺：攜帶名帖。

覽學畢歸鄉里，州郡並請，皆以疾辭。雖在宴居，[1]必以禮自整。妻子有過，輒免冠自責。妻子庭謝，候覽冠，乃敢升堂。家人莫見喜怒聲色之異。後徵方正，[2]遇疾而卒。三子皆有文史才，少子玄，最知名。

[1]【李賢注】宴，安也。《論語》曰："子之宴居。"

[2]【今注】方正：賢良方正。

童恢字漢宗，[1]琅邪姑幕人也。[2]父仲玉，遭世凶荒，傾家賑恤，九族鄉里賴全者以百數。[3]仲玉早卒。

[1]【李賢注】《謝承書》"童"作"僮"，"恢"作"种"也。

[2]【李賢注】姑幕故城在今密州莒縣東北也。

[3]【今注】九族：泛指親屬。具體所指，諸説不同。一説是上自高祖，下至玄孫；一説是父族四、母族三、妻族二。

恢少仕州郡爲吏，司徒楊賜聞其執法廉平，[1]乃辟之。及賜被劾當免，掾屬悉投刺去，[2]恢獨詣闕争之。及得理，掾屬悉歸府，恢杖策而逝。由是論者歸美。復辟公府，除不其令。吏人有犯違禁法，輒隨方曉示。若吏稱其職，人行善事者，皆賜以酒肴之禮，以勸勵之。耕織種收，皆有條章。一境清静，牢獄連年無囚。比縣流人歸化，徙居二萬餘户。民嘗爲虎所害，乃設檻捕之，生獲二虎。恢聞而出，呪虎曰：[3]"天生萬物，唯人爲貴。虎狼當食六畜，[4]而殘暴於人。王法殺人者死，傷人則論法。汝若是殺人者，當垂頭服罪；

自知非者，當號呼稱冤。”一虎低頭閉目，狀如震懼，即時殺之。其一視恢鳴吼，踴躍自奮，遂令放釋。吏人爲之歌頌。青州舉尤異，遷丹陽太守，[5]暴疾而卒。

[1]【今注】楊賜：字伯獻，弘農華陰（今陝西華陰市東）人。東漢時期名臣。傳見本書卷五四。

[2]【今注】投刺：留下名帖。表示解職告退。

[3]【今注】呪：同“咒”。

[4]【李賢注】杜預注《左傳》云：“六畜，馬牛羊豕犬雞也（犬，紹興本作‘大’）。”

[5]【今注】丹陽：郡名。治宛陵縣（今安徽宣城市宣州區）。

弟翊字漢文，名高於恢，宰府先辟之。翊陽喑不肯仕，[1]及恢被命，乃就孝廉，除須昌長。[2]化有異政，吏人生爲立碑。聞舉將喪，[3]弃官歸。後舉茂才，不就。卒於家。

[1]【李賢注】喑，疾不能言也。【今注】陽喑：即佯瘖，裝啞。

[2]【今注】須昌：縣名。治所在今山東東平縣西。

[3]【今注】舉將：舉主，即舉薦自己的恩人。

贊曰：政畏張急，[1]理善亨鮮。[2]推忠以及，衆瘼自蠲。[3]一夫得情，千室鳴弦。[4]懷我風愛，永載遺賢。[5]

[1]【李賢注】《韓詩外傳》曰：“水濁則魚喁，令苛則人亂。

理國者譬若張琴然，大弦急則小絃絶矣。故急轡銜者，非千里之御也。”

［2］【李賢注】《老子》曰“理大國者若亨小鮮”也（亨，殿本作“烹”）。【今注】案，亨，殿本作“烹”。

［3］【李賢注】推忠恕以及於人，則衆病自蠲除。

［4］【李賢注】一夫謂守長也。千室謂黎庶。言上得化下之情，則其下鳴弦而安樂也。【今注】鳴弦：以琴瑟伴奏歌唱，借指官吏治政有道，百姓生活安樂。典出《論語·陽貨》：“子之武城，聞弦歌之聲。夫子莞爾而笑，曰：‘割鷄焉用牛刀？’子游對曰：‘昔者偃也聞諸夫子曰：“君子學道則愛人，小人學道則易使也。”’子曰：‘二三子！偃之言是也。前言戲之耳。’”

［5］【李賢注】沈約《宋書》載曄與其姪及甥書，論撰書之意曰：“吾觀史書，恒覺其不可解。既造《後漢》，轉得統緒。詳觀古今著述及評論，殆少可得意者。班氏最有高名，既任情無例，不可甲乙。博贍不可及之，整理未必愧也。吾雜傳論皆有精意深旨，至於循吏已下及六夷諸序論，筆勢縱放，實天下之奇作，其中合者，往往不減《過秦篇》。嘗比方班氏所作，非但不愧之而已。又欲因事發論，以正一代得失，意復未果。贊自是吾文之傑思，殆無一字空設。此書行，故應有賞音者。紀傳例爲舉其大略耳。諸細意甚多，自古體大而思精，未有此也。恐俗人不能盡之，多貴古賤今，所以稱情狂言耳。”

後漢書　卷七七

列傳第六十七

酷吏

董宣　樊曄　李章　周紆　黄昌　陽球　王吉

漢承戰國餘烈，多豪猾之民。其并兼者則陵横邦邑，桀健者則雄張閭里。[1]且宰守曠遠，户口殷大。[2]故臨民之職，專事威斷，族滅姦軌，先行後聞。[3]肆情剛烈，成其不橈之威。[4]違衆用己，表其難測之智。[5]至於重文横入，爲窮怒之所遷及者，亦何可勝言。[6]故乃積骸滿穽，漂血十里。[7]致温舒有虎冠之吏，[8]延年受屠伯之名，豈虚也哉！[9]若其揣挫彊執，摧勒公卿，碎裂頭腦而不顧，亦爲壯也。[10]

[1]【李賢注】横音胡孟反。張音知亮反。

[2]【李賢注】《前書》曰，成帝户一千二百二十三萬三千六

十，口五千九百五十九萬四千九百七十八，漢極盛矣。【今注】案，《漢書·地理志下》載，元始二年（2）西漢在籍人口達59594978人。但其所記郡國人口相加是55938726人。

［3］【李賢注】先行刑而後聞奏也。

［4］【李賢注】橈，屈也。《前書》甯成爲濟南都尉，而郅都爲守。始前數都尉，步入府，因吏謁守如縣令，其畏都如此。及成往，直陵都出其上。都素聞其聲，善遇之，與結驩。

［5］【李賢注】《前書》嚴延年爲河南太守，衆人所謂當死者一朝出之，所謂當生者詭殺之，吏人莫能測其用意深淺也。

［6］【李賢注】重猶深也。横猶枉也。窮，極也。言遷怒於無罪之人。【今注】窮怒：盛怒。

［7］【李賢注】穽，阬也。《前書》尹賞守長安令，得一切以便宜從事。賞至，修理長安獄，穿地方深各數丈，名爲虎穴。乃部户曹掾史（户，紹興本作“尸”；史，殿本作“吏”），雜舉長安中輕薄少年惡子，無市藉商販作務，而鮮衣凶服者，得數百人，盡以次内穴中，覆以大石，皆相枕藉死。又王温舒爲河内太守，捕郡中豪猾論報，流血十餘里也。

［8］【李賢注】王温舒爲中尉，窮案姦猾，盡糜爛獄中。其爪牙吏，虎而冠者也。《音義》云“言其殘虐之甚”也。【今注】温舒：即王温舒。西漢酷吏。年輕曾盜墓，後作小官，升爲御史。督捕盜賊，嗜殺行威，後又升任河内太守。最後被誅滅五族。傳見《史記》卷一二二。　虎冠：惡虎戴冠，借指凶惡殘暴之人。《史記》卷五二《齊悼惠王世家》：“齊王母家駟鈞，惡戾，虎而冠者也。”裴駰《集解》引張晏曰：“言鈞惡戾，如虎而著冠。”

［9］【李賢注】《前書》嚴延年爲河南太守，所誅殺血流數里。河南號曰“屠伯”，言若屠人之殺六畜也。【今注】延年：嚴延年。西漢酷吏。少習法律，初任郡吏。後歷任御史屬官、涿郡太守等職。執法苛刻殘暴，曾冬日傳屬縣囚，會論府上，流血數里，

河南號曰“屠伯”。後因誹謗朝政，棄市。傳見《漢書》卷九〇。

［10］【李賢注】《前書》濟南瞯氏，宗人三百餘家，豪猾，二千石莫能制。郅都爲濟南守，至則誅瞯氏首惡，郡中路不拾遺，都後竟坐斬。又趙廣漢爲京兆尹，侵犯貴戚大臣，將吏卒入丞相魏相府，召其夫人跪庭下受辭，責以殺婢事。司直蕭望之劾奏廣漢摧辱大臣，傷化不道，坐腰斬。破碎頭腦言不避誅戮也。

自中興以後，科網稍密，吏人之嚴害者，方於前世省矣。而閹人親婭，侵虐天下。[1]至使陽球磔王甫之屍，[2]張儉剖曹節之墓。[3]若此之類，雖厭快衆憤，亦云酷矣！儉知名，故附《黨人篇》。[4]

［1］【李賢注】《爾雅》曰：“兩婿相謂曰婭。”【今注】親婭：姻親。

［2］【今注】案，事見本卷。陽球，東漢靈帝時爲司隸校尉，將操縱朝政的宦官王甫棒殺，並把其屍體橫掛在夏城門示衆，告示書“賊臣王甫”。

［3］【今注】案，此處有誤。據本書卷六七《黨錮傳》、卷七八《宦者傳》所記，應該不是曹節，而是侯覽壽冢。參見何焯《義門讀書記》卷二四。張儉，字元節，山陽高平（今山東鄒城市西南）人。東漢名士。傳見本書卷六七。

［4］【李賢注】劉淑、李膺等傳也。

董宣字少平，陳留圉人也。[1]初爲司徒侯霸所辟，[2]舉高第，[3]累遷北海相。[4]到官，以大姓公孫丹爲五官掾。[5]丹新造居宅，而卜工以爲當有死者，丹乃令其子殺道行人，置屍舍内，以塞其咎。宣知，即收丹父子殺之。丹宗族親黨三十餘人，操兵詣府，稱冤叫號。宣以丹前附王莽，慮交通海賊，乃悉收繫劇獄，[6]使門下書佐水丘岑盡殺之。[7]青州以其多濫，[8]奏宣考岑，宣坐徵，[9]詣廷尉。[10]在獄，晨夜諷誦，無憂色。及當出刑，官屬具饌送之，宣乃厲色曰："董宣生平未曾食人之食，況死乎！"升車而去。時同刑九人，次應及宣，光武馳使騶騎特原宣刑，且令還獄。遣使者詰宣多殺無辜，宣具以狀對，言水丘岑受臣旨意，罪不由之，願殺臣活岑。使者以聞，有詔左轉宣懷令，[11]令青州勿案岑罪。岑官至司隸校尉。[12]

［1］【今注】陳留：郡名。西漢武帝時置，治陳留縣（今河南開封市東南陳留鎮）。　圉：縣名。西漢屬淮陽國。治所在今河南杞縣圉鎮。《太平寰宇記》卷一開封府雍丘縣載："圉城，《風俗傳》云'舊陳地，苦楚之難，修干弋於境，以虞其患，故曰圉'。"東漢屬陳留郡。

［2］【今注】司徒：官名。西漢哀帝，罷丞相，置大司徒。東漢光武建武二十七年（51），去"大"，稱司徒。本書《百官志一》："司徒，公一人。本注曰：掌人民事。"　侯霸：字君房，河南密（今河南新密市東南）人。東漢光武帝時任大司徒，建武十三年，侯霸因病去世。案，侯霸應稱大司徒。傳見本書卷二六。

［3］【今注】高第：官吏考核中的高等。

［4］【今注】北海：郡國名。西漢置，初治營陵縣（今山東昌樂縣東南），東漢徙治劇縣（今山東壽光市東南）。

［5］【今注】五官掾：西漢置。太守自署屬吏之一，無固定職務。地位與功曹史相上下（參見宋一夫《漢代功曹、五官掾考》，《歷史研究》1994年第5期）。

[6]【李賢注】劇縣之獄。【今注】劇：縣名。西漢立，治所在今山東壽光市紀臺。

[7]【李賢注】姓水丘，名岑也。【今注】門下書佐：官名。主辦文書。漢公府、郡縣各曹有書佐，地位在掾、史之下，主文書繕寫等事。

[8]【今注】青州：即青州刺史部，西漢武帝時所置十三刺史部之一。治廣縣（今山東青州市）。

[9]【今注】坐徵：因獲罪而被召回。

[10]【今注】廷尉：官名。秦置漢沿，掌管刑獄，爲九卿之一。

[11]【今注】左轉：貶官，降職。　懷：縣名。秦置，爲河内郡治。治所在今河南武陟縣西。

[12]【今注】司隸校尉：官名。漢京師及周邊地區的監察官。始置於漢武帝時。東漢時秩比二千石。

後江夏有劇賊夏喜等寇亂郡境，[1]以宣爲江夏太守。到界，移書曰："朝廷以太守能禽姦賊，故辱斯任。今勒兵界首，檄到，幸思自安之宜。"喜等聞，懼，即時降散。外戚陰氏爲郡都尉，[2]宣輕慢之，坐免。

[1]【今注】江夏：郡名。漢置。治西陵縣（今湖北武漢市新洲區）。

[2]【今注】郡都尉：武官名。西漢置。原名郡尉，景帝中元二年（前148）更名郡都尉。俸比二千石。佐郡太守典武職甲卒，掌治安。

後特徵爲洛陽令。[1]時湖陽公主蒼頭白日殺人，[2]因匿主家，吏不能得。及主出行，而以奴驂乘，宣於夏門亭候之，乃駐車叩馬，以刀畫地，大言數主之失，叱奴下車，因格殺之。主即還宫訴帝，帝大怒，召宣，欲箠殺之。宣叩頭曰："願乞一言而死。"帝曰："欲何言？"宣曰："陛下聖德中興，而縱奴殺良人，將何以理天下乎？臣不須箠，請得自殺。"即以頭擊楹，流血被面。帝令小黄門持之，使宣叩頭謝主，宣不從，彊使頓之，[3]宣兩手據地，終不肯俯。主曰："文叔爲白衣時，[4]臧亡匿死，吏不敢至門。今爲天子，威不能行一令乎？"帝笑曰："天子不與白衣同。"因敕彊項令出。[5]賜錢三十萬，宣悉以班諸吏。由是搏擊豪彊，莫不震慄。京師號爲"卧虎"。歌之曰："枹鼓不鳴董少平。"[6]

[1]【今注】洛陽：縣名。治所在今河南洛陽市東白馬寺附近。

[2]【今注】湖陽公主：光武帝劉秀大姐，建武二年（26）被封爲湖陽公主。事見本書卷一四《宗室四王三侯傳》。

[3]【今注】案，頓，大德本作"頻"。

[4]【今注】文叔：光武帝劉秀的字。

[5]【李賢注】《謝承書》曰："勅令詣太官賜食（太，大德本、殿本作'大'）。宣受詔出，飯盡，覆杯食机上（杯，紹興本、大德本作'柸'）。太官以狀聞（太，大德本作'人'，殿本作'大'）。上問宣，宣對曰：'臣食不敢遺餘，如奉職不敢遺力。'"

[6]【李賢注】枹，擊鼓杖也，音浮（浮，殿本作"孚"），

其字從木也。【今注】枹鼓不鳴：無人擊鼓鳴冤。枹，鼓槌。

在縣五年。年七十四，卒於官。詔遣使者臨視，唯見布被覆屍，妻子對哭，有大麥數斛、敝車一乘。[1]帝傷之，曰："董宣廉絜，死乃知之！"以宣嘗爲二千石，賜艾綬，[2]葬以大夫禮。拜子並爲郎中，[3]後官至齊相。[4]

[1]【李賢注】《謝承書》曰"有白馬一匹，蘭輿一乘"也。

[2]【今注】艾綬：艾草顏色的繫印紐的印帶，即緑綬。漢官秩二千石以上者用之。

[3]【今注】郎中：官名。即帝王侍從官之通稱。東漢以降爲尚書臺屬官。

[4]【李賢注】諸本此下有説蔡茂事二十五字，亦有無者。案，茂自有傳也。

樊曄字仲華，南陽新野人也。[1]與光武少游舊。建武初，徵爲侍御史，[2]遷河東都尉，[3]引見雲臺。[4]初，光武微時，嘗以事拘於新野，曄爲市吏，[5]餽餌一笥。[6]帝德之不忘，仍賜曄御食，及乘輿服物。因戲之曰："一笥餌得都尉，何如？"曄頓首辭謝。及至郡，誅討大姓馬適匡等。[7]盜賊清，吏人畏之。數年，遷楊州牧，[8]教民耕田種樹理家之術。視事十餘年，坐法左轉軹長。[9]

[1]【今注】南陽：郡名。治宛縣（今河南南陽市卧龍區）。

新野：縣名。治所在今河南新野縣。

［2］【今注】侍御史：官名。又稱“御史”“侍御”。由御史中丞統領，入侍禁中蘭臺，給事殿中。秩六百石。

［3］【今注】河東：郡名。秦置漢沿，治安邑縣（今山西夏縣北）。

［4］【今注】雲臺：即雲臺閣。位於都城洛陽南宮。

［5］【今注】市吏：管理市場的官吏。

［6］【李賢注】《蒼頡篇》曰：“餽，饟也。”《説文》曰：“餌，餅也。笥，竹器也。”

［7］【李賢注】馬適，姓也。《前書》有馬適建。俗本“匡”上有“王”字者，誤也。

［8］【今注】楊州牧：揚州刺史部的主官。楊州，即揚州。揚州是西漢武帝時所置十三刺史部之一。東漢治歷陽縣（今安徽和縣）。刺史爲監察官，受御史中丞管轄，在地方上官位低於太守。東漢靈帝時，改刺史爲州牧，位居太守上，掌握一州軍政大權，成爲一級地方行政長官。

［9］【李賢注】軹，縣，屬河南郡，故城在今洛州濟源縣東南也。

隗囂滅後，[1]隴右不安，[2]乃拜曄爲天水太守。[3]政嚴猛，好申韓法，[4]善惡立斷。人有犯其禁者，率不生出獄，吏人及羌胡畏之。道不拾遺。行旅至夜，聚衣裝道傍，曰“以付樊公”。涼州爲之歌曰：“游子常苦貧，力子天所富。[5]寧見乳虎穴，[6]不入冀府寺。[7]大笑期必死，忿怒或見置。嗟我樊府君，安可再遭值！”視事十四年，卒官。永平中，[8]顯宗追思曄在天水時政能，以爲後人莫之及，詔賜家錢百萬。子融，有俊才，好黄老，不肯爲吏。

[1]【今注】隗囂：字季孟，天水成紀（今甘肅静寧縣西南）人。傳見本書卷一三。

[2]【今注】隴右：即隴山（六盤山）之右。古人東爲左，西爲右，所謂隴右，在地理方位上是指稱隴山以西的地方。古時也稱隴西。

[3]【今注】天水：郡名。西漢武帝元鼎三年（前114），析隴西郡地置天水郡，治平襄縣（今甘肅通渭縣西北）。天水得名源於“天河注水”之傳説。東漢明帝永平十七年（74），天水郡更名漢陽郡，改治冀縣（今甘肅甘谷縣）。

[4]【李賢注】申不害、韓非之法也。【今注】申韓：戰國申不害和韓非。後世以之代稱法家。

[5]【李賢注】勤力之子。【今注】案，天，大德本作“所”。

[6]【李賢注】乳，產也。猛獸產乳護其子，則博噬過常（博，紹興本、大德本、殿本作“搏”，是），故以喻也。諸本“穴”字或作“六”，誤也。

[7]【李賢注】冀，天水縣也。

[8]【今注】永平：東漢明帝劉莊年號（58—75）。

李章字弟公，[1]河内懷人也。[2]五世二千石。章習嚴氏《春秋》，[3]經明教授，歷州郡吏。光武爲大司馬，[4]平定河北，召章置東曹屬，[5]數從征伐。光武即位，拜陽平令。[6]時趙、魏豪右往往屯聚，[7]清河大姓趙綱遂於縣界起塢壁，[8]繕甲兵，爲在所害。章到，乃設饗會，而延謁綱。綱帶文劍，[9]被羽衣，[10]從士百餘人來到。章與對讌飲，有頃，手劍斬綱，伏兵亦悉殺其從者，因馳詣塢壁，掩擊破之，吏人遂安。

［1］【今注】案，弟，殿本作“第”。

［2］【今注】河内：郡名。治懷縣（今河南武陟縣西）。

［3］【李賢注】宣帝時博士嚴彭祖也。【今注】案，嚴彭祖師事眭孟，傳《春秋公羊傳》（參見孫筱《兩漢經學與社會》，中國社會科學出版社 2002 年版）。

［4］【今注】大司馬：官名。掌邦政。爲三公之首。

［5］【今注】東曹屬：漢制，丞相、太尉掾吏其正職稱掾，副職稱屬，秩皆比二百石。

［6］【李賢注】陽平，縣，屬東郡，故城今魏州莘縣也。

［7］【今注】豪右：豪門。漢代以右爲上，故稱豪右。

［8］【今注】塢壁：防禦用的土墻、土堡。即塢堡，漢代爲民間防衛性建築。王莽天鳳年間，北方大飢，富豪紛紛構築塢堡營壁，以求自保。東漢建國後，漢光武帝曾下令摧毁塢堡，但禁之不能絶。

［9］【今注】文劍：儒生所佩之劍，有劍穗，多用於禮儀。

［10］【李賢注】緝鳥羽以爲衣也。《前書》欒大爲五利將軍，服羽衣也。

遷千乘太守，[1]坐誅斬盜賊過濫，徵下獄免。歲中拜侍御史，出爲琅邪太守。[2]時北海安丘大姓夏長思等反，[3]遂囚太守處興，[4]而據營陵城。[5]章聞，即發兵千人，馳往擊之。掾吏止章曰：“二千石行不得出界，兵不得擅發。”[6]章按劍怒曰：“逆虜無狀，囚劫郡守，此何可忍！若坐討賊而死，吾不恨也。”遂引兵安丘城下，募勇敢燒城門，與長思戰，斬之，獲三百餘級，得牛馬五百餘頭而還。興歸郡，以狀上帝，悉以所得班勞吏士。後坐度人田不實徵，[7]以章有功，但司寇論。月餘免刑歸。復徵，會病卒。

[1]【今注】千乘：郡名。漢武帝時分齊郡置千乘郡，治千乘縣（今山東高青縣）。

[2]【今注】琅邪：郡名。治開陽縣（今山東臨沂市）。

[3]【今注】安丘：縣名。西漢景帝時置，治所在今山東安丘市南。

[4]【李賢注】《風俗通》曰："《史記》趙有辯士處子（辯，大德本、殿本作'辨'），故有處姓也。"

[5]【李賢注】營陵，縣，屬北海郡也。

[6]【李賢注】《前書》杜欽奏記王鳳曰"二千石守千里之地，任兵馬之重，不宜去郡"也。

[7]【今注】案，東漢建國伊始，光武帝爲增加國庫收入，下詔丈量土地、核實户口。即所謂度田。

周紆字文通，下邳徐人也。[1]爲人刻削少恩，好韓非之術。[2]少爲廷尉史。[3]永平中，補南行唐長。[4]到官，曉吏人曰："朝廷不以長不肖，使牧黎民，而性讎猾吏，志除豪賊，且勿相試！"遂殺縣中尤無狀者數十人，吏人大震。遷博平令。[5]收考姦臧，無出獄者。以威名遷齊相，[6]亦頗嚴酷，專任刑法，而善爲辭案條教，[7]爲州内所則。後坐殺無辜，復左轉博平令。

[1]【今注】下邳：王國名。東漢明帝置。治下邳縣（今江蘇邳州市南）。　徐：縣名。治所在今江蘇泗洪縣東南半城鎮。東漢

屬下邳國。

［2］【今注】韓非之術：韓非是戰國末年法家思想集大成者，集商鞅的“法”、申不害的“術”和慎到的“勢”於一身。韓非重“術”，是其與其他法家的重要區别。（參見王宗非《〈韓非子〉的“道德之意”與“法術之治”》，《四川大學學報》1991 年第2 期）

［3］【今注】廷尉史：官名。廷尉的屬官。掌決獄、治獄。

［4］【今注】南行唐：縣名。治所在今河北行唐縣北。

［5］【李賢注】博平，縣，故城在今博州博平縣東也。【今注】博平：縣名。治所在今山東茌平縣。

［6］【今注】齊相：齊國國相。掌齊國政務。秩二千石。

［7］【李賢注】辭案猶今案牘也。

建初中，[1]爲勃海太守。[2]每赦令到郡，輒隱閉不出，先遣使屬縣盡決刑罪，乃出詔書。坐徵詣廷尉，[3]免歸。紡廉絜無資，常築墼以自給。[4]肅宗聞而憐之，復以爲郎，再遷召陵侯相。[5]廷掾憚紡嚴明，欲損其威，[6]乃晨取死人斷手足，立寺門。紡聞，便往至死人邊，若與死人共語狀。陰察視口眼有稻芒，乃密問守門人曰：“悉誰載藁入城者？”[7]門者對：“唯有廷掾耳。”又問鈴下：[8]“外頗有疑令與死人語者不？”對曰：“廷掾疑君。”乃收廷掾考問，具服“不殺人，取道邊死人”。後人莫敢欺者。

［1］【今注】建初：東漢章帝劉炟年號（76—84）。

［2］【今注】勃海：郡名。治南皮縣（今河北南皮縣北）。

［3］【今注】坐徵：因獲罪而被召回。

［4］【今注】築墼：做磚坯。墼，未燒的磚坯。案，錢大昕

《廿二史考異》卷一二《後漢書三》本傳説“傳雲築塹者，以塹築城垣也”，不知所本。

［5］【今注】召陵：侯國名。治所在今河南漯河市召陵鎮。

［6］【李賢注】《續漢志》每郡有五官掾，縣爲廷掾也（廷，殿本作“庭”）。

［7］【李賢注】悉猶知也。

［8］【李賢注】《漢官儀》曰：“鈴下、侍閤、辟車，此皆以名自定者也。”

徵拜洛陽令，下車，先問大姓主名，吏數閭里豪彊以對。[1]紆厲聲怒曰：“本問貴戚若馬、竇等輩，[2]豈能知此賣菜傭乎？”於是部吏望風旨，争以激切爲事。貴戚跼蹐，[3]京師肅清。皇后弟黄門郎竇篤從宫中歸，[4]夜至止姦亭，[5]亭長霍延遮止篤，[6]篤蒼頭與争，延遂拔劍擬篤，而肆詈恣口。篤以表聞。詔召司隸校尉、河南尹詣尚書譴問，[7]遣劍戟士收紆送廷尉詔獄。[8]數日貰出。[9]帝知紆奉法疾姦，不事貴戚，然苛慘失中，[10]數爲有司所奏，八年，遂免官。

［1］【今注】閭里：鄉里。

［2］【今注】馬竇：馬援與竇融家族。馬援女爲漢明帝皇后，竇融曾孫女爲漢章帝皇后，故曰貴戚。

［3］【今注】跼蹐：謹慎恐懼。

［4］【今注】黄門郎：官名。漢時，宫門多爲黄色，故稱黄門。東漢始設爲專官，或稱之給事黄門侍郎，秩六百石。

［5］【今注】止姦亭：亭名。漢代亭較大，平時有亭吏駐守。洛陽有十二門，以此爲基準交互縱横延伸出二十四條街路，因而形

成了二十四亭。

[6]【今注】亭長：基層官員名。掌治安警衛，兼管停留旅客（參見黎明釗《漢代亭長與盜賊》，《中國史研究》2007年第2期）。

[7]【今注】河南尹：官名。東漢京都洛陽所在郡的長官稱尹，掌京都，典兵禁，秩二千石。　尚書：尚書臺。東漢中樞機關，因位於宫中的中臺，故以臺名。

[8]【今注】劍戟士：尉衛所屬宫中巡邏士卒名稱。左都侯主劍戟士。劍戟泛指兵器。

[9]【李賢注】貰，赦也，音市夜反。

[10]【李賢注】慘，虐也。

後爲御史中丞。和帝即位，太傅鄧彪奏紆在任過酷，不宜典司京輦。[1]免歸田里。後竇氏貴盛，篤兄弟秉權，睚眦宿怨，無不僵仆。[2]紆自謂無全，乃柴門自守，以待其禍。然篤等以紆公正，而怨隙有素，遂不敢害。

[1]【李賢注】《漢官儀》曰："御史中丞，外督部刺史，内領侍御史，糾察百司。"故云典司京輦。【今注】太傅：官名。國王輔弼官之一，位高職虚。東漢置此官，掌善導，無常職。　鄧彪：字智伯，南陽新野（今河南新野縣）人。東漢名臣。傳見本書卷四四。

[2]【李賢注】僵，偃也。仆，踣也。

永元五年，[1]復徵爲御史中丞。諸竇雖誅，而夏陽侯瓌猶尚在朝。[2]紆疾之，乃上疏曰："臣聞臧文仲之事君也，見有禮於君者，事之如孝子之養父母；見無禮於君者，誅之如鷹鸇之逐鳥雀。[3]案夏陽侯瓌，[4]本出輕薄，志在邪僻，學無經術，而妄搆講舍，[5]外招儒徒，實會姦桀。輕忽天威，侮慢王室，又造作巡狩封禪之書，惑衆不道，當伏誅戮，而主者營私，不爲國計。夫涓流雖寡，浸成江河；爝火雖微，卒能燎野。[6]履霜有漸，可不懲革？[7]宜尋吕産專竊之亂，[8]永惟王莽篡逆之禍，上安社稷之計，下解萬夫之惑。”會瓌歸國，紆遷司隸校尉。

[1]【今注】永元：東漢和帝劉肇年號（89—105）。

[2]【今注】夏陽侯瓌：竇瓌，竇憲弟，封夏陽侯。

[3]【李賢注】《左氏傳》季孫行父稱臧文仲教行父事君之辭也。【今注】案，語見《左傳》文公十八年。

[4]【今注】案，案，大德本、殿本作“按”。

[5]【今注】案，搆，紹興本此處空缺一字。

[6]【李賢注】《莊子》曰：“日月出矣，而爝火不息。”爝火，小火也。【今注】案，語出《莊子·逍遥游》。

[7]【李賢注】《易》曰：“履霜堅冰至，其所由來者漸矣。”【今注】案，語見《周易·坤卦》。

[8]【李賢注】吕産，吕太后之兄子，封爲梁王，太后崩，與弟禄作亂也。

六年夏旱，車駕自幸洛陽録囚徒，[1]二人被掠生蟲，[2]坐左轉騎都尉。[3]七年，遷將作大匠。[4]九年，卒於官。

[1]【今注】録囚徒：亦作“録囚”。皇帝或主官查閲囚犯案

卷或直接向囚犯訊問決獄之情況，平反冤獄或督辦久懸未判的制度。

［2］【今注】掠：用棍子或鞭子打。

［3］【今注】騎都尉：官名。無固定職掌，不統兵時爲侍衛武官。東漢名義上隸光禄勳。秩比二千石。

［4］【今注】將作大匠：官名。秦置將作少府，西漢景帝時改爲將作大匠，掌宗皇家土木工程的營建。東漢將作大匠位次河南尹，秩同西漢二千石。

黄昌字聖真，會稽餘姚人也。[1]本出孤微。居近學官，[2]數見諸生修庠序之禮，[3]因好之，遂就經學。又曉習文法，仕郡爲決曹。[4]刺史行部，見昌，甚奇之，辟從事。

［1］【李賢注】餘姚，今越州縣也。【今注】會稽：郡名。秦置漢沿。東漢治山陰縣（今浙江紹興市）。　餘姚：縣名。治所在今浙江餘姚市。餘姚縣或説秦置，或説漢建，東漢獻帝建安五年（200）始築縣城。

［2］【今注】案，官，大德本、殿本作“宫”。

［3］【今注】庠序之禮：泛指學校教育。殷代叫庠，周代叫序。

［4］【李賢注】《續漢志》曰：“決曹主罪法事（主，紹興本、大德本作‘王’）。”【今注】決曹：此指決曹掾。非朝廷三公府之決曹。漢時郡設決曹掾，專職司法，秩百石。

後拜宛令，[1]政尚嚴猛，好發姦伏。人有盜其車蓋者，昌初無所言，後乃密遣親客至門下賊曹家掩取得之，[2]悉收其家，一時殺戮。大姓戰懼，皆稱神明。

[1]【今注】宛：縣名。治所在今河南南陽市宛城區。

[2]【李賢注】《續漢志》曰："賊曹主盜賊事。"【今注】賊曹：官署名。東漢各郡縣置賊曹，主盜賊事。 掩取：乘其不意而奪取。

朝廷舉能，遷蜀郡太守。[1]先太守李根年老多悖政，[2]百姓侵冤。及昌到，吏人訟者七百餘人，悉爲斷理，莫不得所。密捕盜帥一人，脅使條諸縣彊暴之人姓名居處，乃分遣掩討，無有遺脱。宿惡大姦，皆奔走它境。

[1]【今注】蜀郡：治成都縣（今四川成都市）。

[2]【李賢注】悖，亂也。

初，昌爲州書佐，[1]其婦歸寧於家，[2]遇賊被獲，遂流轉入蜀爲人妻。其子犯事，乃詣昌自訟。昌疑母不類蜀人，因問所由。對曰："妾本會稽餘姚戴次公女，州書佐黄昌妻也。妾嘗歸家，爲賊所略，遂至於此。"昌驚，呼前謂曰："何以識黄昌邪？"對曰："昌左足心有黑子，常自言當爲二千石。"[3]昌乃出足示之。因相持悲泣，還爲夫婦。

[1]【今注】書佐：官名。主辦文書的佐官，又稱門下書佐。漢公府、郡各曹有書佐，地位在掾、史之下，主文書繕寫等事。

［2］【今注】歸寧：已婚婦女回娘家看望父母。

［3］【李賢注】《相書》曰："足心有黑子者二千石。"

視事四年，徵，再遷陳相。[1]縣人彭氏舊豪縱，造起大舍，高樓臨道。昌每出行縣，彭氏婦人輒升樓而觀。昌不喜，遂勑收付獄，案殺之。[2]又遷爲河内太守，又再遷潁川太守。永和五年，[3]徵拜將作大匠。漢安元年，[4]進補大司農，[5]左轉太中大夫，[6]卒於官。

［1］【今注】陳：王國名。治陳縣（今河南淮陽縣）。東漢章帝章和二年（88）改淮陽國置。

［2］【今注】案，案，大德本作"桉"。

［3］【今注】永和：東漢順帝劉保年號（136—141）。

［4］【今注】漢安：東漢順帝劉保年號（142—144）。

［5］【今注】大司農：官名。秦置治粟内史，西漢景帝改稱"大農令"，武帝再更名爲"大司農"。爲九卿之一，爲國家財政長官。東漢後鹽鐵劃歸郡國。此後財政權責逐漸被其他理財之官劃分。

［6］【今注】太中大夫：官名。秦置漢因，掌議論。東漢置二十人。後期權任漸輕，秩千石。

陽球字方正，漁陽泉州人也。[1]家世大姓冠蓋。[2]球能擊劍，習弓馬。性嚴厲，好申韓之學。郡吏有辱其母者，球結少年數十人，殺吏，滅其家，由是知名。初舉孝廉，補尚書侍郎，[3]閑達故事，其章奏處議，[4]常爲臺閣所崇信。[5]出爲高唐令，[6]以嚴苛過理，郡守收舉，[7]會赦見原。

[1]【李賢注】泉州故城在今幽州雍奴縣南也。【今注】漁陽：郡名。治漁陽縣（今北京市懷柔區北房鎮梨園莊東）。 泉州：縣名。西漢置，治所在今天津市武清區西南城上村。

[2]【今注】冠蓋：官帽和車乘之頂蓋，後借用稱達官貴人。

[3]【今注】尚書侍郎：官名。供職尚書六曹，一曹六人，掌文書起草。秩四百石。初上臺稱守尚書郎，中歲滿稱尚書郎，三年稱侍郎。参見本書《百官志三》和蔡質《漢儀》。

[4]【李賢注】處，斷也。

[5]【今注】臺閣：此指尚書臺。

[6]【今注】高唐：縣名。西漢置。治所在今山東禹城市西南。

[7]【李賢注】收繫舉劾之也。

辟司徒劉寵府，[1]舉高弟。[2]九江山賊起，[3]連月不解。三府上球有理姦才，拜九江太守。球到，設方略，凶賊殄破，收郡中姦吏盡殺之。

[1]【今注】劉寵：字祖榮，東萊牟平（今山東烟臺市西北）人。東漢名臣、循吏。傳見本書卷七六。

[2]【今注】案，弟，紹興本、大德本、殿本作“第”。

[3]【今注】九江：郡名。東漢建武年間復九江郡，初治歷陽縣（今安徽和縣歷陽鎮），後改治壽春縣（今安徽壽縣壽春鎮），又改治陰陵縣（今安徽定遠縣永康鎮古城村）。

遷平原相。[1]出教曰：“相前莅高唐，[2]志埽姦鄙，遂爲貴郡所見枉舉。昔桓公釋管仲射鉤之讎，[3]高祖赦季布逃亡之罪。[4]雖以不德，敢忘前義。况君臣分定，而可懷宿昔哉！今一蠲往愆，期諸來效。若受教之後而不改姦狀者，不得復有所容矣。”郡中咸畏服焉。時天下大旱，司空張顥條奏長吏苛酷貪污者，[5]皆罷免之。球坐嚴苦，徵詣廷尉，當免官。靈帝以球九江時有功，拜議郎。[6]

［1］【今注】平原：王國名。治平原縣（今山東平原縣西南）。東漢永寧元年（120）改平原郡爲平原國。案，遷平原相，《後漢書校補》引柳從辰説，謂《袁紀》作“甘陵相”。

［2］【今注】案，莅，大德本、殿本作“蒞”。

［3］【今注】桓公釋管仲射鉤之讎：齊桓公還是公子小白時，逃跑，管仲追殺之，箭射到其衣帶。但後來齊桓公赦免了管仲並重用之。

［4］【今注】高祖赦季布逃亡之罪：季布曾效力項羽，屢次困窘漢高祖劉邦。項羽敗亡，劉邦赦季布，並拜他爲郎中。

［5］【今注】案，張顥曾爲太尉，作司空則不見於其他記述。

［6］【今注】議郎：官名。漢置，掌顧問應對，無常事。漢秩比六百石。多徵賢良方正之士任之。屬光禄勳。

遷將作大匠，坐事論。頃之，拜尚書令。[1]奏罷鴻都文學，[2]曰：“伏承有詔勑中尚方，[3]爲鴻都文學樂松、江覽等三十二人圖象立贊，以勸學者。臣聞《傳》曰：‘君舉必書。書而不法，後嗣何觀！’[4]案松、覽等皆出於微蔑，斗筲小人，依憑世戚，附託權豪，俛眉承睫，徼進明時。或獻賦一篇，或鳥篆盈簡，[5]而位升郎中，形圖丹青。亦有筆不點牘，辭不辯心，假手請字，妖僞百品，莫不被蒙殊恩，蟬蛻滓濁。[6]是以有識掩口，天下嗟歎。臣聞圖象之設，以昭勸戒，欲令人君動鑒得失。未聞豎子小人，詐作文頌，而可妄竊天官，垂象圖素者也。今太學、東觀足以宣明聖化。願罷鴻都之選，以消天下之謗。”書奏不省。

[1]【今注】尚書令：官名。尚書署長官，掌文書收發，屬少府。初秩六百石。西漢武帝後，職權稍重，有權審閲、宣讀、裁決章奏，秩升千石。東漢爲尚書臺長官，兼宫官、朝官職能，綜理政務，雖秩位稍低，名義上仍隸少府，但總領朝政，無所不統，秩至二千石。朝會時，與御史中丞、司隸校尉皆專席坐，時號“三獨坐”。其上常置録尚書事，以太傅、太尉、大將軍等重臣兼領。

[2]【今注】鴻都文學：東漢靈帝光和年間，在洛陽鴻都門設立學校，專習辭賦書畫。生員由州、郡或三公舉送，學成授予官職。

[3]【今注】中尚方：官署名。漢置，掌宫内營造雜作。

[4]【李賢注】《左傳》曹翽諫魯莊公之辭也（翽，大德本、殿本作“劌”）。【今注】案，語見《左傳》莊公二十三年。

[5]【李賢注】八體書有鳥篆，象形以爲字也。

[6]【李賢注】《説文》曰：“蜕，蟬蛇所解皮也。”蜕音式鋭反。《楚詞》曰：“濟江海兮蟬蜕。”或音它外反。

時中常侍王甫、曹節等姦虐弄權，扇動外内，球嘗拊髀發憤曰：[1]“若陽球作司隸，此曹子安得容乎？”光和二年，遷爲司隸校尉。王甫休沐里舍，[2]球詣闕謝恩，奏收甫及中常侍淳于登、袁赦、封翾，[3]中黄門劉毅，小黄門龐訓、朱禹、齊盛等，及子弟爲守令者，姦猾縱恣，罪合滅族。太尉段熲諂附佞倖，宜並誅戮。於是悉收甫、熲等送洛陽獄，及甫子永樂少府萌、沛相吉。球自臨考甫等，五毒備極。萌謂球曰："父子既當伏誅，少以楚毒假借老父。"[4]球曰："若罪惡無狀，[5]死不滅責，乃欲求假借邪？"[6]萌乃罵曰："爾前奉事吾父子如奴，[7]奴敢反汝主乎！今日困吾，行自及也！"球使以土窒萌口，箠朴交至，父子悉死杖下。熲亦自殺。乃僵磔甫屍於夏城門，[8]大署牓曰"賊臣王甫"。盡没入財産，妻子皆徙比景。

［1］【今注】拊髀：以手拍股。形容激動。髀，股部；大腿。《莊子·在宥》："鴻蒙方將拊髀雀躍而遊，雲將見之。"

［2］【今注】休沐：漢代有休假制度，五日休假一天，稱"休沐"。冬至、夏至爲例假。又有告假，分予告、賜告。予告是因功（考課上等者）由朝廷依規准予休假；賜告則是因病給假。漢制，請假三個月免官，經賜告者可延長者有喪假，依喪服制度，長者三年，短者三十六天。近年出土簡牘多有休告記述（參見張艷玲《漢代官吏休假制度研究綜述》，《甘肅社會科學》2007年第5期）。

［3］【李賢注】舃音吐盍反。

［4］【今注】楚毒：酷刑。

［5］【李賢注】若，汝也。

［6］【今注】案，求，殿本作"球"。

［7］【今注】案，殿本無"奉"字。

［8］【今注】夏城門：洛陽城西門。

球既誅甫，復欲以次表曹節等，乃勑中都官從事曰：[1]"且先去大猾，當次案豪右。"權門聞之，莫不屏氣。諸奢飾之物，皆各緘縢，不敢陳設。[2]京師畏震。

[1]【今注】中都官：漢京師各官署之統稱。

[2]【李賢注】《説文》曰："緘，束篋也。"孔安國注《尚書》曰："縢，緘也。"

時順帝虞貴人葬，[1]百官會喪還，曹節見磔甫屍道次，[2]慨然抆淚曰：[3]"我曹自可相食，何宜使犬舐其汁乎？"語諸常侍，今且俱入，勿過里舍也。節直入省白帝曰："陽球故酷暴吏，前三府奏當免官，以九江微功，復見擢用。愆過之人，好爲妄作，不宜使在司隸，以騁毒虐。"帝乃徙球爲衛尉。[4]時球出謁陵，[5]節勑尚書令召拜，不得稽留尺一。[6]球被召急，因求見帝，叩頭曰："臣無清高之行，横蒙鷹犬之任。前雖糾誅王甫、段熲，蓋簡落狐狸，[7]未足宣示天下。願假臣一月，必令豺狼鴟梟，各服其辜。"叩頭流血。殿上呵叱曰："衛尉扞詔邪！"至於再三，乃受拜。

[1]【今注】虞貴人：漢沖帝劉炳母。

[2]【今注】磔：原指祭祀時分裂牲畜肢體，後轉作分裂肢體的酷刑。

[3]【李賢注】抆，拭也，音亡粉反。

[4]【今注】衛尉：官名。秦置漢沿。掌率衛士，守宫禁。秩中二千石，九卿之一。

[5]【今注】謁陵：掃墓。

[6]【今注】尺一：此指詔書。古時詔板長一尺一寸，故稱天子的詔書爲"尺一"。

［7］【今注】簡落狐狸：捉住狐狸。落，通“絡”。喻制裁奸邪。

其冬，司徒劉郃與球議收案張讓、曹節，[1]節等知之，共誣白郃等。語已見《陳球傳》。遂收球送洛陽獄，[2]誅死，妻子徙邊。

［1］【今注】劉郃：官員。東漢皇族，靈帝光和二年（179），繼袁滂爲司徒。

［2］【今注】洛陽獄：獄名。“洛陽寺獄”之簡稱，又稱“洛陽詔獄”。即東漢京都洛陽之監獄。洛陽寺獄與廷尉獄同爲詔獄，羈押奉詔交辦的案犯。東漢由主治京都的河南尹統轄，洛陽令管理。

王吉者，陳留浚儀人，[1]中常侍甫之養子也。甫在《宦者傳》。吉少好誦讀書傳，喜名聲，而性殘忍。以父秉權寵，年二十餘，爲沛相。曉達政事，能斷察疑獄，發起姦伏，多出衆議。課使郡内各舉姦吏豪人諸常有微過酒肉爲臧者，雖數十年猶加貶棄，注其名籍。專選剽悍吏，擊斷非法。若有生子不養，即斬其父母，合土棘埋之。凡殺人皆磔屍車上，隨其罪目，宣示屬縣。[2]夏月腐爛，則以繩連其骨，周徧一郡乃止，見者駭懼。視事五年，凡殺萬餘人。其餘慘毒刺刻，不可勝數。郡中惴恐，[3]莫敢自保。及陽球奏甫，乃就收執，死於洛陽獄。

[1]【今注】浚儀：縣名。西漢置，治所在今河南開封市。

[2]【李賢注】目，罪名也。

[3]【李賢注】惴，懼也，音之瑞反。

論曰：古者敦庬，善惡易分。[1]至於畫衣冠，異服色，而莫之犯。[2]叔世偷薄，[3]上下相蒙，[4]德義不足以相洽，化導不能以懲違，遂乃嚴刑痛殺，隨而繩之，致刻深之吏，以暴理姦，倚疾邪之公直，濟忍苛之虐情。漢世所謂酷能者，蓋有聞也。皆以敢捍精敏，巧附文理，風行霜烈，威譽諠赫。與夫斷斷守道之吏，何工否之殊乎！[5]故嚴君蚩黄霸之術，[6]密人笑卓茂之政[7]，猛既窮矣，而猶或未勝。然朱邑不以笞辱加物，[8]袁安未嘗鞫人臧罪，[9]而猾惡自禁，人不欺犯。何者？以爲威辟既用，而苟免之行興；[10]仁信道孚，故感被之情著。[11]苟免者威隙則姦起，感被者人亡而思存。[12]由一邦以言天下，則刑訟繁措，可得而求乎！

[1]【李賢注】《左傳》申叔時曰："人生敦庬，和同以聽。"杜預注云："敦庬，厚大也。"【今注】案，語見《左傳》成公十六年。

[2]【李賢注】《白武通》曰（武，殿本作"虎"）："畫象者，其衣服象五刑也。犯墨者蒙巾，犯劓者以赭著其衣，犯髕者以墨蒙其髕處而畫之，犯宫者雜扉，犯大辟者布衣無領。"墨，黥面也。【今注】畫衣冠：指上古以服飾象徵五刑，以示懲誡。《漢書》卷六《武帝紀》："朕聞昔在唐虞，畫象而民不犯，日月所燭，莫不率俾。"顏師古注："應劭曰：'二帝但畫衣冠，異章服，而民不敢犯也。'"《晉書·刑法志》："《傳》曰三皇設言而民不違，五

帝畫象而民知禁。"

［3］【李賢注】《左傳》曰："叔向曰：'三辟之興，皆叔代也。'"叔代猶末代也。偷，苟且也。本或作"渝"。渝，變也。【今注】案，典出《左傳》昭公六年。

［4］【李賢注】《左傳》介之推曰："下義其罪，上賞其姦，上下相蒙，難與處矣。"蒙，欺也。【今注】案，典出《左傳》僖公二十四年。

［5］【李賢注】《尚書》曰："如有一介臣，斷斷猗。"孔安國注云："斷斷猗然專一之臣也。"【今注】斷斷：專誠樂善貌。案，典出《尚書·秦誓》。

［6］【李賢注】《前書》嚴延年爲河南太守，嚴刑峻罰。時黄霸爲潁川太守，以寬恕爲化，郡中亦平，屢蒙豐年，鳳皇屢集（皇，大德本、殿本作"凰"）。上下詔稱揚其行，加金爵之賞。延年素輕霸爲人，及比郡爲守（郡，殿本作"部"），褒賞反在己前，心内不服。河南界中又有蝗，府丞狐義出行蝗，還見延年。延年曰："此蝗豈鳳皇食邪（皇，殿本作'凰'）？"

［7］【李賢注】《茂傳》曰："初茂到縣，有所廢置，吏人笑之。"【今注】卓茂：字子康，南陽宛（今河南南陽市卧龍區）人。漢朝大臣，雲臺二十八將之一。傳見本書卷二五。

［8］【李賢注】《前書》曰："朱邑以愛利爲行，未嘗笞辱人。"【今注】朱邑：西漢孝宣時名臣，淳樸厚道。傳見《漢書》卷八九。

［9］【李賢注】《安傳》曰"安爲河南尹，政號嚴明，然未曾以臧罪鞫人"也。【今注】鞫人：審訊犯人。

［10］【李賢注】辟，法也，音頻亦反。

［11］【李賢注】《左傳》曰："小信未孚。"杜預注云："孚，大信也。"此言仁信之道，大信於人。

［12］【李賢注】若子産卒，仲尼聞之（紹興本無"聞"字），

曰“古之遺愛也”。

贊曰：大道既往，刑禮爲薄。[1]斯人散矣，機詐萌作。[2]去殺由仁，濟寬非虐。[3]末暴雖勝，崇本或略。[4]

［1］【李賢注】《老子》曰：“大道廢，有仁義。”又曰：“禮者，忠信之薄而亂之始。”

［2］【李賢注】《論語》曾子曰“上失其道，人散久矣（人，大德本、殿本作‘民’），如得其情，則哀矜而勿喜”也。

［3］【李賢注】《論語》曰：“善人爲邦百年，亦可以勝殘去殺。”此言用仁德化人，人知禮節，可以無殺戮也。《左傳》曰：“寬以濟猛，猛以濟寬。”言政寬則人慢，故須以猛濟之，非故爲暴虐也。

［4］【李賢注】《春秋繁露》曰：“君者，國之本也。夫爲國本，其化莫大於崇本。崇本則君化若神，不崇本則無以兼人。”此言酷暴爲政化之末，雖得勝殘，而崇本之道尚爲略也。【今注】案，語見《春秋繁露·立元神》。